문학사랑 '문학담론' 27

실존적 서정과 구원의식

한 성 우 문학평론집

오늘의문학사

국립중앙도서관 출판시도서목록(CIP)

실존적 서정과 구원의식 : 한성우 평론집 / 지은이: 한성우.
-- 대전 : 오늘의문학사, 2017
p. ; cm

충남문화재단과 충청남도에서 사업비 일부를 지원받아 발간됨
ISBN 978-89-5669-845-8 03810 : ₩20000

시 평론[詩評論]
한국 현대시[韓國現代詩]

811.6209-KDC6
895.71409-DDC23 CIP2017022338

실존적 서정과 구원의식

❦ 헌사(獻辭) ❦

아내 최명희(崔明姬)와 함께
이 책을
나의 아버지 고(故) 한동철(韓東喆)님과
나의 어머니 고(故) 강한순(姜漢純)님의
영전(靈前)에 바친다.

그리고
뉴질랜드에 있는
재우, 기경, 은결, 아영에게
태용, 기재, 주선, 주아에게
기송에게

❋❋❋

여호와의 인자하심은 자기를 경외하는 자에게
영원부터 영원까지 이르며
그의 의는 자손의 자손에게 이르리니
(시편 103편 17절)

책머리글

이번에 발간되는 시 평론집 『실존적 서정과 구원의식』은 1999년에 발간된 『해방 후 詩人論(시인론)』(공저)에 이은 저자의 두 번째 문학평론집으로써, 시에 대한 어떤 새로운 이론탐구나 기존 이론에 대한 설명서라기보다는 시인들이 쓴 시 작품에 대한 분석이나 평가 작업에 관한 책이다. 즉, 시인들이 개인시집을 낼 때 이미 확립된 다수의 비평 이론을 적용해서 그 시 작품들에 대한 분석과 평가를 통해 시의 장 · 단점을 드러내고, 독자들이 좀 더 쉽고 정확하게 시 작품들을 이해하고 감상하도록 하기 위해서 시집의 부록 격으로 덧붙이는 '해설'을 한데 묶은 책이다.

첫 번째 시비평서인 『해방 후 詩人論』에는 대략 1990년대 초 · 중반부터 씌어진 18명의 시인들에 대한 작품해설이 들어 있고, 이번에 발간되는 두 번째 시비평서인 『실존적 서정과 구원의식』에는 소수의 재수록 된 시인들을 제외하고는, 그 이후에 쓰여 진 16명을 포함 총 20명에 대한 시 해설이 들어 있다. 시기적으로는 1990년대 후반 경부터 최근에 이르기까지 쓰여 진 글들이다. 그 수록 대상 시인들도 1950년대 전후(前後)에 등단해서 지금까지 활동하고 있는 원로 시인들부터, 최근에 데뷔한 젊은 시인들을 모두 아우르고 있으며 5명의 여류시인들과 1명의 장애인 시인도 포함되어 있다. 또 그들의 생활권역도 서울을 비롯해서 충청과 영호남에 분포되어 있고 그들의 생업 역시 대학교수, 교사, 경영인, 종교인, 언론인, 출판인, 간호사 등 사회 각 분야를 망라하고 있다. 이렇게 볼 때 이 책에서 다뤄지고 있는 20명의 시인들은 보통 10년 단위로 이뤄지는 한국문학사에서 최근 20여 년간의 한국 시문학의 통시적 · 공시적 대표성을 가지고 있다고 할 수 있으며, 이를 통해 우리는 당대 시인들의 시 작품들에 투영되고 있는 시대적 정서와 정신의식의 일면을 엿볼 수 있을 것이다.

요약하자면, 이 시기는 1987년 6.29 민주화 선언과 이듬해인 1988년 서울올림픽 개최 이후 1997년의 IMF 외환위기, 2002년 월드컵 축구대회 개최 등 한국현대사의 글로벌한 역사적인 사건들이 집중적으로 발생되었던 역동적인 시기였다. 신자유주의적인 세계화와 고도(高度) 정보화 사회가 급속하게 진행되면서 생존을 위한 무한경쟁과 자본의 집중화가 심화되고, 정보화의 물결 속에 포스모더니즘 문화가 전 사회적으로 빠르게 확산되면서 정신문화적 혼란과 갈등을 겪어야만 했던 시기이다. 따라서 이 시기를 살아왔던 시인들은 어떤 정치적 · 이념적 거대 담론보다는, 소시민의 일상적 삶속에서의 개인의 서정이나 삶의 정체성 회복을 위한 시적 노력을 경주(傾注)해 왔다. 표면적으로는 첨단화된 정보화 사회 속에서 안정과 평화, 물질적 풍요와 행복을 누리는 듯 했지만, 소외감과 상대적 박탈감, 불확실성과 불안감이 내면화 되어 시 작품 속에 나타났다. 이는 급격하고 광범위한 시대 · 사회적인 변화와 이에 따른 삶의 변화된 패러다임이 초래한 갈등과 혼란 속에서 자신의 정체성을 확립하기 위해 나름대로의 시적 대응이기도 했다.

즉, 삶에서 발생하는 희노애락의 감정을 낭만적, 탐미주의적 서정보다는 치열한 실존적 서정으로 표현하는가 하면, 다른 한편으로는 그러한 서정의 표현을 넘어 비시적(非詩的)인 상황으로부터 비롯된 자아와 세계의 불화(不和), 상실된 정체성의 궁극적인 회복을 위한 구원의식을 드러내고 있다. 이 책의 많은 시인들의 시 작품들에 나타나는 자연이나, 고향, 어머니 이미지 혹은 휴머니즘이나, 기독교 사상들은 모두 이러한 모색을 위한 제재적 · 표현적인 키워드들이다. 이를 통해 시인들은 나름대로의 자아탐구나 자기구원, 더 나아가서는 묵시록적인 이 시대에 대한 구원의 길을 모색하고 있다. 특히 책속의 상당수의 시인들은 기독교를 그 궁극적인 해결 방법과 구원의 안식처로 제시하고 있다.

기존의 수많은 시 비평서들이 주로 문학사적인 맥락에서 1920~30년대 시인들과 특정 시기와 특정 문학유파의 한정된 시인들 중심으로 기술되어 온 것에 비해, 저자의 이 책은 문학적 성향이나 문학사적 위치, 연령과 성별, 등단 시기나 매체, 지연이나 학연 등을 전혀 고려하지 않고 당대의 시인들을 폭넓게 다루고 있다. 사회적으로 시와 시인의 위상이 평가 절하되고 있는 이 시대에, 혼신의 힘을 다해 시를 써서 한 권의 시집을 내는 시인들은 그 작품적 공과나 성향을 떠나 모두가 문단의 별들이고 문학사의 소중한 자산들이다. 이들이 출간하는 한 권의 작은 시집이 서점의 외진 구석에서 힘겹게 자리를 지키고 있을지라도, 그 속의 한 편의 시가 이 시대와 사회에 던지는 의미는 결코 외롭고 작지만은 않다. 시인들은 시를 통해 현대인들이 헛된 욕망에 사로잡혀 대부분 잊고 사는 삶의 진실과 사랑, 그리고 인간의 본래성과 생명성을, 작지만 큰 울림으로 외치고 있다.

되돌아보면 필자는 시를 쓰기 시작했던 청소년시절부터 시작해서 지금까지, 다른 생업을 유지하는 데서 발생되는 여러 가지 어려움에도 불구하고 오직 문학의 길을 걸어 어언 오늘에 이르렀다. 하지만, '예술은 길고 인생은 짧다'는 경구(警句)처럼 학문과 예술의 길은 갈수록 험난하고 끝이 없다는 것을 새삼 깨달아 가고 있다. 학문과 예술에 대한 저자의 단순한 집착이고 욕심이라고 하기엔, 아직도 깊이와 폭을 더하는 연구와 창작의 미개지는 망망대해와 같다. 이번에 발간되는 문학평론집 『실존적 서정과 구원의식』도 그러한 노력의 일부로, 앞으로 더욱 심화된 문학 이론 개발과 감동적인 문학작품 창작을 통해서 한국문학의 지평을 넓히고 깊고 넓은 시적감동을 창조하고 싶은 마음 간절하다.

2017년 9월
저자 한 성 우

목 차

황금찬론

인간애(人間愛)에 대한 그리움과 기독교사상

1. 황금찬 시인의 인간상

황금찬 시인은 1918년 8월 강원도 속초에서 농부의 셋째 아들로 태어난 후, 1947년 월간 『새사람』, 1948년 『기독교 가정』에 시 작품을 발표하기 시작하여, 1953년 『문예』, 『현대문학』으로 등단한 이후에, 『현장』, 『행복을 파는 가게』, 『옛날과 물푸레나무』 등 36권의 시집과 『행복과 불행 사이』, 『너의 창에 불이 꺼지고』 등 24권의 산문집 등 총 96권의 저서를 출간했다. 또 월탄문학상, 대한민국문학상, 한국기독교문학상, 서울시문화상, 대한민국문화예술상 등 우리나라의 주요 문학상을 수상한 바 있다. 이런 사실에서 확인할 수 있듯이 황금찬 시인은 지금 이 땅의 원로 중의 원로로 그에 대한 작품적 업적과 평가에서도 한국문학사의 한 봉우리를 이루고 있다. 그는 94세의 고령에도 불구하고 젊은 사람 못지않은 왕성한 작품 활동과 문단 활동을 하고 있으며, 항상 소년 같은 해맑은 순수함과 어버이 같은 자애로움으로 남녀노소 어느 누구에게도 친구가 되고, 스승이 되고, 또 누구에게나 어버이 같은 한국문단의 큰 어른이시다. 오늘날과 같은 파편화된 정보화시대에 그러한 시인과 우리가 함께 할 수 있다는 것은, 문단은 물론 우리 사회의 커다란 행복이며 문화적 자산이다.

그의 작품 성향에 대한 문학사적 평가는 대체로 휴머니즘과 기독교적 사랑을 바탕으로 한 일상적인 순수서정을, 고답적인 기교적 장치를 동원해서 난해하게 표현하기 보다는 평범한 시어와 시적 구조로 진솔하게 표현하고 있으며, 특히 창작 당시의 사회, 역사적 환경과는 일정한 거리를 유지하는 탈정치적인 실존적 인간과 세계를 조망하는 미학적 낭만주의적 경향을 보이고 있는 것으로 집약되고 있다. 따라서 그동안 그가 발행했던 수많은 시집에서 가려 뽑은 이 시집의 20편에 육박하는 시 작품들도 대체로 그러한 시적 맥락과 평가 위에 있다고 할 수 있다.

2. 시의 중심구조와 시적 지향

우선 동인지 『4인 시집』에 실려 있는 19편의 시 작품들의 중요한 시적 구조 중의 하나는 시(時) · 공간적(空間的) 구조이다. 시 · 공간은 우주와 모든 생명체의 존재론적인 기초로써 자연적 · 물리적 질서를 가지고 있는 반면, 황금찬 시인의 작품 속의 시 · 공간은 시인의 내면에서 변형된 주관적, 상상적 질서를 가지고 있다. 자연적 · 물리적 시공간은 엄격한 과학적 이론과 규칙에 따라서 과거-현재-미래라는 선형적(線形的)인 구조와 점과 선 그리고 면과 공간으로 구성되는 3차원적인 시공간 구조를 가지고 있다. 이에 반해 주관적 · 상상적인 시공간은 일정한 규칙과 제한이 없는 자유분방한 자의적인 공간이기 때문에, 과거, 현재, 미래가 선형적이라기보다는 무질서하게 뒤섞인 유동적 상황이며 수직, 수평 축이 교차적으로 구성되는 4차원적인 구조이다.

그렇게 볼 때, 인간의 실존적 삶은 자연적 · 물리적 시공간을 바탕으로 하고 있으나, 인간의 이상적, 초월적인 삶은 주관적 · 상상적 시공간 위에 있다고 할 수 있다. 황금찬 시인의 시 작품들은 대부분 이러한 대립적인 이원적(二元的)인 시공간적 특징을 보여주고 있다. 먼저 다음의 시 작품을 살펴보자.

창을 열어 놓았더니
산새 두 마리 날아와
반나절을 마루에 앉아
이상한 이야기를 나누다가 날아갔다.

어느 산에서 날아왔을까.
구름 빛 색깔
백운대에서 날아온 새였으리라.

새가 남기고 간 목소리는
성자의 말처럼
며칠이 지난 오늘까지
곧 귀에 남아 있다.

새가 앉았던 실내에선
산냄새, 봄풀, 구름향기
맑은 물소리까지 들리고 있다.

산새같이 마음 맑은 사람은
이 세상에 정녕 없을까,
그가 남긴 음성은
성자의 말이 되어
이 땅에 길이 남을…

오늘도 나는
창을 열어놓고 있다.
산새를 기다리는 마음에서.

— 「산새」, 전문

이 작품에서 시적 화자(話者)인 시인이 있는 곳은 1연 "창을 열어놓았더니"에 암시되어 있는 바와 같이 현실 공간 속의 '집'이다. 아마 시인이 오랫동안 거주하고 있는 곳으로, 2연의 '백운대'가 있는 북한산 주변일 것이다. 시인은 지금 그런 시인의 집에서 '창'을 열어놓고 멀리 북한산을 바라보고 있는데, 갑자기 산새 두 마리가 집안으로 날아 들어와서 한동안 마루에 앉아 알 수 없는 이야기를 시인과 나누다가 다시 창밖으로 날아간다. 시인은 한동안 산새들이 앉아 있던 마루와, 창밖으로 새들이 날아간 곳으로 짐작되는 백운대를 바라보고 있다. 여기서 우리는 우선 이 시의 두 개의 공간 즉, 시인 자신이 존재하는 집과 산새들이 사는 북한산을 발견 할 수 있다. 그런데 3연에서 알 수 있듯이 시인의 집으로 날아왔던 새는 예사로운 새가 아니고 성자(聖者)의 모습으로 은유화 된 새이다. 그래서 "새가 남기고 간 목소리는/성자의 말처럼" 시인의 귀에 들렸던 것이다. 그것은 새가 날아온 곳 즉, 새의 처소(處所)가 시인의 처소처럼 단지 실존적 공간이 아니라 그것을 뛰어넘는 초월적(超越的)인 공간인 것이다. 하나의 성소로써 현실공간인 지상적(地上的) 존재로서의 시인이 다가 갈 수 없는 신비스럽고 초월적인 이상향으로, 작품 속에서 그곳은 바로 '백운대'라는 '자연'으로 상징화 되고 있다. 아무리 세월이 흘러 세상이 변하고 인정이 바뀌어도, 어떠한 세속적인 때도 묻지 않은 순수하고 절대적인 영원한 곳이 백운대 즉, 자연인 것이다. 그곳은 지상적 존재인 인간이 궁극적으로 돌아가야 할 영원한 고향이기도 하다. 이렇게 초월적이고 신비화된 공간에서의 시간은 자연적(clock time)인 시간이 아니고 주관적(subjective time) 시간으로, 순차적인 시간질서라기 보다는 함께 뒤섞여 무질서하고 혼란스럽게 변화하고 있는 시간이다. 그래서 시간은 거꾸로, 과거의 신화시대로 되돌아 갈 수도 있고, 가상의 미래 시대로 날아 갈 수도 있다. 이렇게 볼 때, 이 시 작품 속의 자연은, 물리적 시공간인 현실 속의 시인의 처소인 '집'이라는 대칭적 위치에 존재하는 초월적 시공간으로써, 인간의 이상향으로 신비화 되고 있다. 결국 이 작품은 존재론적인 물리적 시공간과 초월적인 상상적인 시공간의 대비를 통해서 유한적이고 모순 대립적인 인간의 모습과 영원하고 완전한 자연의 모습을 보여주고 있다. 약간의 방법적인 편차가 있을 뿐, 이 시집 속 대부분의 시 작품들이 크게는 이러한 시적 구조와 지향을 보이고 있다.

3. 인간적 사랑의 기독교적 승화

이 시집의 시 작품을 비롯한 황금찬 시인의 다른 시집에 실려 있는 대부분의 시 작품들은 거의 대부분이 순수 서정시인데, 그 서정성의 원류는 사랑이다. 그의 순수하고 자애로운 모습처럼이나 참으로 진솔하고 온화한 사랑이다. 사랑의 감정은 누구에게나 따뜻하고, 감미롭고, 행복하고, 낭만적이다. 황금찬 시인 역시 시인이기 전에 한 사람의 실존적 인간으로서 다른 사람들과 똑같은 사랑의 마음을 가지고 있다. 흔히들 그의 사랑을 휴머니즘적 사랑이라고 말하고 있다. 모든 사물과 세계와 인간을 따뜻한 사랑의 마음으로 바라보고 포용하고 있다. 자식과 어머니 등 시인 자신의 혈육에 대한 사랑으로부터 인간에 대한 좀 더 보편적인 사랑, 그리고 끝내 그러한 인간적 · 세속적인 사랑을, 절대적이고 영원한 자기희생적인 기독교적인 사랑으로 승화시키고 있다. 이러한 모습은 다음 몇 편의 인용 시들을 통해서도 확인되는 바다.

별 하나가 나를 보고 있다.
나도 그 별을 보고 있다.
너와 나 사이의 거리는
몇 광년이나 될까.
하지만 우리들 사랑 안엔
시간과 공간이 존재하지 않는다.

—「별」, 전문

별을 매개로 해서 사랑에 대한 무한의 의미와 그 위대함을 추상화시키고 있는 작품이다. 별은 물리적인 공간상 시인이 서 있는 현실공간의 땅 위의 우주 공간 속에 존재하는 실체로써, 인간과 별과의 거리는 산술적으로 가늠할 수 없다. 그러나 시인에게 그 광활한 물리적 우주 공간은, 시인의 상상 속에서는 지척의 거리로 축소되어 마치 '너'를 바로 앞에서 대하듯 하게 된다. 그런데 시인에게 그러한 상상의 동기를 만들어 주는 것은 바로 '사랑'이라는 에너지이다. 그러니까 결국 사랑의 힘은 별처럼이나 멀리 떨어져 있는 사랑하는 '너'와 나와의 분리를 능히 극복하게 하고 있다. 그 사랑이 사람 사이이든, 사람과 자연, 사람과 물건 사이이든 관계없다. 여기서의 사랑은 일종의 추상화된 이념으로 시인의 정신사상의 뼈대를 이루는 것이다. 이러한 이념으로서의 사랑은 다음 인용 시에서 더욱 구체적으로 나타나고 있다.

나무가 가지를 사방으로 뻗고
날마다 손짓하는 것은
어느 구름 가에 피어 있을
사람 같은 꽃을 기다려서이다.

살결 같은 바람의
조용한 대화는
진정 언제쯤 있을까.

— 「비를 기다리는 나무」, 일부

다 잠든
내 홀로 네 창 앞에 서서
네 이름을 불러본다.
애리야! 애리야! 애리야! 하고
부르는 소리만 들려올 뿐
대답이 없구나

— 「너의 창에 불이 꺼지고」, 일부

산도화 한 가지 꺾어
어머니 잠드신 머리맡에 놓아두고
뻐꾸기 울음처럼
어머니 불러보면
다시 산울림하고 돌아오는 사랑의 음성

— 「어머님의 하늘」, 일부

첫 번째 인용 시 「비를 기다리는 나무」는 현대사회의 소외되고 고립되어 있는 사람들 속에서 진정한 '사랑'을 갈구하는 시인의 마음이 "비를 기다리는 나무"를 통해서 형상화 된 작품이다. "사람 같은 꽃", "살결 같은 바람의/조용한 대화" 같은 시행에서 우린 그러한 시인의 마음을 쉽게 읽을 수 있다. 사람은 많아도 이해관계 속에서 인간관계의 산술적 득실을 먼저 계산하고 있는 물질주의적인 현대 문명사회 속에서, 진정으로 마음을 열고 대화를 나눌 수 있는 사람은 얼마 되지 않는다. 파편화된 현대사회에서 진정한 인간애(人間愛)에 대한 그리움을 표현하고 있다.

두 번째 인용 시 「너의 창에 불이 꺼지고」와 세 번째 「어머님의 하늘」은 자식과 어머니 등 가족에 대한 그리움을 노래하고 있다. 「너의 창에 불이 꺼지고」는 어떤 연유로 해서 시인 보다 먼저 세상을 떠난 자식에 대한 그리움을, 평소 자식이 사용하던 방이 불이 꺼진 채 굳게 닫혀 있는 창문을 매개로 표현되고 있다. 사랑하는 자식에 대한 그리움이 애닯지만 절제되어 나타나고 있다.

마지막으로 「어머님의 하늘」은 제목 그대로 돌아가신 시인 자신의 어머니에 대한 그리움을 눈앞에 환히 펼쳐지는 고향의 모습과 산도화, 뻐꾸기 울음, 자목련, 무지개 등 구체적인 자연을 통해서 순수 서정적으로 노래하고 있다. 자연의 속성이 어머니의 사랑으로 사상(寫像)(mapping)되어, 추상적인 어머니의 사랑을 감각적으로 느끼게 해 주고 있다. 그러나 시인의 이러한 혈연적인 사랑은 대승적으로 승화 된 사랑의 모습으로 나타나기도 한다.

촛불!
심지에 붙이면
그때부터 종말을 향해
출발하는 것이다.

어두움을 밀어내는
그 연약한 저항

누구의 정신을 배운
조용한 희생일까.
존재할 때
이미 마련되어 있는
시간의 국한을

모르고 있어
운명이다.

한정된 시간을
불태워가도
슬퍼하지 않고
순간을 꽃으로 향유하며
춤추는 불꽃!

— 「촛불」, 전문

우리는 시인의 전기적인 사실을 통해서 그가 어려서부터 지금까지 변치 않고 기독교 신앙을 가지고 있다는 사실을 알고 있다. 또한 시인이 한국기독교문학상을 수상하고, 지금도 한국기독교문인협회 원로고문으로 문단 활동을 왕성하게 하고 있는 것도 알고 있다. 이렇게 볼 때 그는 평생을 시인이라는 타이틀과 함께 기독교 신앙인으로 살아오고 있으며, 그러한 신앙적인 삶은 어떤 식으로든 그의 시 작품 속에 반영되고 있다고 볼 수 있다. 그러니까 그의 시 작품들은 모두 직, 간접적으로 기독교 사상과 신앙적인 체험과 관련되고 있다. 바로 앞의 「촛불」은 그러한 모습이 극명하게 나타나고 있는데, 한 마디로 인간적인 사랑과 기독교적인 사랑이 교묘하게 서정적으로 결합된 작품이다. 우선 제한적인 형태를 가지고 있는 촛불은 그 물리적 속성 면에서 인간의 실제적인 삶과 아주 유사하다. 유사성(similarity)을 바탕으로 하는 은유의 특성상 촛불과 인생의 등가적인 관계는 여기서부터 시작된다. 촛불과 인간 생명의 이러한 은유적 관계는 마지막 연의 '한정된 시간'이라는 시구에서는 직접적으로 확인되기도 한다. 그런데 촛불이나 인생의 이러한 시간적인 한계 속에서 정작 그 시적 주체는 그것을 의식하지 못하고 있다는 것이다. 그러한 모습을 시인은 3연에서 '운명이다'라는 단정적인 시구로 표현하고 있다. 그럼에도 불구하고 촛불은 자기 본체를 태워가면서 주위의 어둠을 빛으로 환하게 밝혀 주고 있다. 은유적 의미로 인간에게 이러한 모습은 자기 희생적인 헌신과 봉사이다. 그러나 이것은 인간이면 어느 누구든지 모두 할 수 있는 일은 아니다. 이러한 인간의 원형은 바로 예수님이다. 십자가를 지고 가시면류관을 쓰시고 피를 흘리시며 골고다 언덕을 오르면서도, 인간에 대한 사랑을 포기하지 않으셨던 예수님의 자기희생적인 사랑의 모습이 '촛불'의 목표개념(target domain)이다. 예수님은 그러한 사랑을 통해 모든 반(反)생명적이고 비(非)가치적인 것들에 대하여 혼자이지만, 그러나 강력하게 저항하고 있다. 그러한 모습이 2연의 "어두움 밀어내는/그 연약한 저항"으로 표현되고 있다. 예수님은 그토록 처절한 죽음의 고통 속에서도 마치 촛불이 그러하듯, 슬퍼하지 않고 오히려 즐기며 행복해 하고 있다. 마지막 연 "불태워가도/슬퍼하지 않고/순간을 꽃으로 향유하며"는 바로 그것을 말하고 있다. 어떻게 인간으로서의 예수님이 죽음의 고통 속에서도 아파하거나 누구를 증오하는 비명도 없이 오히려 그것을 초월해서 '꽃으로 향유' 즉, 행복해 할 수 있는가? 그것이 바로 예수님의 사랑이고 기독교 정신의 핵심으로 인간적인 사랑의 기독교적인 승화이다.

4. 실존과 낭만

우리는 이 글의 서두, 황금찬 시인의 '시의 중심구조와 시적 지향'에서 그의 대부분의 시 작품들이 '이원대립적인 시공간' 위에서 구축되고 있는 모습을 살펴본 바 있다. 물리적/현실적: 초월적/이상적 시공간 구조가 바로 그것이다. 여기서는 그러한 구조적 맥락 위에서 변형적으로 나타나고 있는 또 하나의 대립구조인 실존적: 낭만적 방법에 대해서 살펴보고자 한다. 굳이 설명하자면, 실존적인 방법은 물리적·현실적 시공간 위에 있는 작품들이고, 낭만적인 방법은 초월적·이상적 시공간 위에 있는 작품들이라고 할 수 있다.

> 운명처럼 마련된 내 생존의 길 앞에
> 모든 문들은 잠기어 있다.
>
> 이제는 어쩔 수 없는
> 이 절박한 지대에서
> 나는 몸부림을 치며 문을 두드린다.
>
> 그러나 문은 열리지 않고
> 가슴에 박히는 수없는 상처
> 이것은 너무 심한 장난같다.
>
> 사람은 평생을 두고
> 열리지 않는 문 앞에서
> 문을 두드리다 가는 것인가 보다.
>
> —「문(門)」, 일부

> 보리고개 밑에서
> 아이가 울고 있다.
> 아이가 흘리는 눈물 속에
> 할머니가 울고 있는 것이 보인다.
> 할아버지가 울고 있다.
> 어머니가 울고 있다.
> 내가 울고 있다.
>
> —「보리 고개」, 일부

이 두 편의 인용 시를 통해서 우리는 앞에서 살펴본 여러 편의 시

작품들과는 달리 비교적 산문적인 어조로, 보다 일상적인 삶의 체험에 긴밀히 닿아 있는 시적 지향을 발견 할 수 있다. 사랑, 초월, 자연, 순수, 이상향, 영원성 등 앞서의 여러 편의 시 작품들에서 볼 수 있었던 시적 주제와는 다른 의미나 분위기가 느껴진다. '생존의 길', '절박한 지대', '몸부림', '상처', '심한 장난', '보리 고개', '눈물' 등의 시어나 시구가 바로 그것이다. 우리는 이들 시어나 시구들로부터도 시인이 작품에서 무엇을 말하려고 하는지 대충 알 수 있다. 그만큼 이들 작품은 평범하고, 서민적이고, 생활적이고, 그래서 결국 실존적인 의미로 귀결되고 있다. 「문」에서 시인의 이러한 모습은 직설적으로 드러나고 있다. 시적 주체로서 '나'가 직접 시의 문면에 드러나 있는 모습에서, 이 작품이 시인의 주관적인 체험의 고백이라고 느껴지는 데, 아무튼 시인은 「문」으로 은유화 된 인생의 성공을 위해서 전력투구하고 있는 모습을 볼 수 있다. 절박한 삶의 상황 속에서 몸부림치며 온 힘을 다해서 최선을 다 하고 있다. 그러나 끝내 '인생의 문'은 열리지 않고 '가슴에 박히는 수없는 상처'만이 있을 뿐이다. 그러나 그러한 상처에도 불구하고 시인은 결코 좌절하거나 포기하지 않고 '운명'으로 받아들이고 인간의 보편적인 삶의 의미로 추상화 시켜서 담담히 받아들인다. 4연의 "사람은 평생을 두고/열리지 않는 문 앞에서/문을 두드리다 가는 것인가 보다"라는 시구에 시인의 그런 인식이 나타나고 있다.

시인의 전기적 사실에서도 확인 할 수 있는 바와 같이 황금찬 시인은, 강원도 산골의 가난한 농부의 셋째 아들로 태어나 유년시절부터 가난을 체험했다. 두 번째 인용 시 「보리고개」는 바로 그러한 가난과 굶주림의 개인적 체험을 비극적으로 표현하고 있다. 그런데 그러한 개인적인 체험을 거시적인 역사적 맥락과 세계적 관점에서 바라보며 민족적 아이덴티티로 확대하고 있음을 볼 수 있다. 어쩌면 그러한 민족적 아이덴티티는 한민족의 집단 정서인 한(恨)을 의미할 지도 모른다.

한편, 황금찬 시인의 주요한 시적 구조방법상 이러한 물리적 · 현실적 시공간 구조의 대칭적 위치에 있는 초월적 · 이상적 시공간 구조의 맥락 위에 있다고 할 수 있는 낭만적 경향의 시 작품들도 다수 있다.

> 밤에 눈을 뜬다
> 그리고 호수 위에
> 내려앉는다.
>
> 물고기들이
> 입을 열고
> 별을 주워 먹는다.
>
> 너는 신기한 구슬
> 고기 배를 뚫고 나와
> 그 자리에 떠 있다.
>
> — 「별과 고기」, 1,2,3연

「별과 고기」라는 이 작품은 서로 대립적인 속성을 가지고 있는 '별'과 '고기'라는 두 개의 중요한 소재를 가지고 있다. 그 두 가지 소재 자체가 시의 타이틀이 되어 있기도 한데, 그만큼 이 시 작품의 시적 구조상, 의미상 중요한 역할을 하고 있다. '별'은 속성상 스스로 빛을 발하는 광물질로 광활한 우주공간에 떠 있고, '고기'는 반대로 캄캄한 물속에 살고 있는 생물로 별과는 달리 항상 움직이는 속성을 가지고 있다. 별과 고기는 그 속성상, 무생명체: 생명체, 정적: 동적, 빛: 어둠으로 대립되고, 시공간상 하늘: 땅, 무한: 유한, 이상: 현실 등으로 대립된다. 또한 소재의 측면에서 혹은 어휘의 의미적 측면에서 별과 고기는 극과 극으로 대조되는 갈등과 모순의 관계이다. 존재론적으로 영원히 화해할 수 없는 이 둘은 황금찬 시인의 시 작품 속에서는 그 형태나 의미가 완전히 하나로 통합되어 전혀 새로운 이미지와 의미를 창출하고 있다. 그러한 극적인 전환과 창조의 모습은 2연과 3연에서 이뤄지고 있다. "물고기들이/ 입을 열고/ 별을 주워 먹는다"// "너는 신기한 구슬/ 고기 배를 뚫고나와/ 그 자리에 떠 있다" 가 바로 그것이다. 호수 위에 떠 있는 물고기가 하늘에서 떨어지는 별을 먹는 행위는 별과 물고기의 일치를 의미하고, 그 일치를 통해서 고기의 뱃속에서 '신기한' 구슬이라는 창조적인 사물이 새로이 태어나고 있다. 고기가 별을 먹고, 고기뱃속에서 구슬이 태어나는 과정이나 이미지는 신비스럽고 판타스틱하기도 하다. 물론 이 모든 것은 시인의 상상 속에서 전개되고 있지만 이러한 상상의 에너지는 시인의 평소의 인생관이나 세계관에서 비롯되는 것이다. 항상 언제 어디서나, 어떤 사람이나 물건과 동물에 대해서도 따뜻하고 포용력 있는 사랑의 마음을 가지고 있는 시인 자신으로부터 연유 되는 것이다. 빛과 어둠, 하늘과 땅, 현실과 이상, 선과 악을 하나로 녹여 갈등과 대립의 모순관계를 평화와 행복을 지향하는 화해의 상생(相生)관계로 이끌어 가는 시인의 크고 넉넉한 사랑의 마음이 그 근본적인 에너지가 되고 있다.

박태진론

개인과 역사의 연속적인 생명성(生命性)

―시집 『바람 자지 않는 언덕』을 중심으로

1. 문학적 업적과 평가

박태진(朴泰鎭)시인은 시력(詩歷)이 반세기가 거의 다 돼 가는 고희(古稀)를 넘긴 한국시단의 원로이다. 1948년 연합신문에 「신개지(新開地)」를 발표하면서 문단활동을 시작한 이래 10권의 시집과 기타 평론집, 기행수상집, 번역서 등 수많은 저서와 4차례의 세계시인대회 참석 등에서 확인할 수 있는 바와 같이 그는 창작 및 문단활동에 그 누구보다도 열정적인 시인이라고 할 수 있다.

한편 한국시문학사상 그에 대한 평가는 이러한 양적(量的)인 것에는 물론, 질적인 면에서도 그의 시는 독특한 개성과 지성(知性)을 겸비하고 있는 것으로 평가되고 있다. 대체로 그의 시는 서정과 현실에 대한 집요한 관심을 보여주고 있다고 할 수 있다. 대부분 현실에 대한 관심과 우리 민족 고유의 인생관 또는 서정의 감정으로 시세계를 구축하여, 1950~60년대에 이르는 우리 시를 낮은 목소리의 생생한 언어로, 누구보다도 짙고 개성적인 서정과 리듬으로 점철한 시인으로 알려지고 있다.

그에 대한 이러한 평가는 그의 최근의 시집 『바람 자지 않는 언덕』

에도 그대로 적중되어 나타나고 있다. "…내가 원래 환상(幻想)으로 쓰기보다는 감정의 경험과 그 현재성(現在性)을 토대로 하는 시인이기 때문에…" 라는 시집의 후기(後記)에서 그대로 그러한 시인의 모습이 드러나고 있음을 볼 수 있다.

2. 자전적(自傳的) 체험의 형상화

앞에서 지적한 것처럼 박태진 시인에게 중요한 시적(詩的) 모티브가 되는 것은 '감정의 경험과 그 현재성'이라고 할 수 있다. 이것은 간단히 말해 시에 있어서 '체험'의 중요성을 의미하는 이상 외에는 아무것도 아니다. 문학에 있어서 '체험'의 중요성은 이미 딜타이(Dilthay)에 의해서 제기된 바 있다.

> 문학창작의 출발점은 늘 생활경험이다. 그 생활경험은 개인적인 체험 혹은 현재나 과거에 있었던 타인들에 대한 이해와 그들이 관여한 사건에 대한 이해 등을 말한다.

딜타이는 이처럼 문학에서 생활경험을 중요한 요소로 파악하고 있다. 특히 그러한 생활경험이 개인적인 체험은 물론이지만 현재나 과거에 있었던 타인들과의 관계에서 발생하는 경험도 포함하는 것을 지적하고 있다. 이 말은 곧 박태진 시인의 시적 체험에도 그대로 적용된다고 할 수 있다. 또한 이러한 시인의 체험이 시 작품 속에 구체화된 모습을 장시(長詩)인 「바람 자지 않는 언덕」에서 쉽게 만날 수 있다.

> 하기는 다 지난 일, 인간의 매사처럼
> 내게 소년시절이 있었던가

독립당이 뭐냐고?
아이구 이 녀석이 잡혀갈 소릴
겨드랑에 일본말 책을 끼고
그것이 지식을 얻는 유일한 말였거니와
젊음의 꿈을 모르던 그 시절

— 「바람 자지 않는 언덕 · 1」, 일부

日人은 패망했다. 망신살의 극치를 겪고
이제 이 언덕을 새 바람 불껀가
그러나 이 나라는 두 동강 南과 北
歷史의 새로운 장난아
强大國들이 연출한 새로운 원한
다시 뼈속을 스미는가

— 「바람 자지 않는 언덕 · 2」, 일부

앞의 두 인용 시 작품에서 시적 체험은 단순히 시인 자신만의 것이 아닌 동시대의 모든 사람들의 체험이라는 것을 알 수 있다. 이러한 시인의 자기 스스로의 체험과 타인들과의 관계에서 발생되는 체험이 『바람 자지 않는 언덕』에 집중적으로 형상화되어 나타나고 있다. 주로 일제 식민지 시대로부터 해방과 6 · 25, 그리고 최근에 이르기까지의 근 · 현대사(近 · 現代史)속에 처한 시인 자신과 조국과 민족의 운명적 체험이 서사적 방법으로 그려지고 있다. 그러나 그것은 어디까지나 부분적이고 편의적으로 사용되고 있을 뿐, 시의 전체적인 방법론은 되지 못하고 있다. 말하자면 서정시 속의 서사적 요소가 그의 시 속에 차용(借用)되고 있는데, 그것은 시의 시간 구조상의 방편으로 볼 수 있고 오히려 시의 리얼리티의 확보에 더 큰 기여를 하고 있다고 볼 수 있다.

장시 「바람 자지 않는 언덕」은 이러한 서사적 시간 구조 속에 시인 자신의 자전적 체험과, 조국과 민족의 운명, 그리고 시대와 역사의 모순과 갈등 등이 생생하게 그려지고 있다.

그러나 시인의 이러한 체험은 단지 시인이 살아오는 인생 여정(旅程)에서 겪었던 이미 지나가 버린 과거의 회상과 흔적만을 말하진 않는다. 박태진 시인에게 보다 중요한 것은 '오늘'이다. 그가 이미 지나가 버린 과거의 체험을 시로 쓰는 것은 '오늘'을 위해서이다. 시인이 '후기(後記)'에서 말하고 있는 "감정의 경험과 그 현재성"에서 우리는 그러한 사실을 확인할 수 있다. "현재성"이란 단적으로 '오늘'을 의미한다고 할 때, 시인의 체험은 과거 속에 묻혀 있는 것이 아니고 지금 현재 이곳에서 이 시간에 살아 숨 쉬고 있는 것이라 할 수 있다.

그러니까 시인의 체험은 시인의 실존의 공간인 '오늘'을 '과거'에 비춰 보는 일종의 거울과 같은 존재이다. 다음 시에서 시인의 '오늘'을 지향하는 모습의 일단을 엿볼 수 있다.

사람은 오늘을 산다
오늘을 인내한다 경험한다
개념(概念)이 뜻하는 이미지를
추상(抽象)이 뜻하는 이미지를
어저께와 다르면 다른 의미에서
내일이 느껴지는 다른 리듬에서
내 한국말을 씹고 씹으면서
아, 오늘을 느끼며 내일을 담는 말

— 「바람 자지 않는 언덕 · 4」, 일부

인용 시에서 우리는 '오늘'이라는 단어가 세 번이나 등장하고 있는 것을 볼 수 있다. 첫 행 "사람은 오늘을 산다"라는 선언적 시구가 보여주듯, 시인은 과거-현재-미래라는 시간 선상에서, 특히 "오늘(현재)"이라는 시간을 중시하고 있다. 그러나 또한 "오늘"이라는 특정한 시간은 결코 고립된 부동(不動)의 시간은 아니다. 5,6행에 함축되어 있는 바와 같이, 시인은 비록 "오늘"이라는 의미가 "어저께" 즉, 과거와 다르다 할지라도 "내일"의 관점에서 연속적, 긍정적으로 바라보고자 한다. 역사적 공간으로서의 "오늘"이 아무리 고통스럽더라도 "내일"이라는 비전속에서 원대하고 희망적으로 바라보고자 한다. 인내하는 가운데 소망을 잃지 않고 멀리 바라볼 줄 아는 시인의 시적, 역사적 안목이 읽혀지는 대목이다.

3. 개인과 역사의 연속적인 생명성

박태진 시인에게 '오늘'의 의미는 무엇보다도 중요하다. 그가 스스로 밝히고 있듯이 그는 환상(幻想)으로 시를 쓰지 않는다. 환상이 현실을 초월해 있는 정신이라는 것을 생각할 때, 그만큼 그의 시는 현실과 밀착되어 있다고 할 수 있다. 그가 시를 쓰는 데 있어 체험적 감정을 중요시하고 과거보다 현재를 중요시하는 것은 모두 이러한 이유 때문이다. 그는 근본적으로 상상력(想像力)이나 환상(幻想)을 가지고 시를 쓰는 시인이 아니고 리얼리티에 근거한 실감(實感)을 노래하는 시인이다. 왜 그는 시의 본래적 속성이라고 할 수 있는 상상이나 환상을 버리고 생활 경험에서 우러나는 실감을 시적 정서로 삼고자 하는 것인가? 그러한 원인을 천착해 보기에 앞서 그의 또 다른 시편들에게 개진되고 있는 '내일'의 의미를 분석해 볼 필요가 있다.

앞에서 살펴본 바와 같이 박태진 시인은 자전적 체험을 노래하면서도 그 체험발생의 공간이었던 '과거'보다는 그 체험을 바라보는 공간인 '현재' 즉, '오늘'을 중시하고 있다. 그러니까 과거의 체험은 '오늘' 지향의 변증법적 과정 속에서만 그 의미를 갖고 있고, 또 '오늘'의 체험은 '내일'의 의미로 연결될 때 고유의 가치를 가지고 있는 것이다.

꿈은 실은 가까이에 있는 거
분명치 않는 하나의 집념
아름답지도 화려하지도
그것이 있기에 내일은 기다려져
오늘이 민구스러워도
다시 내일을 참고
언제나 아쉽기는 삶의 의미

―「바람 자지 않는 언덕 · 4」, 일부

사람은 그러다가, 아니
어쨌든 내일에 산다
오늘을 실망할 줄 아는 그는
본디 평온할 줄 안다는 그는
인생은 절대 억지가 아닌 것을
사랑이 억지가 아니라는 것을

〈중략〉

낯익은 거리
정이 가셨다 다시 들었다 그러는 동안
벌써 간 그들
이름 바뀐, 입구 바뀐 다방 앞
광고판들이 취미가 변하는 거리를
살아남아 자기 때를 살아남아
내일을 산다.

―「내일에 산다」, 일부

앞의 시편들에서 우리는 현재, 즉 오늘의 대칭 개념으로서의 내일의 의미를 읽을 수 있다. 오늘이 비록 아름답거나 화려하지 못하고 실망을 주는 것이라 할지라도 내일은 그러한 삶의 극복의 연장으로서 희망의 공간으로 존재하는 모습을 볼 수 있다. 이것은 바로 과거의 극복으로서의 오늘을 파악하는 시인의 의지와 똑같은 논리라고 할 수 있다. 그러니까 박태진 시인은 과거와 현재와 미래를 하나의 분리된 점으로 보지 않고 연속적으로 이어지는 직선으로 파악하고 있는 것이다. 과거의 극복 없이 오늘이 새로워질 수 없고, 오늘의 발전적 극복이 없이 새로운 내일은 존재할 수 없는 것이다. 이러한 시인의 모습은 단지 '오늘'만을 중요시하던 과거의 시적 경향에서 한 걸음 앞으로 나아간 모습이기도 하다.

이렇게 박태진 시인의 시간구조의 연속적 파악은 시인 자신과 자신의 객체에 대한 새로운 해석이며 대응이기도 하다. 개인적으로는 고희(古稀)를 넘기면서 인생을 살아오는 동안 숱하게 겪어야만 했던 갈등과 좌절과 슬픔에도 결코 절망하지 않고 '오늘의 나'를 향해 부단하게 정진해 온 인생의 개척과 투쟁에서의 승리, 즉 운명의 극복을 의미한다.

또, 역사적으로는 먼 옛날의 역사는 제쳐 두고서도, 우리의 근대사의 초기에서부터 일제 식민지 통치와 6 · 25전쟁, 4 · 19의 민주화 투쟁 등의 수많은 역사적 질곡에도 불구하고 결코 절망하거나 패배하지 않는 한민족과 조국의 끈끈한 피와 땀의 생명성(生命性)을 의미한다.

이렇게 개인과 역사에서 동시적으로 파악되는 부단한 연속성은 현실의 어떠한 질곡 속에서도 살아남고자 하는, 그래서 밝고 희망찬 내일을 만나고자 하는 인간의 본능적 욕망이며 한민족 특유의 끈기라고 할 수 있다.

역사상 유난히도 침략과 수탈을 많이 당하고 내부적 민족갈등을 겪은 한민족, 그래서 패배의식과 한(恨)에 젖어 있는 한민족, 그것의 극복이 현실의 문제이다. 그것의 극복이 바로 실재(實在) 그 자체라고도 할 수 있다. 현실, 즉 오늘에 살아남는다는 것은 일차적인 개인과 역사의 절대명제이다. 그래야만 내일을 기대할 수 있기 때문이다.

여기서 바로 우리는 박태진 시인이 환상과 몽상의 시학(詩學)보다 체험에서 생생하게 배어나는 현실감의 시학(詩學)을 주장하는 원인을 찾을 수 있다.

> 구호로 달이 가고 해가 가던
> 야사(野史)와 野史가 알력하는 저 골짝을
> 날마다 외침과 외침의 변주곡
> 그런대로 고려장을 치르는 현자의 지혜
> 사람들은 그렇게 열심이었다.
> 살아야 하는 이유 하나로 해서
>
> —「바람 자지 않는 언덕 · 2」, 일부

"살아야 하는 이유 하나로 해서" 박태진 시인은 과거를 극복해서 오늘을, 오늘을 극복해서 내일을 희망차고 행복한 삶의 공간으로 마련하고자 한다. 그것은 다름 아닌 개인과 역사의 중단 없는 연속성의 확립이며, 그러한 연속성을 지향하고 또 그로부터 발생되는 정서는 개인과 민족의 생명력이라고 할 수 있다. 시인의 과거와 현재와 미래로 이어지는 체험의 연속성은 개인과 역사 발전의 원동력이 되는 도도한 생명성으로 존재하고 있는 것이다.

4. 생명의 연소(燃燒), 내밀(內密)한 언어

지금까지 살펴본 바와 같이 박태진 시인의 개인적, 역사적 존재의 연속적이고 전체적인 생명성을 지향하는 시인 자신의 체험은 정말로 치열하다. 그러한 체험은 바로 자신이 살아남는 유일한 방법이고 실존 그 자체이기도 하다. 그래서 그의 체험은 항상 생생하고 현실감이 있다. 시인은 그러한 체험을 자신의 시의식 속으로 수렴하고 재구성해서 시 작품으로 형상화하고 있다. 지금까지 살펴본 시편들이 대부분 그러한 과정을 거쳐서 씌어 진 작품이라고 할 수 있다.

그러나 그러한 작품들 속에 내재하고 있는 개인과 역사의 연속적인 생명성이 연소(燃燒)하고 난 이후의 한 줌의 재처럼 내밀(內密)한 언어로 씌어 진 시 작품도 볼 수 있다. 간단히 말해서 이러한 시들은 체험의 서정적 형상화가 아니고 체험의 해체 이후에 남아 있는 의식의 기록이라고 할 수 있을 것이다. 이런 작품들에서는 「바람 자지 않는 언덕」에서와 같은 구체적이고 현실감 있는 생생한 체험을 만날 수 없다. 그 보다는 시인의 가슴 밑바닥 혹은 실핏줄 속 깊이 흐르는 살아있음의 확인으로 작은 피톨의 부딪침과 숨소리를 들을 수 있을 뿐이다. 그만큼 그의 이런 시들은 내향적(內向的)이고 미세하며 목소리가 낮아지고 있다. 이미 고희(古稀)를 지난 시인의 인생과 자연과 우주에 대한 달관된 모습의 반영이랄까. 이러한 시인의 모습은 대부분 산문시에서 발견되는 특징들인데, 「바람 자지 않는 언덕」의 시편들과는 확실히 다른 면모를 보여주고 있다.

> 나는 말에 군색하고 안타까울 때일수록 세상을 온 몸에 절실하게 느낀다. 물론 육중하게는 아니고 딱딱하게도 아니고 감상같은 차창을 어리고 스쳐간 입김처럼 말 이전 모습 이전, 내일은 실은 같은 태양 사람뿐이 각박하고 미련하고
>
> — 「정」, 일부

인용 시에서 우리는 목소리가 낮아진 시인의 음성과 리얼리티가 사상(捨象)된 정서의 형이상학(形而上學)을 느낄 수 있다. '안타까울

때일수록 세상을 절실하게 느끼는, 그것도 '육중하게는 아니고 딱딱하게도 아닌' '감상 같은 차창을 어리고 스쳐간 입김처럼 말 이전 모습 이전'의 있는 듯 없는 듯하고, 보일 듯 보이지 않는 그런 시인의 모습을 볼 수 있다. 여기서 우리는 확실하고 믿음에 찬 연속적이고 총체적인 개인과 역사의 생명성을 만날 수 없다. 오히려 일과성(一過性) 체험의 해체와 생명이 소진(燒盡)되고 난 이후의 깊은 정적(靜寂)을 느낄 수 있을 뿐이다. 그러나 이것은 영원한 소멸과 상실을 의미하기보다는 새롭게 태어나고자 하는 시인의 마음 비우기라고 할 수 있다. 시인의 연세가 고희를 넘겼다는 사실은 끊임없이 이러한 것을 암시해 주고 있다.

5. 맺는 말

기본적으로 박태진 시인의 시는 개인(個人)과 역사(歷史)의 한 순간의 멈춤도 없는 연속적인 생명성 추구를 지향하고 있다. 이러한 생명성 추구는 근본적으로 '오늘'을 중시하고, 그래서 '오늘'과 밀착되어 있는 구체적이고 현실적인 체험을 중요시하고 있다. 그러나 시인에게 '오늘'은 '어제'와 '내일'이라는 시간의 연속선상에 위치할 때 그 가치가 있다고 할 수 있다. 이러한 연속성이 곧 개인과 역사의 생명력이기 때문이다. 또한 그 연속성의 시간적 · 공간적 좌표 위에는 숱한 개인적 민족적 갈등과 좌절과 절망이 함께 낙인되어 있지만, 좌표 위의 수많은 단위적 요소, 즉 하나의 점들은 끝내 상승하는 하나의 직선을 형성하고 있다. 시인의 한국과 한국인에 대한 남다른 애정과 연민을 높이 평가하지 않을 수 없다.

잠시 「바람 자지 않는 언덕」에서 추구하고 있는 이러한 생명성에의 지향이 자아의 세계화라고 할 때, 일련의 산문시들은 세계의 자아화라고 할 수 있을 것이다. 체험은 내면화되고 있으며 생명성 확인으로서의 체험의 형상화는 해체되어 연소되고, 밀도 있는 의식으로 존재하고 있다.

결론적으로 박태진 시인은 개인과 그 개인의 위치하는 통시적(通時的)·공시적(空時的) 의미의 역사의 끊임없는 연속성, 즉 유기체로서의 생명성을 그의 현실에 밀착된 구체적인 체험 속에 우러나는 정서를 시로써 형상화하고 있다. 또 한편으로는 그러한 체험의 구체적 드러내기보다는 시인 자신의 내면 속에 연소시켜 밀도 있는 의식으로 심리의 맨 밑바닥을 그대로 보여주고 있기도 하다.

그러나 이 모든 것들은 박태진 시인 자신이 어쩔 수 없는 한국인이고, 한국 땅에서 어제와 오늘과 내일을 살아갈 수밖에 없다는 숙명으로부터 시작되고 있다. 그만큼 그의 시는 우리들 가까이에 있고 우리 마음 속에 존재하는 것을 집약적으로 보여주고 있다.

그의 시가 관념시처럼 보이면서도 행간에서 깊은 서정성의 울림을 느낄 수 있는 것은 모두 이러한 한국인의 정서의 공감대를 가지고 있기 때문이다. 그의 시는 한국인으로서의 가장 확실한 정체성(正體性)과 역사적 정통성에 근접하고 있다고 할 수 있다.

함동선론

휴머니즘과 분단비극의 미적(美的) 승화

—시집 『짧은 세월 긴 이야기』를 중심으로

1. 서언-세계화와 한반도의 냉전체제

이제 새로운 21세기와 밀레니엄이 목전으로 바짝 다가왔다. 우리나라를 비롯한 세계 도처에서 새로운 21세기와 새 천년을 향한 카운트다운이 시작되어 갖가지 기념행사와 축제가 준비되고 있는 것으로 알려지고 있다. 그런가 하면 아직도 세계 곳곳에선 국가와 민족 간 종교와 문화 간의 갈등과 충돌이 계속되고 있다. 그야말로 세계는 지금, 세기말 대전환기의 우울한 혼동과 방황 속에서 허우적거리고 있다. 그럼에도 불구하고 새로운 세기와 밀레니엄에 거는 인류의 자유와 평화, 행복과 번영에 대한 기대는 그 어느 때보다도 크고, 또 그 실현성 또한 어느 때보다도 크다고 할 수 있다. 이미 금세기말에 냉전체제의 녹슨 이데올로기가 붕괴되었고, 국가와 민족의 경계를 초월해서 대립과 갈등보다는 화해와 협력의 국제관계가 형성되기 시작했기 때문이다. 이른바 글로벌라이제이션이라든가 코스모폴리타니즘은 바로 이러한 세계정세와 문화사적 흐름을 집약한 말이다.

이러한 세계사적, 문화사적 흐름과 변화에도 불구하고 지구상의 유일한 분단국가와, 구시대의 유물인 냉전 이데올로기 체제의 장벽을 두텁게 쌓아올린 곳이 있으니- 더구나 그곳이 바로 우리가 발을 딛고 선 이 땅이라는 사실 앞에서는 민족적 자괴감과 함께 커다란 슬픔과 분노를 느끼지 않을 수 없다. 참으로 한국 근·현대사를 점철해 온 크고 작은 사건들, 특히 6.25전쟁과 그로 인한 국토분단은 모든 한국인들의 마음과 정신 속에 쉽게 치유될 수 없는 커다란 상흔을 남겼다. 하물며 그러한 전쟁의 한 가운데서 부모형제와 친구들과 헤어져 고향을 단신으로 떠나온 실향민들에게 그러한 고통과 슬픔은 오죽하랴. 비록 자유를 찾아 월남했지만, 한 번 떠나온 뒤로 반세기가 다 되어 가도록 그리운 가족과 고향땅을 밟아보지 못하는 그들에게 휴전선은 정말로 "통곡의 벽"이 아닐 수 없다. 이 시집의 저자인 함동선 시인은 실향민으로서 그러한 이산의 슬픔과 고통의 한을 가슴 켜켜이 감싸 안고 살아가는 시인이다. 그리하여 그는 어느 누구보다도 이산가족과 실향민들의 슬픔과 고통을 잘 알고 있다.

비교적 그의 최근의 시집이라고 할 수 있는『짧은 세월 긴 이야기』에는 이러한 실향민들의 한과 이산가족 상봉의 꿈, 떠나온 고향에 대한 한없는 그리움과 고향에의 복귀의지 등이 함동선 시인 자신의 개인적인 체험을 바탕으로 구체적이고 생동감 있게 표현되어 있다.

2. 분단현실과 실향민의 한(恨)

6.25전쟁이 끝나고 남과 북으로 국토가 분단된 지도 어언 반세기가 되어가지만, 동에서 서로 국토를 가로지른 녹슨 철책과 서로의 가슴을 겨냥하고 있는 총구의 날카로운 시선은 변함이 없다. 냉전이데올로기가 붕괴되고 사회주의 국가들이 줄줄이 무너지고 화합과 번영의 새로운 세기와 밀레니엄이 목전으로 다가와도 한민족의 가슴팍과 국토의 허리를 자른 38선은 여전히 굳건하다. 침통하고 답답하고 노

엽기조차 한 이 민족적, 역사적 상황을 함동선 시인은 누구보다도 정확하게 인식하고 있다.

개울과 바다가 만나는 곳이었다
갯물이 드는지
샛강이 찰박찰박 몸을 뒤집자
초소까지 파래 냄새가 훅 끼쳐 왔다.
내려쓴 모자를 추스르면서
카메라의 조리개를 좁혀
고향의 할미대를 해체하기 시작했다.
그때 날개에 검은 점을 드러낸 물새가
그쪽에서 날아온다
내가 어렸을 적에 들은
끼룩끼룩 우는 소리가
구름에 물든 시간은
오후 다섯시 사십분
셔터를 누를 때마다 터지는 플래시에
점화되지 않는 땅
수묵화의 한 폭을 담은 카메라까지
짙은 안개가 휘감아 버린다.

— 「비무장 지대-강화도」, 전문

강 건너 바로 앞의 고향마을(시집의 서문에서 시인은 강화도 포대에서 망원경으로 북의 고향집을 살펴본 적이 있다고 적고 있음)과 혹시 거기서 들려올지도 모를 고향소식을 카메라 렌즈로 쉴 새 없이 탐색하고 있는 시인의 모습과 정적(靜的)이 감도는 휴전선의 모습이 일촉즉발의 긴장감과 공포감을 자아내고 있다. 휴전선에 길이 막혀 고향 땅에 돌아가지 못하는 시인은, 그래도 고향에 대한 그리움과 귀향에의 꿈을 버리지 못한 채, 지금 고향 땅을 가장 가까이서 볼 수 있는 강화도의 한 포대에 설치된 망원경으로 북쪽을 바라보고 있다.

시의 4행에서 보듯이 시인이 서 있는 초소에서 고향 땅에 있는 샛강의 파래냄새를 맡을 수 있을 정도로 고향은 지척에 있다. 마음만 먹으면 즉시 도달할 수 있는 곳이지만, 시인은 한 발자국도 그곳으로 나아갈 수 없다. 이러한 시의 배경에 분단현실과 실향민들의 한(恨)이 고스란히 담겨 있다. 그러나 시인은 6행에서, 고향에의 그리움을 내려놓지 못하고 카메라 렌즈를 통해서 두고 온 고향을 샅샅이 살피고 있다. 혹시 헤어진 부모님과 형제자매와 친구들의 모습을 볼 수 있지 않을까? 혹시 고향집과 고향의 눈에 선한 산과 들과 마을의 모습을 볼 수 있지나 않을까? 그러나 시인의 그러한 기대감은 "물새의 끼룩끼룩 우는 소리"가 "짙은 안개에 휘감겨" 버릴 때 여지없이 무너져 버린다. 북쪽은 카메라 후래쉬 불빛 한 점에도 전혀 미동도 하지 않는 감시와 통제의 철저한 접근금지의 금단의 땅이기 때문이다. 시인의 숨 막힐 듯한 추적에도 불구하고 끝내 고향의 모습은 드러나지 않고, 고향을 향한 시인의 그리움과 기대감마저 방향과 위치를 상실한 안개 속에 휘감긴다. 분단현실과 어떠한 방법으로도 고향에 다가갈 수 없는 실향민들의 비애, 더 나아가 남북통일에 대한 어떠한 희망이나 전망도 보이지 않는 암담한 민족적 현실을 다시 한 번 확인할 수 있을 뿐이다.

이러한 현실 속에서 세월은 흘러 점점 더 멀어지는 가운데, 두고 온 가족과 고향에 대한 흐릿한 기억은 정말로 참을 수 없는 고통과 슬픔이 아닐 수 없다.

> 오늘도 낮달은 머리 위에서 뒹굴고 있지만
> 빛을 먹은 필름처럼 까맣게 탄 사진을 현상해서
> 천도제 올린 우리 식구들

절이 멀어질수록 풀벌레 소리로 귀를 막는다.
나무껍질처럼 투박해진 세월은
내 얼굴의 버짐처럼 가렵기만 한지
저수지에 돌팔매질을 해
물수제비 예닐곱 개나 뜨던 여름이 오면
형님은 언제나 거기에 있다
6.25를 기억하는 예성강처럼
언제나 거기에 있다

— 「형님은 언제나 서른네 살」, 일부

전쟁에 억지로 끌려 나가 생사가 확인되지 않은 "형님", 이제는 그 모습조차 "빛을 먹은 필름처럼 까맣게 탄 사진"처럼 기억마저 희미해져, 아주 잊어버리자고 "풀벌레 소리로 귀를 막아"도 끝내 사라지지 않고, 세월 속에 앙금처럼 남아서 해마다 여름이면 기억 속에 다시 아프게 되살아나고 있다. 여기서 "형님"은 함동선 시인의 비극적인 가족사의 한 상징어로써만 아니라 비인간적인 야만적 전쟁의 충격과 폭력 속에 무참히 짓 밟힌 실향민들의 가족사 전체의 의미망으로 확대되고 있다.

바람 부는 쪽으로 가지 뻗는다는
팽나무 열매가 서낭당을 에워싼다
어둠이 더는 보이지 않게
소복을 한 어머니는
보름달을 물이 가득한 물동이처럼 이고 온다
치성을 드릴 때마다 물이 쏟아져
귀신이 붙은 이 땅 구석구석을 씻어 내는데
피난 떠난 막내아들은 아직도 돌아오질 않는다
쑥이 키를 넘고 또 넘으니
다시 보름달이 뜰 때까지

그게 나 때문이야 하면서

촛불을 켠다.

—「보름달」, 전문

고향과 어머니에 대한 시인의 그리움이 한국의 토속적인 전통 속에 신화화되어 있는 작품이다. 6.25 전쟁 기간에 고향을 떠나 피난길에 나섰던 "막내아들"이 반세기가 되도록 돌아오지 못하고 있는 데 대한 어머니의 아쉬움과 그리움을 "팽나무", "서낭당", "소복", "보름달", "물동이", "귀신" 등과 같은 전통적인 사물들을 매개로 해서 절박한 서정으로 표현하고 있다. 시적 주인공인 시인의 어머니는 보름달이 환한 밤에 소복을 차려입고 "팽나무 열매"가 둘러싸고 있는 서낭당에 항아리에 물을 가득 담아 가지고 나와서, 그것을 제단에 올리며 "아직도 돌아오질 않는" 막내아들을 위해 "치성"을 드리고 있다. 이러한 어머니의 모습은 "물동이"와 "보름달"로 은유화 되어, 지금 시 · 공간적으로는 분리되어 그 때 그 보름달을 바라보고 있는 시인의 눈앞에 생생하게 재현되고 있다. 또한 이러한 시인의 어머니는 "귀신이 붙은 이 땅 구석구석을 씻어 내는데"라는 시구에서 보듯이 자신의 혈육인 아들뿐만 아니라, 우리나라가 처한 국난의 극복과 해결을 위해서도 "치성" 즉, 기도를 드린다. 여기서 작품 속의 어머니는 단지 시인 자신만의 어머니가 아니고 이 땅의 모든 아들들과 분단 조국의 남과 북에 헤어져 살아야만 하는 수많은 이산가족들과 실향민들의 어머니로 그 의미가 확대된다. 이러한 어머니의 형상은 숱한 억압과 시련 속에서 한(恨)과 눈물을 숙명처럼 안고 살아온 마조히즘적인 한국 여인들의 전통적 원형이기도 하다.

노을이 북한산 숲 속에 숨었는지

달이 큰 나뭇가지에 걸리더니
아버님 모신 상여가
하얀 개망초 꽃밭을 질러간다
저승도 모르는 사이에
숱하게 드나든다는 밤길
개울울 건너 다리를 지나
손가락만한 닻을 내린 술집에서
피로를 몰아내는 잔에 소주를 따르자
추석에 가지 못한 성묫길이
술잔에 떠오른다

—「하산주(下山酒)」, 전문

이 시 작품 역시 남북분단으로 북쪽의 고향 땅에 있는 아버지의 산소에 "추석에 가지 못한 성묫길"을 통해 시인의 "아버지"에 대한 그리움을 애절하게 표현 해 내고 있다. 추측컨대 시인은 지금 등산을 마치고 저녁 어스름의 하산 길에 자그마한 주막에 앉아 휴식을 취하면서 술잔위에 어리는 달빛 속에서 아버지를 떠올리고 있다. 시인은 비단 술잔 속에서 뿐만 아니라 시의 1~4행에서 볼 수 있듯이 "북한산 숲속"의 나뭇가지 위에 걸린 달을 통해서도 아버지의 모습을 떠올리고 있다. 그러나 안타깝게도 그 아버지의 모습은 3행의 "상여"가 암시해주는 바와 같이 살아계신 모습이 아니다.

이토록 함동선 시인은 아버지와 어머니, 형님등과 같은 자신의 혈육에 대한 그리움과 기다림의 정서를 기억속의 생생한 체험과 감정을 상상력을 통해 시 작품으로 형상화 시키고 있다. 그러나 그는 자신의 가족사적인 이러한 체험과 비극적 고통을 동시대인들의 보편적인 고통과 절망으로 확대시키고 궁극적으로는 한민족 모두의 파토스적 서정으로 승화시키고 있다.

망향의 제단에 와서 분향하는 이 불행을
멀리 멀리 물리려 하느니
차라리 이 불행을 데리고 살아야지
한강공원에는
날이 저물고 밤이 되고 날이 샐 때까지
앉아 있겠다는 푸르러지기만 하는
질경이처럼 돋아 있구나

— 「황해도민회 가는 길에」, 일부

고향을 상실하고 가족과 헤어져 반세기를 살아온 실향민들의 한과 마음의 고통을 절감(絶感)케 하는 시 작품이다. 추석이나 설에 고향의 선영에도 갈 수 없는 실향민들은 이를 대신해서 "망향의 제단에 와서" 분향을 한다. 해마다 반복되는 이러한 행사는 그들에게는 가슴이 찢어지는 불행이고 고통이다. 그러나 그들은 결코 이러한 불행이나 고통 앞에 절망하거나 고향에 대한 희망과 꿈을 포기하지 않는다. 2행의 "멀리 멀리 물리려 하느니"라는 시구에서 이러한 그들의 결의에 찬 모습을 볼 수 있다. 세월이 더할수록 가족과 고향에 대한 기다림과 그리움은 "질경이"처럼 더욱 더 새로워져, "날이 저물고/밤이 되고 날이 샐 때까지"도 잠들지 못하는 한강공원에 앉아 있는 실향민들, 그러나 그들은 단연코 이 분단의 아픔과 이산가족의 고통을 역사 속에 물려주지 않겠다고 다짐하고 있다. 이러한 다짐은 단순한 말이나 일시적 감정에서 나온 수사(修辭)가 아니라 뼈저린 체험과 상황인식, 미래에 대한 전망으로부터 비롯되고 있다.

통일이
망각으로 묻힌 지난 세월을 들먹이는가
콩 볶는 듯한 총소리
따콩따콩하고 뭔 소린가 저것이 하는 사이에

우리들을 향해 있던 고향은
마흔다섯 해도 더 내쉬었을 한숨을 내쉬고
미수복지구란 흑색 필름으로 남아 있다
오늘도 통일이란 말만 들어도
연회장 바닥을 피눈물로 물들이기 시작한다.

―「어느 동창회」, 일부

그동안 무수한 통일에 대한 논란이 있었고, 그럴 때마다 실향민들은 통일에 대한 성급한 기대를 하기도 했지만, 그것은 끝내 "마흔다섯 해도 더 내쉬었을 한숨"의 "미수복지구란 흑색 필름"의 절망으로만 귀결되었다. 일종의 정치권의 비효율적인 통일정책에 대한 간접적인 비판으로, 이제 통일은 단지 정략적인 차원에서 벗어나 민족적, 역사적 당위성을 가진 절체절명의 과제임을 우회적으로 지적하고 있다. 이러한 좌절과 절망에도 불구하고 시인은 통일에 대한 믿음과 추구를 멈추지 않고 있다.

여울목에 이르며 굽이치는 역사처럼 갑술(甲戌)아
우리는 손을 잡아야 한다
산과 들녘을 깨우고 어둠을 쓸어내는 이 새벽에
이산(離散)의 아픔을 덜어야 한다.
갑술아

―「우리는 손을 잡아야 한다」, 일부

세월의 허리춤을 추스르며
북으로 날아가는 철새들의 울음소린
고향을 두고 온 내 어깨에 떨어져
가슴을 타고 내려와
손톱까지 물들게 하지만
역사의 흐름은

우리를 만나게 할 거다

— 「우리의 빈 들녘을 깨우는」, 일부

인용 시 작품들을 한결 같이 어떠한 난관이나 방해가 있어도 기필코 남 · 북으로 흩어진 한민족은 다시 만나야만 한다는 역사적, 민족적 당위성과, 또 그 믿음을 확신에 찬 어조로 말하고 있다. 첫 번째 인용 시 「우리는 손을 잡아야 한다」에서는, "갑술아"의 호격 명사가 암시하는 남 · 북한은 "산과 들녘을 깨우고 어둠을"이라는 시구로 은유화된 분단현실에 이제 더 이상 침묵하지 말고 어떤 조건이나 제한도 없이 통일을 위해 "우리는 손을 잡아야 한다" 고 시인은 강력하게 주장하고 있다. 그것이 곧 "이산의 아픔을 덜어내는" 일이며 굽이치는 역사의 여울목에서 이 땅의 산과 들를 뒤덮고 있는 어둠을 걷어내는 길이기 때문이다. 두 번째 인용 시 「우리의 빈 들녘을 깨우는」 역시, 시인 자신의 개인적인 이산의 고통과 슬픔을 "철새들의 울음소리"를 통해 체험적으로 표현하면서, 남북통일의 필연성과 시급성을 감성적 어조로 호소하고 있다.

3. 휴머니즘과 빼앗긴 고향의 회복

지금까지 살펴본 것처럼 함동선 시인의 시집, 『짧은 세월 긴 이야기』 속에서 발견할 수 있는 시적 주요 관심사는, 그 자신의 직접적인 체험을 바탕으로 한 분단현실과 실향민들의 고향과 가족에 대한 그리움과 기다림, 또 그에 대한 해결방안의 모색적 대응으로써의 통일 논의와 그 전망이다. 따라서 그 시적 제재 역시 휴전선, 비무장지대, 총소리, 대포소리, 철모, 땅굴, 인민군, 탄약상자, 노동당 당사, 6.25, 남방한계선, 북방한계선, 38선 등 우리의 분단상황을 예각적(銳角的)으로 드러내는 경직되고 모나고 날카로운 금속성의 개념어와 이념적 시어가 많이 등장하고 있다. 이런 것만으로 볼 때 그의 시는 상당히 이념적, 저항적, 추상적이 되는 게 당연하다.

하지만, 앞서 살펴본 바에 따르면 그의 시에는 시어의 경향성 외에 기본적으로 휴머니즘과, 자연에 대한 사랑, 세계와 사물에 대한 긍정적 인식, 부드러움과 관용의 감성이 관류하고 있어서 앞의 이념성과, 저항성, 추상성을 효과적으로 극복하고 있다. 실제 그의 시 작품의 소재로 산, 감, 꽃, 섬, 항구, 들, 산사, 구름, 바람, 여행 등 순수 자연물이 차용(借用)되고 있음을 볼 수 있는데, 이것들이 바로 앞서의 전투적이고 이념적인 시어나 소재들의 경향성이나 편협성을 극복하는 시금석이 되고 있다. 이러한 시어와 소재의 선택과 형상화에서 무엇보다도 먼저 발견할 수 있는 것은 시인의 깊고 폭넓은 휴머니즘이다. 그가 이 시집에서 6.25전쟁의 비극성과 분단현실의 모순, 실향민들의 한과 고통을 시로써 노래한 것은 그 자신 실향민으로써 당연한 일이겠지만, 그 이전에 그의 내면적 포에지는 휴머니즘을 지향하고 있다. 그것은 결국, 그의 6.25전쟁 체험의 시가 반인간적, 반문명적 전쟁행위에 대한 비판과 고발이며 보편적 인간애의 실현임을 의미한다. 그의 그러한 휴머니즘은 우선 자아에 대한 내성(inwardness)과 새로운 자아인식으로부터 비롯되고 있다.

> 스적스적 휘젓는 도포자락에 매달린 손톱에는
> 어렸을 적 물들인 봉숭아 빛으로
> 독경소리가 들린다.
>
> —「산에서 만난 스님의 말씀」, 일부

> 산수유 나뭇가지가 굽은 샘가에
> 합장하신 스님께서
> 어서 떠나시게 그리구 혼자 되시게

그래야만이 제 모습이 보이구 제 소리가 들리는 법일세
하고 말씀하신다

— 「북한산」, 일부

살아 있는 모든 것
빛을 받는 모든 것
그것들과 온종일
스쳤는데도 깨달음은 커녕
의문만 더 늘어나누나
나는 무엇일까
한 번 더 진저리치자
깊고 검은 밤이 명료해지면서
노시인의
한마디 육성이 들려오누나

— 「산막에서」, 일부

「산에서 만난 스님의 말씀」에서 시인은 순수한 동심을 통해 인생의 근원과 의미에 대한 추구를 하고 있으며, 「북한산」에서는 인간의 개체성과 존재의 고독을 자연과의 대조 속에서 파악하고 있다. 또 「산막에서」는 일상인으로서의 인간의 근원과 목적에 대한 철학적 물음을 통해서 자아의 정체성과 삶의 의미를 규명하고자 하고 있다. 세 편의 시 작품은 모두 영원한 자연과 우주의 원리 속에서 유한적(有限的), 불완전한 존재로서의 인간의 실존을, 자아의 새로운 깨우침과 발견을 통해 새롭게 확립하고자 한다. 이는 곧 시인의 끊임없는 자기애(自己愛)로서 자아와 자연과 세계와의 화해롭고 완전한 관계설정으로 낙원지향 의식과 현실적 존재론의 일치를 의미한다. 이러한 자기애는 사물과 세계에 대한 긍정과 관용의 미학으로 이어진다.

저 들꽃들의 무서운 생명력
참알락 팔랑나비 등 빨간 잎벌이 날아오자
놀란 긴 알락꽃 하늘소가 원을 그린다
나라는 두 동강이로 잘렸지만
생태계는
집합의 띠인가

—「비무장지대-마을터」, 일부

간만에 따라 뭍이 됐다가 바다가 됐다가 하는
개펄이 살아나고
갈대가 무성한 습지가 살아나면
꽹매기 소리처럼 가슴에 남아 울리는 저어새의
날갯짓이
문창호지를 뚫고 들어오는 미명이 되어
뿌옇게 흐리던 안개를 걷게 할 것인가

—「이 새를 어디서 본 일이 있습니까」, 일부

비록 남북한이 이념과 체제의 대립으로 서로의 가슴에 총구를 겨누고 있는 긴장감이 감도는 휴전선의 비무장지대에도 아름답고 순수한 온갖 종류의 들꽃은 피어나고 있다. 이념과 체제의 갈등과 대립을 초월해서 피어있는 이 들꽃에서 시인은 자연과 그리고 그 자연의 위대하고 강력한 생명력을 발견하고 있다. 따라서 자연의 일부인 인간은 마땅히 이러한 자연과 원시적인 생명성 앞에서 모든 인간적 갈등과 대립을 벗어버려야 한다는 것을 암시하고 있다. 그것은 바로 반자연적, 반생명적인 폭력적 전쟁에 대한 강력한 고발이며 생명주의에 대한 옹호이다. 이렇게 해서 한반도의 해변에서 죽었던 개펄과 습지가 되살아나게 되면 멸종위기에 놓인 희귀조인 "저어새"가 다시 찾아올 것이라고 시인은 말하고 있다. 생태환경의 중요성과 남북한을 자유롭게 오가는 저어새의 상징성을 함축적으로 표현하고 있는데, 이는 곧 시인의 따뜻한 휴머니즘의 발로이다.

아파트 창문을 통해 스며든
보자기만한 햇살에
아빠 엄마는 손톱에 커피 물이 들고
아이들은 인형의 사촌이 됐는데
솔바람 소리가 귀를 가득 채우는
이 밭이랑에서 고추를 따며
구름에 가렸던 고향집으로 달려간다.

—「주말농장」, 일부

찬란한 현대문명의 세례 속에 부족한 것 없이 그럭저럭 살아가는 도시 소시민의 삶의 의미와 도시문명의 본질을 다시 한 번 생각케 하는 작품이다. 그러나 시인은 이 작품에서 그러한 도시문명과 소시민적 삶에 대한 부정과 비판보다는 그들이 알뜰살뜰 가꿔가고 있는 작지만 의미 있는 삶을 형상화 시키고 있다. 그래서 주말농장에서 상실한 고향과 자연을 되찾고 행복해 하는 그들의 모습을 따뜻한 휴머니즘의 시선으로 음미하고 있다. 그의 이러한 휴머니즘은 일상적, 존재론적 차원에서 한 차원 높은 정신사상적인 면으로 확대되어 나타나기도 한다.

8 · 15광복 후 두 달 전이었지
독립운동을 하다 감옥에 간 형님을 부르다가
가신
아버지의 상여 따라 피던 들꽃이 말야
허물어지기는커녕 더욱 꼿꼿한 자세로
피었었지

헌데 그 꽃이
우리가 묵은 호텔 한구석에 피었구만
개화기 때 이민 온
할아버지 할머니를 보는 듯해
가슴 때리는 굵은 빗방울이
내가 되어 흐르는구만
〈중략〉
슬픔과 절망을 모두 삭인다 해도
이따금 한숨 끝에 매달렸던 추의 무게로
과거는 용서해야지
그러나 과거는 잊어선 안되지
그렇게 들꽃은 말하고 있구만

— 「뉴욕 힐튼호텔에서」, 일부

함동선 시인은 왜 미국여행을 하면서 여행의 낭만이나 향수를 노래하기보다 다소 엉뚱하다고 할 수 있는 먼 기억 속의 형님과 아버지와 들꽃을 떠올리고 "개화기 때 이민 온" 할머니 할아버지를 떠올린 것일까? 이는 곧 시인의 조국애와 민족애를 향한 그의 따뜻한 휴머니즘의 확대라고 볼 수 있다. 이는 그가 식민지통치의 억압과 착취에 못 이겨 미국으로 이주해온 유랑민들에게 온갖 슬픔과 고통을 안겨준 가해자들을 용서는 하되 잊지는 말아야 한다고 주장하는 대목에서도 확인할 수 있다.

이 시집 전편을 통해서 우리는 함동선 시인의 이러한 휴머니즘을 지속적으로 확인할 수 있는데, 이는 곧 그의 반전(反戰), 생태(生態), 자연주의, 화합과 평화, 자유와 생명을 지향하는 시적 태도로 이어지고 있다. 이러한 시적 지향은 궁극적으로 그 자신 실향민으로서, 또 이 시대의 가장 시급한 분단현실의 극복을 위한 모색의 하나로써 빼앗긴 고향에 대한 회복의지로 귀결되고 있다.

누가 선을 그은 사람이고 누가 뛰어넘는 사람인가
미움의 키 높이고 단절에 길든 시절이 가면
신바람에 오는 역사의 목소리
개울물이 되어 넘치고 넘칠 것이다.

— 「너는」, 일부

"너"로 상징되는 함동선 시인의 개인사적 혹은 그것의 확대로써의 한민족의 민족사적 당면 과제들이 어느 누구의 잘잘못을 따지기 보다는 서로 이해하고 양보하고 화합한다면, "단절에 길든 시절이 가면", "신바람에 오는 역사의 목소리"처럼 단숨에 해결될 것임을 예언하고 있다. 실향민의 고향회복, 이산가족 상봉, 남북통일 등이 바로 "너"라는 타이틀 시어에 포괄되는 의미임은 두말할 필요가 없다. 새로운 21세기와 밀레니엄의 시대는 기필코 이러한 대역사적 전환이 이뤄지고, 한민족의 시대가 될 것임을 시인은 믿어 의심치 않는다.

김해성론

자연인식(自然認識)과 그 展開樣相(전개양상)

—시집 『신라금관(新羅金冠)』을 중심으로

1. 머리말

일찍이 발레리(paul Valery)는 '시는 언어의 연금술(鍊金術)'이라 했고, 김기림도 '시는 언어(言語)의 건축(建築)'이라 했으며, 루이스(C. Day Lewis)도 '언어는 시의 가장 근원이 되는 재료(材料)'라고 한 것에서 알 수 있듯이 시는 언어를 매개로 하는 언어예술이다. 물론 소설이나 희곡, 수필 등 다른 문학 장르도 언어를 매개로 하는 언어예술이지만, 시처럼 언어와의 첨예한 관계를 가지고 있는 것은 아니다. 그래서 시어(詩語)는 시의 중요한 구성 요소 중의 하나로 간주된다. 물론 시어 외에도, 시는 리듬, 이미지, 형태, 표현, 주제 등의 여러 가지 내용적, 방법적 요소가 치밀하게 결합된 하나의 유기체(有機體)이다.

그래서 한 시인의 시세계를 파악하기 위한 첫걸음은 시어에 대한 관찰과 분석으로부터 시작되는 것이 타당하다. 시어의 범주와 속성, 사용빈도, 운율 등은 시의 본질적 가치와 평가의 분석적 기초이기 때문이다. 이와 함께 시의 모티브이자 주제가 되기도 하는 시적 대상 즉, 소재(素材)에 대한 분석도 시어와 동일한 맥락 위에 있다. 다시 말해 시어의 특징과 시적 대상에 대한 시인의 인식론을 통해서 시인의 시세계를 좀 더 촘촘히 들여다 볼 수 있는 단서를 마련할 수 있다.

이러한 태도로 김해성(金海星) 시인의 작품에 접근할 때, 무엇보다도 시의 소재로 선택되고 있는 대상들이 대부분 '자연(自然)'이라는 데 주목하지 않을 수 없다. 따라서 '자연'의 구체적인 대상들과 이로부터 파생된 시인의 정서와 생각을 표현하는 단어들이 시어의 주류를 이루고 있다. 이러한 사실은 그의 『김해성시전집』(대광문화사, 1987)의 목차만이라도 눈여겨 본 사람은 누구든지 알 수 있을 것이다. 그의 시적 소재들은 대부분 '산', '강', '하늘', '꽃', '바다' 등으로 우리 주위에 펼쳐져 있는 대자연의 구성물들이다. 그래서 그를 논한 대부분의 논자(論者)들의 언급에서도 이를 확인할 수 있다.

> "초기의 작품들에서 우리가 느껴지는 것은, 자연만상 속에 용해되어 있는 역사의식 흐름을 도출해 내어, 그것에서부터 영원한 새 생명에의 호흡을 불러 일으켜 보자는 것이다." "그런 점에서 30여 년에 걸친 김해성 한 개인의 시사를 점검해 볼 때 그의 모든 시들이 산이라든가 꽃, 계절 등 자연을 소재로 하고 있음을 알 수 있다는 것은 재미있는 일이다." "김해성 시인은 꽃을 제재로 한 시조가 거의 절반을 넘어설 정도로 꽃을 좋아 한다."

그렇다면 그의 이러한 자연친화적인 시 작품들 속에 녹아들어 있는 시세계의 본질은 무엇이고, 또 그것은 어떻게 시로 형상화되었는지, 우선 시 작품 속의 시어와 시적 대상을 분석해서 그의 '자연'에 대한 남다른 특징적 면모를 밝혀 보고자 한다.

2. 시인의 자연인식(自然認識)에 대한 특징

1) 동 · 서양 자연관(自然觀)의 본질

동서고금을 통하여 문학에 있어서 자연을 해석하는 방법은 크게 두 가지로 나눌 수 있다. 자연을 이성적(理性的) · 논리적(論理的)으로 해석하는 방법이 그 하나이고, 이와는 반대로 신비적(神秘的) · 초월적(超越的)으로 해석하는 방법이 또 다른 하나이다. 전자는 실용적이고 과학적인 사상이 일찍부터 싹터온 서양에서 주류를 이뤄온 반면, 후자는 음양오행설(陰陽五行說)로 우주와 인간사회의 모든 현상들을 해석해온 동양에서 주류를 이뤄왔던 방법이다.

좀 더 구체적으로 살펴보면, 영국의 벤담(Bentham, 1748~1832)이나 존 스튜어트 밀(J.S. Mill, 1806~1873)이 '만인의 행복'을 주장하던 공리주의, 실제로 증명이 되어야 진리로 인정할 수 있다는 꽁트(August Conte, 1798~1857)의 실증철학, '만물은 진화한다'고 주장하여 인간의 정의를 새롭게 한 다윈(Charles Darwin, 1809~1882)의 진화론 또는 헤겔(Ernst Hackel, 1834~1910)의 '인생도 진화한다"는 진화적 인생관, 마르크스(K. Marx, 1818~1884)의 물질적 인생관 등이 바로 전자, 즉 서양적 자연관의 기초를 이루고 있다.

반면, 선진시대(先進時代)에 노장일파(老莊一派)의 허무 · 무위설(無爲設)을 신봉한 도가(道歌)와 『사서삼경』을 경전으로 하는 유가(儒家), 음양오행으로 우주현상과 자연현상을 해석하고자 했던 『주역』등은 후자, 즉 동양적 자연관의 기초를 이루고 있다.

간단히 말해서 서양적 자연관은 르네상스 이후의 서구에서의 현실주의적, 실용주의적 사상 경향을 반영하기 때문에 '자연'은 지상적(地上的), 인간적, 형이하학적(形而下學的), 소모적인 개념으로 인식되고 있다. 그에 반해 동양적 자연관은 신비적, 초월적 사상을 기초로 하기 때문에 신격화, 우상화, 천상적(天上的), 형이상학적(形而上學的)인 영원성의 개념으로 인식되고 있다.

서구적 자연관의 여러 가지 특징들은 결국 자아각성과 신(神)에의 예속으로부터의 해방과 인간성의 회복으로 압축되는 르네상스정신에 그 뿌리를 두고 있다. 이것은 곧 중세 이전의 신본주의(神本主義)로부터 근대의 인본주의(人本主義)로의 이동을 의미한다.

그러나 서구에서와 같은 문화사적 흐름 속에 필연적으로 야기할 수밖에 없었던 진정한 의미의 르네상스 운동을 아직까지 경험하지 못한 동양에서는 유교, 도교, 불교 등 고대사상이 큰 변화를 보이지 않고 그대로 남아 있다. 그래서 동양문학에서의 자연은 아직도 형이상학적이고 초월적인 모습으로 인식되고 있다. 물론 시대·사회적 환경의 변화로 표층적으로는 서구적 인식론으로 자연을 해석하려는 경향도 볼 수 있지만, 심층적으로는 고대로부터 계속되어지는 동양전통사상의 원류(源流)에서 크게 벗어나지 못하는 경우가 대부분이다.

그러나 첨단과학문명의 시대로 일컬어지는 현대에는 오히려 이러한 동양사상으로 복귀하고자 하는 의도적인 노력들이 나타나고 있기도 하다. 현대문명의 반대급부로 파생되는 여러 가지 문제점들의 해결방법이 동양사상속에 함축되어 있다고 그들은 주장하고 있다.

필자는 여기서 동·서양의 이러한 사상의 시시비비(是是非非)나 비교 우위를 논하려는 것은 아니다. 다만 문학 속에 수용된 자연의 해석방법상의 차이를 알아보고자 함인데, 그러한 의도는 곧 김해성 시인의 자연관을 보다 선명히 드러내고자 하는 의도이다.

2) 서양적 자연관을 통한 동양적 전통 서정의 표현

지금까지 김해성 시인을 논한 대부분의 논자들은 그를 '동양적 관조의 시학', '순수한 시심(詩心)과 동양적 시관(詩觀)', '영원성을 지닌 자연과의 교감' 등으로 동양전통사상의 맥락 위에서 그를 평가했다. 이것은 그의 시 작품에서 표면적으로 드러나는 시적 소재나 시어, 주제가 대부분 '자연'이라든지 '고향', '어머니', '흙' 등으로 우리 전통시의 소재 특히 토속적이고 향토성이 강한 것들이고, 따라서 이러한 시적 소재나 시어, 주제에서 울려 나오는 정서는 한국적이고 동양적일 수밖에 없다. 그러나 그의 시 작품을 좀 더 자세히 심층적으로 분석해 보면 그의 이러한 정서를 표현해 내는 방법은 오히려 서구적인 자연관에 뿌리를 두고 있다는 사실을 보여 준다.

이른 새벽 산길에
길길이 자란 산초랑
칡넝쿨 찔레순 이슬에 젖어
뻗는 숨소리 산골 물까지 닿고
깊은 산속을 노루처럼 나는 서성대면
저 산 너머 절간의 목탁소리
산 산 산
산이 울었다.

— 「산방」, 일부

이 골짜기 저 골짜기 바위와 바위, 조약돌과 조약돌을 넘어오는 산골 물소리며 개갈새, 파랑새, 홍새, 종다리, 비비새, 참새, 까치, 꾀꼬리, 뻐꾸기, 밤새이며 다람쥐, 산쥐, 박쥐, 산토끼, 멧돼지, 사슴, 노루가 산정을 넘어가고 오는 심심산골인데 나는 하이얀 소심초로 가슴을 문질고 싱싱한 푸르름이 무르녹아 내음이 풍기는 산길을 따라 한참 올랐어라.

… 저마다 스르로이 눈짓 손짓 몸짓하는 청산속 오색찬란한 띠를 두른 전설속 선녀가 너울너울 춤을 추며…

— 「산정의 시」, 일부

인용된 두 편의 시는 모두 '산'이라는 대자연을 소재로 해서 시인의 순수한 서정을 표현하고 있다. 서정의 형상화를 위해 시인이 사용하고 있는 구체적인 매개물은 '산초', '칡넝쿨', '찔레순', '이슬비', '산골물', '노루', '목탁 소리', '바위', '조약돌' 등 어느 것 하나 현대문명과 사람의 손때가 묻은 것은 눈에 띄지 않는다. 작품 속에 등장하는 소재들이 이렇게 인간세상과 분리되어 있을진대 거기서 울려나오는 정서 또한 자연히 순수하고 초자연적일 수밖에 없지 않는가? 따라서 이러한 시 작품들에 대한 분석적 접근은 동양적 자연관을 통해서 효과적으로 이뤄질 수 있을 것이다.

그럴 경우 이 작품은 현실과 인간이 배제된 단순한 서경시(敍景詩) 혹은 사물시(事物時)가 되어 추상성과 비인간화 된 모습을 면키 어렵게 된다. 그러나 우리는 김해성 시인의 이 작품들에서 그러한 우려를 하지 않아도 된다. 그것은 바로 작품 속에 등장하는 '나' 때문이다.

'나'는 시적(詩的) 화자(話者, persona)이자 주인공으로, '나'를 중심으로 시의 구조가 짜여 있다. '나' 이전의 자연물(自然物)이 단순히 객관적 대상으로서의 수동적 대상이라면 '나' 이후의 자연물은 '나', 즉 자아(自我)를 통과하고 난 뒤의 능동적이고 주체적인 자연물이다.

그런 결과 「산방」에서는 '절간의 목탁소리'에 '산'이 울게 되고, 「산정의 시」에서는 '전설속의 선녀'를 만나 슬픈 대화를 하게 된다. 이것은 곧 동양적 관조의 피사체(被寫體)에 불과하던 자연 즉, 산이 시인 자신의 주체적 경험 층위를 통과하면서 새로운 생명적 질서와 삶의 원동력을 얻게 되는 것을 의미한다. 이는 곧 자연이 인간을 배제시킨 동양적인 신비성, 무한성과 초월적 의미로 해석되기보다는, 인본주위적인 서양적 자연관을 통해 자연을 인간적, 유한적, 지상적 의미로 해석하고 있음을 보여준다. 그러니까 시인은 자연에 동화되어 자연처럼 영원하고 초월적인 존재가 되기보다는, 자연이 오히려 시인 자신의 의지에 따라 왜곡 · 변화되고 있다. 그래서 「산방」에서 신비로운 기운이 서린 새벽의 깊은 산은 노루처럼 서성대는 '나'의 존재로 해서 울게 된다. 산→'나'→목탁소리→산울음이라는 과정을 통해 초월적인 산은 이제 지상적, 인간적인 존재로 다시 태어나고 있다. 이는 곧 자연의 자아화(自我化), 혹은 세계의 자아화(自我化)로 자연에 대한 동양적 전통의 순수 서정을 도구적인 서양적 자연관을 통해 예각적(銳角的)으로 보여 주고 있다. 그래서 정적(靜的), 수동적인 존재인 산이 동적(動的), 능동적인 생명체로 다시 태어나고 있다. 역동화(逆動化)된 산은 이제 사람이 산을 찾아오길 기다리지 않고 사람과 세상을 찾아 오히려 산문 밖으로 걸어 나오고 있다. 그래서 산은 사바세계 속에 온갖 종류의 사람들과 섞이되, 그들에게 동화되지 않고 오히려 그들을 산 높이의 초월적이며, 무한대의 생명을 전염시키고 있다. 이는 새로운 차원의 인간과 자연, 현실과 이상, 완전성과 불완전성이 화해하고 상생하는, 혹은 주객합일(主客合一)이거나 물아일체(物我一體)의 형성이다.

이처럼 김해성 시인은 자연에 관한 동양적 정서를 서양적 자연해석방법을 동원해 표현해내고자 한다. 이기반 교수는 그의 이러한 면모를 두고 "김해성 시인은 서구의 시관이나 동양의 시관을 조화롭게 수용하면서 영적 신비성을 역설하고 자아의 분신이라고까지 강조하고 있다"고 말한 바 있는데 이는 타당한 지적이다.

3. 자연인식(自然認識)의 전개양상(展開樣相)

앞에서 살펴본 바와 같이 그 속성상 서로 대립적인 자연과 인간, 이상과 현실, 주체와 객체를 각각 분리된 절대적 존재로 파악하지 않고 두 개가 서로 화해하고 상생해 가는 통합지향의 상대적 존재로 파악하게 될 때, 김해성 시인에게 자연은 이미 단순한 객체적인 수동적 사물로 남아 있지 않다. 아무리 사소한 풀잎이나 돌멩이라도 거기에는 이미 하나의 생명과 우주가 담겨져 있다. 다시 말해 거기에는 인간의 숨소리와 체온이 담겨져 있는 것이다. 이토록 김해성 시인은 세상의 삼라만상에 시적 생명을 부여하고 또 그 생명들이 조화롭게 존재하도록 시적인 질서를 창조해 내고 있다.

시인의 이러한 행동은 마치 성경의 창세기편에 나오는 "여호와 하나님이 흙으로 사람을 지으시고 생기를 그 코에 불어넣으시니 사람이 생령이 된지라"와 일맥상통(一脈相通)하는 것이라고 생각할 때 예사롭지 않은 일이다. 모든 자연물에 사람의 숨소리와 맥박을 불어넣어 시적인 생명을 창조하고 인간화시키고자 하는 시인의 모습은, 감히 흙으로 만든 사람의 형상에 생기를 불어넣는 하나님의 모습에 비유될 수 있기 때문이다.

어떻든 김해성 시인과 하나님의 행동은 동일한 차원에서 해석될 수 없는 것이지만 그 수사적인 측면에서는 동일하다고 할 수 있다. 즉 창조의 주체자인 시인과 하나님은 모두 하나의 생명을 창조하고 있다는 점이다. 하나님이 창조하신 인간은 곧 아담이고, 아담은 바로 인간의 원초적 고향인 낙원, 즉 천국을 상징하는 것과 마찬가지로 김해성 시인이 창조한 시적 생명도 바로 그 인간의 본래적인 고향을 상징하고 있다.

그러나 시인이 창조한 생명이 내포한 고향의 의미는 낙원은 아니다. 일찍이 아담의 고향인 낙원은 시간과 공간이 통합되어 삶과 죽음, 이승과 저승, 하늘과 땅, 이상과 현실, 빛과 어둠이 분리되어 있지 않은 무한대의 차원에 존재하는 세계임에 비해, 김해성 시인에게 있어 고향은 시간과 공간이 따로 분리되어 엄연한 운행질서를 가지고 있는 현실계를 반영하고 있다. 그래서 거기에서의 삶과 죽음, 이승과 저승, 하늘과 땅, 이상과 현실은 이원적으로 분리되어 있는 곳이다.

이원적 구조 속에서의 삶은 항상 모순과 갈등으로 소용돌이치고 있어 무질서하고 혼란하다. 공존하는 두 개의 가치가 화해하거나 통합하기보다는 서로 대립하고 충돌하기 때문이다. 그것은 바로 존재론적 운명에 처한 인간의 모습이다. 그래서 김해성 시인에게는 그 자신이 하나의 존재자로 이 세상에 태어났던 현장인 고향의 의미는 각별하다.

1) 존재론적 고향의식

김해성 시인에게 고향의 의미는 탄생의 희열과 온갖 추억과 낭만의 감상적 차원에 있지 않다. 이미 고착된 이원 대립적인 세계구조에서, 본래적 고향인 낙원에서 쫓겨난 시인은 상실한 본래의 고향으로 돌아가고자 하는 치열한 몸짓을 보이고 있다.

> 여기 저어기 언제부턴가……, 하늘과 땅이 열리는, 그 순간부터 할아버지와 할매, 남편과 아내, 동생과 누님처럼 다정한 듯 나란히 앉는다든가, 혹은 맞보랗고 선다든가 하여, 밤낮 가족처럼 정화를 소근거리며 살아가고 있다. 산맥은,
>
> 〈중략〉
>
> 억년을 철철철 피가 도는 가슴, 가슴속 연륜은 저렇게 연연히 감기는데 원할 것 아쉬울 것 없는, 언제나 원만한 하늘을 이고 탄생한 그날 그때부터 스스로의 위치를 변치 못할 운명을 지녀, 하늘과 땅이 맞닿는 순간까지 승엄한 기도만을 올릴 산맥이여.
>
> — 「산맥(山脈)」, 일부

표면적으로 이 시는 '산맥'처럼 조상 대대로 살아온 고향의 모습이

행복하고 정겹게 그려져 있다. 마치 산맥이 온갖 자연물을 품 안에 껴안고 살듯이 고향은 '할아버지와 할매', '남편과 아내, 동생과 누님' 들을 넉넉하고 푸근한 '사랑과 참음과 화합된 그리움' 속에 살아가게 하기 때문이다.

그러나 시인은 내면적으로 '산맥'을 하늘과 땅, 즉 낙원과 현실계를 구획하는 경계선으로 파악하고, 경계선 아래 땅의 공간성에 속박된 자신의 운명을 존재론적 자세로 수용하고 있다. 그러니까 표면적으로 드러나는 고향의 행복하고 정겨운 모습은 시인이 상상으로 지향하는 본래적 고향의 모습이며, 실제로는 땅위에, 즉 현실계에 속박되어 있는 자신의 불완전성과 유한성(有限性)을 벗어나기 위한 저항의 몸짓을 보이고 있다.

시인의 그러한 모습이 셋째 연에 "탄생한 그날 그때부터 스스로의 위치를 변치 못할 운명을 지녀, 하늘과 땅이 맞닿는 순간까지 숭엄한 기도만을 올릴 산맥이여" 라는 시구에 나타나고 있다. '운명'과 '기도'는 바로 시인의 산맥에 대한 인식과 대응을 상징하는 핵심어이다.

> 몸, 몸부림이다. 몸부림이다. 몸부림은……, 인류와 역사의 몸부림이다. 천 년 전 죽어간 선조들 족보 위에, 그림자 지울 줄 모르는 것, 웃음과 울음의 여운인가. 그것, 자연의 조화로 더 일어나는 소리 소리의 화합된 음악인데 지구와 태양이 맞닿는 그 순간까지 천지간에 방황함 소리인가를 모른다.
>
> ―「가야금」, 일부

이 작품은 시인과 시인 자신의 고향의 확대 이미지로서의 민족과 조국의 존재론적 갈등구조를 드러내 보이고 있다. 「가야금」은 우리 민족의 정적(情的)이고 순수하고 고고한 정신의 상징물로, 현실계와 인간계에 사로잡혀 앞으로 더 나아가지 못하는 시인의 슬픔과 절망의 인식을 보여준다. 그것을 벗어나기 위한 치열한 자기시련과 저항의 모습을 '몸부림'으로 시인은 표현하고 있다.

여기서 우리는 시인이 한국적인 소재로 한국적 정서를 노래하지만 그 내면에는 그러한 정서의 새로운 승화를 강력히 희망하고 있는 모습을 볼 수 있다.

2)민족의식과 역사의식

앞에서 살펴본 것처럼 시인은 자신의 고향을, 잃었던 추억과 꿈과 이상이 고스란히 남아 있는, 그래서 일상적인 삶에 훼손된 자아를 회복하는 영원한 서사적 공간 즉, 낙원의 의미로만 해석하지 않는다. 그는 오히려 고향에 대한 그런 동양적 자연관의 관념성을 벗어버리고 새로운 눈으로 바라보고자 한다.

그것은 바로 현실안(現實眼)과 실존적인 인간관으로 바라보는 입장이다. 이는 곧 그의 고향의식이 낙원의식에 경도되지 않고 현실인식에서 출발하고 있음을 의미한다. 모순과 갈등, 희로애락과 오욕칠정을 굳이 배제하지 않고 포괄하려고 하며, 시대와 사회와 역사적 의미맥락에서 자연과 고향을 해석하고자 한다.

> 아침 햇발이 유달리 눈부신 하늘밑에 박물관 한 구석, 안으로만 소원을 몸부림치며 천년을 침묵 속에 살아온 금관, 신라의 호사 찬연한 치국비화가, 거기 조용히 잠들고 있는 관, 쉬흔여섯 임금의 고혼은, 금빛발속에 생생히 살아 움직이는데…….
>
> 아아, 어디선가.
> 금관이 울며 지심을 흔드는 소리.
> 천 년 전 그날 밤에 반짝이는 별은 지금도 눈떴는데

꽃잎처럼 피어나던 신라의 옛 모습은,
주렁주렁 매어달린 구슬소리 낭랑한 음향으로 하여
그때의 홍성한 시절을 이야기 듣는 듯 싶어라.

〈중략〉

여기 서라벌 하늘밑에 천년을 변함없이 살아 있어, 땅속 깊이 묻힌 수많은 임금의 비원이 내재하여 있는 금관, 아아 신라 터전에, 피맺힌 하늘을 이고 새순이 돋아날 것만 같아, 한 그루 서있는 설두꽃은 또다시 언제 핀다냐.

— 「신라금관」, 일부

한국역사상 신라시대는 특별한 의미로 다가온다. 신라는 백제, 고구려 등 한반도의 삼국(三國)을 통일한 한국 최초의 통일국가인 통일신라의 전대(前代)가 되기 때문이다. 비록 그것이 불완전하고 외세를 빌어 이룩한 업적이라 할지라도 결코 과소평가될 수 없다. 그래서 지금도 분단현실을 살아가는 우리는 이러한 신라에 대해 무한한 향수와 자긍심을 갖고 있다. 또 그러한 신라의 원동력이 되었던 화랑도 정신과 불교정신의 신비성에 외경(畏敬)의 마음을 가지고도 있다. 금관(金冠)은 바로 그러한 신라의 모든 것을 상징적으로 내포하고 있는 유물(遺物)이다.

지금은 박물관 구석에 자리 잡고 관람객의 발길을 기다리고 있지만, 우리는 그 금관을 통해서 신라의 모든 것을 볼 수 있고 느낄 수 있다. 금관은 한낱 역사적 유물이 아니고 신라의 얼이고 우리 민족의 얼이다. 시간을 뛰어넘어 민족의 영광과 희열과 자긍심으로 만날 수 있는 살아있는 역사의 실체를 금관은 상징하고 있다.

그러나 시인은 금관을 단지 민족적인 긍지와 영광의 상징으로만 해석하지 않는다. 신라 '성왕의 비원(悲願)'과 '에밀레종(鍾)의 천년

(千年) 울음', '피맺힌 하늘' 등으로 신라의 영광과 자부심 뒤에 가려져 있는 비애를 동시에 상기시키고 있다. 이러한 시인의 태도는 신라의 번영과 발전의 이면에 무명(無名)으로 사라져간 수많은 신라인들의 넋의 상징적인 형상화라고 볼 수 있다.

금관처럼 휘황찬란한 역사의 이면에 대한 시인의 역사인식은 인도주의적이라 아니 할 수 없다. 이는 곧 역사의 평가에 대한 시인의 일면으로 '금관의 말없는 침묵의 의미와 비애미(悲哀美)를 자찬(自讚)하기에 이른 것' 이라고 하는 김준 교수의 지적은 의미 있는 말이 아닐 수 없다.

겉보기에 휘황찬란한 금관을 보고 침묵과 비애의 정서를 느낄 수 있는 시인의 감수성은 시대 · 역사의식을 기초로 하는 존재론적 자아와 세계인식에서 비롯되고 있다.

4. 맺음말

김해성 시인의 시는 자연시라고 할 만큼 자연적 소재들과 그 소재들에서 울려 나오는 순수한 전통서정이 돋보인다. 그의 시세계와 시정신 그리고 시적 지향점을 파악하기 위해서는 그의 시의 중심소재인 자연에 대한 본질과 이에 대한 시인의 인식을 살펴보는 것이 가장 기본적인 일이다. 그래서 지금까지의 글에서 보편론으로서의 동 · 서양의 두 개의 자연관의 변별성을 찾아내고 시인의 자연관을 보다 선명히 부각시키고자 했다.

그 결과 그의 자연관은 자연과 인간, 자연과 현실을 따로 분리시키지 않는 일원론적(一元論的)인 동양적 순수 서정을, 이와 반대로 자연과 인간을 분리해서 이원론적으로 파악하는 서구적 자연관을 통해 재해석 하여 '자연'에 대한 새로운 차원의 생명성을 창조하고 있음을 볼 수 있다. 비록 그가 토속적인 한국의 자연물을 시적 소재로 차용하고, 그 정서 역시 동양적 정조 위에 있다고 할 수 있으나 시의 심층적 구소 속에는 이러한 서구적 자연인식론이 자리 잡고 있다.

이러한 그의 자연관은 음풍농월(吟風弄月)의 수준에 머물렀던 한국 전통시의 영역을 확장하고, 서정시의 장르 확장을 열어줄 수 있는 시적 방법이랄 수 있다. 그가 민족의식과 역사의식을 리얼리즘적인 전형(典型)과 반영(反映)의 이론에 기대지 않고, 전통서정시 속에 무리없이 담아낼 수 있었던 것에서 이러한 가능성을 확인할 수 있다. 실제로 『영산강』, 『치악산』 등 그의 뛰어난 서사시집은 그의 이러한 자연해석 방법이 극명하게 드러난 결과물이다. 한 마디로, 김해성 시인은 동양적인 한국의 전통서정을 서구적인 자연 인식 방법론을 통해서 전통 서정시의 미학과 표현 방법에 새로운 지평을 열었다고 할 수 있다.

김명배론

극적(極的)서정과 절제의 형식미학(形式美學)

―시선집『또 한세상 살고 한세상 또 살고』를 중심으로

김명배 시인의 시선집『또 한세상 살고 한세상 또 살고』에는 1973년에 발간된 그의 첫 번째 시집『청동색 음성』이후의『둘째의 공간』,『바람아 바람아』,『소리가 있는 풍경』,『사랑하기 없기』등의 시집에서 선정된 100여 편의 작품과, 다섯 번째 시집인『사랑하기 없기』이후에 새로 씌어진 30여 편 등 총 133편의 시 작품이 수록되어 있다. 이러한 시 작품의 선별작업이 시인의 가장 가까운 후학들에 의해 이루어졌음을 고려할 때, 이 시선집은 명실 공히 시 작품에 대한 객관성과 공정성을 가진 김명배 시인의 대표 작품집이라고 하기에 손색이 없을 것이다. 따라서 거기에는 오로지 한편의 훌륭한 시만을 위해 평생을 바쳐온 시인의 모든 것이 오롯이 담겨 있다고 할 수 있다. 인생의 모든 희로애락과 또 그것을 노래한 시적 진실 등 김명배 시인의 40여 년의 시적 여정이 집약되어 있는 결정판이라고 할 수 있다. 따라서 이 시선집에 수록되어 있는 시 작품들의 분석을 통해서 시적 태도나 그 지향점, 시정신이나 표현기교 등 시인의 본질적인 시세계에 접근하기에 충분하다고 할 수 있다.

1. 시적 대상과 인식태도

일반적으로 시 작품을 논할 때 가장 기초적이고도 우선적으로 적용되는 것은 시의 내용과 방법에 관한 것일 것이다. 내용이란 시인이 전달하고자 하는 어떤 사상이나 정서, 이념 등을 말하고, 방법이란 글자 그대로 시의 내용을 밖으로 표출하기 위해 사용되는 여러 가지 시적 장치로서 시어, 구조, 리듬, 문체, 비유법 등을 일컫는다.

내용과 방법에 대한 이러한 기초적인 개념을 바탕으로 김명배 시인의 시 작품들을 조감할 때, 내용면에 있어서는 구체적 현실이나 삶에 직접적으로 대응되는 어떤 이념이나 가치체계의 표현이라기보다는 대상이나 세계에 대한 정서와 의식, 즉 순수서정과 내면의식이 주류를 이루고 있다. 또 방법 면에 있어서는 격정적인 감정의 직접적인 토로가 억제되고 객관적 상관물(相關物, correlative object)을 매개로 한 감각적인 이미지를, 압축과 생략을 통한 절제된 시구(詩句) 속에 구조화시킨 모더니즘 경향의 고답성(高踏性)과 지적(知的)인 면모를 보이고 있다. 그런가 하면 시적대상을 내면화시키는 직관적(直觀的) 관조(觀照)에 의한 초월(超越)과 형이상학(形而上學)적인 모습을 보이기도 한다.

김명배 시의 이러한 내용적, 방법적 특징을 좀 더 확연히 드러내기 위해 우리는 무엇보다도 먼저 그의 시 속에 등장하는 시적 대상이나 그 대상에 대한 시인의 인식태도를 살펴볼 필요가 있다. 왜냐하면 시적 행위의 중심을 이루는 정서 산출 작용이 인간 정신활동의 하나라고 할 때, 모든 정신활동은 어떤 대상에 대한 의식의 지향성을 갖기 마련이며, 그러한 대상에 대한 시인의 인식태도는 곧 그의 시적태도 혹은 시관(詩觀)으로부터 비롯되기 때문이다.

김명배 시인의 시적 대상을 대하는 특징은, 먼저 객관적 대상에 대한 객관적 인식 태도이다. 이는 곧 시인의 외부에 존재하는 대상을 시인 자신의 주관이나 가치판단을 개입시키지 않고 사실 그대로의 모습을 수용하는 것을 말한다. 이에 반한 시인의 또 다른 인식적 특징은 객체적 대상을 시인의 내면으로 끌어들여 의식화시키고 주관화시켜서 사용하는 주관적 인식태도이다. 다시 말해 전자의 경우 작품 속의 대상은 일상적 현실에 존재하는 객체적(客體的) 원형(原型)을 유지하고 있으나, 후자의 경우에는 일상적인 대상의 모습이나 의미는 해체되고 시인의 상상력 속에서 변형되고 재구성된 새로운 이미지와 의미를 지니게 된다.

> 우체통 근처에서
> 명함을 받고 낯설어진
> 옛 친구와
> 헤어지다.
>
> 신문광고에서 본 듯한
> 이름과
> 증명판 사진의
> 얼굴들.
>
> 흩어지고
> 모이고
> 하루의 긴 행렬이
> 빠져 나가다.
>
> — 「비구성(非構成)」, 일부

> 어느 쪽을 향하여 돌아서도
> 나는 너를 완전히 돌아설 수 없다.

옷이나 갈아입고 만나야지,
얼굴이나 만지고 만나야지.

울음이야 언젠들 못 울으랴.
웃고 있다.

어느 쪽을 향하여 마주서도
나는 너를 정면으로 마주설 수 없다.

—「꽃」, 전문

앞의 두 편의 인용 시에서 우리는 위에서 지적한 김명배 시인의 시적 대상에 대한 두 가지 인식방법에 대한 특징을 구체적으로 확인할 수 있다.

먼저「비구성」에 등장하는 "우체통", "명함", "신문광고", "사전" 등은 한 마디로 일상의 현실에 그대로 존재하는 객체적 사물로써 객관적 대상들의 세부를 구성하고 있다. 그런데 이들 객체적 사물들의 공통적인 외적 형태는 기하학적인 사각형으로 모나고 경직된 느낌을 주는 것들이다. 둥근 타원이나 원형처럼 모서리가 없고 부드럽고 안정감을 주기보다는 부조화나 갈등의 이미지를 불러일으키는 선과 선이 만나 전혀 조화가 불가능한 각(角)진 면을 형성하는 사물들이다. 이러한 시적 대상들의 개체성과 시적 문맥 속에서 전체적으로 환기시키는 언어적 뉘앙스나 의미는, 조화와 화해와 상생보다는 이기적이고 배타적이며, 갈등과 대립의 부조화를 특징으로 하는 현대문명과 도시적 삶의 속성을 암시하고 있다. 또 시에서는 그러한 현대문명과 도시적 일상생활의 모습이 간략하지만, 내포적인 의미가 큰 은유로 표현되고 있다. 즉, "헤이지다", "본 듯한", "빠져 나가다" 등 수동적인 서술종결어미에서 우리는 기계적이고 자동화된 현대문명 속에서 진정한 자아를 상실한 채 떠밀리듯 타의에 의해 살아가는 듯한 인간들의 모습을 볼 수 있다. "신문광고에서 본 듯한/이름"과 "증명판 사진의/얼굴들"에서는 획일적이고 전체주의적인 일상생활의 익명성과, 각박한 현실 속에서 진정한 삶의 자유와 희망을 상실하고 살아가는 사람들의 무표정한 모습들이 그려지고 있다. 3연 역시 의미 없이 "흩어지고/모이는" 소시민들의 지루하게 반복되는 하루가 사실적, 객관적으로 묘사되고 있다. 시인은 이와 같이 비인간적이고 반문명적인 소외와 불안 초조감, 불확실성과 상대적 박탈감 속에서, 기계적이고 무기력하게 살아가는 현대인의 모습을 개념적으로 설명하거나 자신의 감정을 토로하기 보다는, 현실 속의 평범한 디테일들의 구조화된 스냅사진을 보여줌으로써 '비구성'적인 현대문명과 사회의 부조화와 모순성을 간접적으로 보여주고 있다.

이에 반해 두 번째 인용 시인 「꽃」에서는 단순한 객관적 실재물(實在物)로서의 꽃의 모습은 그 어디에서고 찾아볼 수 없고, 꽃으로써의 구체성을 상실하고 추상화 · 관념화되어 있다. 이는 곧 시인의 내면의식 속에서 재구성된, 다시 말해 시인의 주관과 어떤 의식 속에서 자신의 시적 의도나 전략에 의해 굴절된 꽃이다. 즉, 「꽃」에서 시적 대상인 '꽃'은 객관적 실체로써의 꽃이 아니고 시인의 내면에서 재창조된 시인만의 어떤 꽃이다. 그래서 그것은 시인이 집착하고 추구하고 있는 어떤 관념이나 사랑하는 사람이 될 수도 있다. '꽃'의 이러한 모습은 시적 화자인 "나", 즉 시인 자신과 대상인 '꽃'과의 거리가 상실되어 화자와 대상이 일치되어 있는 모습으로 나타나기도 한다. 시인 자신과 꽃 사이의 객관적 거리가 소멸되어 꽃이 주관화되어 있기 때문에, 시적 대상인 꽃은 화자인 시인의 인식태도나 감정에 따라 그 속성이 바뀌고 있다. 그러니까 시인은 실재적 대상인 '꽃'을 통해 자신의 생각이나 감정을 보여주기보다는, 오히려 자신의 생각이나 감정으로 전혀 새로운 "꽃"을 창조해 내고 있다. 이는 곧 '꽃'에 대한 어떤 인식이라기보다는 직관에 의한 초월적 득의(得意)로 '꽃'이 세속적 탈의(脫意)를 통해 절대순수의 관념으로 받아들여질 수 있는 가능성이기도 하다.

2. 직관과 이미지를 통한 인식과 초월

이미 우리는 앞에서 김명배 시인의 시적 대상에 대한 인식방법의 특징으로 객관적 대상의 객관적 인식, 혹은 주관적 인식인 직관에 대해 실제 작품을 통해 살펴본 바 있다. 그의 이러한 대상 인식방법은 곧바로 시작태도(詩作態度)로 이어지게 되는데, 즉 전자의 경우는 감성이나 음악성보다는 감각이나 회화성(繪畫性)을 중요하는 태도로, 후자의 경우에는 감각이나 회화성보다는 의식이나 감성을 중요시하는 태도로 나아가게 하고 있다. 그런데 시에서 감성이나 음악성보다 감각이나 회화성을 중요시하는 것은 모더니즘에 가깝고, 감성이나 음악성을 중시하는 것은 낭만주의 시에 가깝다고 할 수 있다.

감각이 표피적, 본능적, 즉시적이라면 이미지는 심층적, 내면적, 연상적이랄 수 있다. 그러니까 김명배 시인은 우선 감각을 통해 외부의 사물이나 세계 혹은 사건들을 지각(知覺)하고, 그 지각을 통한 심리적 반응을 통해 전혀 새로운 사물이나 세계의 이미지를 만들어 내고 있다.

ⓐ 조명이 커진다.
ⓑ 실내에서 혹은 나의 내면에서.

ⓐ 창이 닫힌다.
ⓐ 빗방울을 몰고 오는 바람에
ⓑ 창이 닫힌다.

ⓐ 조명이 켜진 내실에서
ⓐ 머리를 푸는 고전
ⓑ 행간에서 음성이 살아난다.

ⓐ 청자 곁에서 생각나는 각상
ⓑ 엄숙하다.

ⓐ 깊은 동굴로부터 울려오는
ⓐ 가라앉는 청동색 음성의 심오성.

ⓑ 말씀을 듣는다.

—「청동색(青銅色) 음성 · 1」, 전문

이 시는 우선 "실내"에서 "조명"이 켜지는 모티브로부터 시의 전개가 시작되고 있는데, 그러한 행위는 시인의 외부에서 시인의 의지와는 상관없이 이뤄지고 있다. 시인은 단지 이러한 외부적인 행위의 과정을 시각(視覺)을 통해서 지각하고 있을 뿐이다. 그러나 시인의 그러한 지각 행위는 곧바로 내면에서의 어떤 심리적 반응으로 이어지게 되는데, 1연의 마지막 시구 "나의 내면에서"에서는 그러한 사실을 간접적으로 보여주고 있다.

외부에 일상적으로 존재하는 객관적 사실이 지각을 통해 시인의 내면에 어떤 심리적인 반응을 야기하고 있으며, 그것은 또 2연의 첫 행 "창이 닫히는" 행위로 이어지고 있다. 그런데 이러한 시작 과정은 이 시의 처음부터 끝까지 반복적으로 행해지고 있다. 이를테면 인용시에서 ⓐ로 표기된 부분은 객체적 사실에 대한 지각행위이고 ⓑ로 표기된 부분은 그러한 지각에 대한 심리적 반응상태를 가리킨다. 이렇게 볼 때 ⓐ부분에서는 어떤 사물이나 상황에 대한 묘사가 이뤄지고 있으며, ⓑ부분에서는 시인의 심리상태의 변화를 보여주고 있다.

그런데 시인의 이러한 심리상태의 변화는 대상에 대한 즉자적(卽自的), 단선적(單線的), 단면적(斷面的)인 의식의 대응이 아니라, 시의 전체적인 구조 속에서 의식의 강도가 점층적으로 상승해 가는 역동적인 모습으로 나타나고 있다. “창이 닫힌다”→“음성이 살아난다”→“엄숙하다”→“말씀을 듣는다”로 이어지는 의식의 변화는 한 마디로 정(靜)→동(動)→정(靜)→동(動) 혹은, 약(弱)→강(强)→약(弱)→강(强)의 상태로 “청동색(靑銅色) 음성”의 추상성과 정체성(停滯性)을 극복하고 감각적이고 생동감 있는 이미지를 형성해 가고 있다.

이러한 이미지의 역동성은 시의 내면에서뿐만 아니라 외부 현실 속에 존재하는 객관적 대상에서도 찾아볼 수 있다. 우선 시의 공간구조가 개(開)(1연)→폐(閉)(2연)→개(3연)→폐(4연)→개(5연)의 반복 구조로 되어 있어, 마치 장면이 순간순간 바뀌는 연극무대의 속도감 있고 박진감 넘치는 파노라마를 보게 하는 것 같은 느낌을 준다. 대상과 의식의 이러한 역동적 이미지와 복합적인 구조로 이 시의 정서와 상상력, 의미의 폭과 깊이는 무한대로 함축되고 또 확대되고 있다.

그러나 김명배의 시에는 이렇게 감각적이고 역동적인 이미지만이 존재하는 것은 아니다. 다음에서 우리는 그의 또 다른 시의 모습을 발견할 수 있다.

> 이 청청한 날에
> 나는 있느냐.
> 꽃이 그대로 꽃이 아닐세.
> 하늘을 건너오는
> 아기부처의 발자욱소리.
> 절룩거리지만 않는다면, 초원에서
> 달게 달게 잠을 자겠네.

몸뚱이 밖으로 꿈이 돋아나고
피어나서 또 한세상
살고, 한세상 또 살고,
나는 있느냐.
그때, 그 청청한 날에
그리워 내가 그리워서
꽃이 그대로 꽃이 되겠네.

— 「꽃이」, 전문

일찍이 장자(莊子)는 ①귀로 듣는 것〔感官知覺〕, ②마음으로 듣는 것〔槪念的 思考〕, ③정신으로 듣는 것〔直觀的 認識〕으로 '知'의 양상을 구분하고, 이 중에서 ③을 가장 상위 단계에 존재하여 최고의 가치를 가진 것으로 규정했다. 이는 습관적이거나 자연히 타고나는 바인 ①이나, 언어에 의한 인식에 불과한 ②와는 달리 대상에 대한 집중과 심리적 대응 과정 속에서 얻어지는 것이기 때문이다. 그것은 현실과 이상, 시간과 공간을 뛰어넘는 진여법계(眞如法界)의 경지에 도달한 사람만이 행할 수 있는 능력으로, 이러한 경지에 도달한 사람을 가리켜 '신인(神人)', '지인(至人)', '진인(眞人)', 또는 '성인(聖人)'이라고 부른다. 그러나 이들은 예술보다는 종교에 더 가까운 명칭들이며, 문학에서는 흔히 '접신(接神)'이라는 말로 대신하고 있다. 아무튼 그 용어가 어떻게 쓰이든 이러한 경지는 감성이나 이성의 세계가 아니고 오성(悟性), 즉 달관의 세계이다. 그러니까 시인은 비록 인간으로서 현실계(現實界)에 존재하지만, 상상 속에서는 항상 천상계(天上界)의 신과 대면하고 상호 소통하고 있는 것이다. 한 마디로 그러한 사람은 반인반신(半人半神)으로 신과 인간, 현실계와 천상계의 경계에 위치하면서 양쪽세계를 넘나드는 사람이다.

앞의 인용 시 「꽃이」는 바로 김명배 시인이 접신의 경지에서 쓴 작품임에 틀림없다. 이 작품의 핵심 대상이랄 수 있는 "꽃"은 이미 시인의 외부에 존재하는 경험적 현실의 꽃도 아니고, 그렇다고 시인의 내면의식에 투영된 주관화된 대상도 아니다. 그것은 이미 인간의 지각이나 의식의 차원으로는 접근할 수 없는 사물과 세계의 본질, 혹은 절대진리의 세계이다. 그 세계는 시간도 없고 공간도 없는, 그래서 삶과 죽음, 빛과 어둠이 따로 없는 영원한 순수와 미의 세계이다.

앞의 인용 시에서 서정적 자아로 등장하는 "나"는 현실계에 존재하는 불완전하고 유한적인 존재자로서, "꽃"으로 상징되는 영원불변한 절대 진리의 세계에 들어가고자 한다. 그 길은 바로 현실계의 자아를 구원하고 인도해 줄 하늘의 메시아, 즉 "아기부처"와 상봉하는 일이지만 그것이 쉽게 이뤄지지 않고 있다. 6행의 시구에서 발견할 수 있는 "절룩거리지만"이란 표현은 바로 이러한 메시아와 자아, 혹은 하늘과 땅, 신과 인간, 주체와 객체가 마침내 하나로 통합되어 완전하고 영원한 존재가 되지 못하는 숙명적인 갈등과 모순의 불일치 현상을 의미한다. 시인은 그러한 숙명적 거리를 극복하기 위해 "피어나서 또 한세상/살고, 한세상 또 살고" 하는 몇 겁의 해탈과정을 겪은 후에 드디어 "꽃"이 되고 있다. 시의 맨 마지막 행에 등장하는 "꽃"이 바로 그것을 의미한다. 그는 드디어 삶의 유한성과 불완전성을 극복해서 진정한 구원과 진리의 세계에 들어서고 있다.

다음 인용 시에서 볼 수 있는 그의 인생과 세계, 더 나아가서 신에게조차 가지고 있었던 어떤 불확실성과 불안감, 갈등과 번민 등이 극복되고 진정한 자아로 새롭게 태어나고 있다.

> 산고양이 울음이
> 어둠을 찢었다.
> 스님은

부처님의 돈을 빌려 가지고
하산했다.
구구단을 외우는 가락으로
독경하는 애기스님.
계곡의 물소리가 더 크게
아랫배를 흘러갔다.
슬쩍 눈을 뜨고
내 가슴을 노려보았다.
풍경소리가
반짝거렸다.

— 「산사일기(山寺日記) · 1」, 전문

"스님", "부처님", "독경" 등과 같은 산사 고유의 탈속(脫俗)하고, 초월적이며 종교적인 이미지가 "돈", "구구단", "어둠" 등 세속적, 물질적 이미지들을 통해 종교조차도 물신화되어 더 이상 인간의 마지막 구원의 수단으로 작용할 수 없는 현대사회의 위기적 국면을 경고하고 있는 작품이다. 그렇다고 해서 그가 신(神) 자체를 거부한다거나 부정하고 있다는 얘기는 아니다. 시인은 오히려 신을 자아와 분리시켜 고고하고 신비스런 곳에 밀폐시키지 않고 일상적이며 실존적인 자아의 공간으로 끌어 내리고 있다. 시인의 그런 모습이 인용 시의 종반부인 "어디서 어둠 하나가/슬쩍 눈을 뜨고/내 가슴을 노려보았다/풍경소리가/반짝거렸다"라는 시구에 반영되어 있다. 시인은 이제 신을 외부적인 어떤 곳에서 찾고 그의 권능과 신성(神性)의 지배 아래 있는 피조물이 아니고 자기 스스로가 스스로의 신을 만들어 가고 있는, 어찌 보면 신과 대등한 위치에 서게 된다. 앞의 인용부분은 "어둠"과 "빛"의 상호 충돌적인 명제가 시인의 가슴 속에서 견제와 조정의 변증법적 과정을 거치고 있음을 보여주고 있는데, 이것은 시인이 신의 율법이나 계시에 따라 피동적으로 움직이지 않는 것을 보여주는 대목이랄 수 있다. 그러나 한편 신과 자아와의 이러한 관계 설정으로 인해 본래적으로 유한적이고 연약한 존재일 수밖에 없는 인간의 의지할 수 있는 대상의 소멸이 초래되고 있는데, 이는 곧 어떤 중심성의 해체로 시인은 또 다른 내적 갈등상황에 봉착하게 된다. 신성(神性)의 내면화로 신과 자아의 수평적인 민주적 질서를 구축했지만 아이러니컬하게도 그것은 또 다른 갈등관계를 초래하게 되고, 그래서 그는 또 다시 길고도 험난한 구도(求道)의 과정을 밟게 되는 것이다.

그 외롭고도 고통스러운 "구도의 길" 끝에, 결국 앞서의 인용 시 "꽃"이라는 자아 초극(超克)과 구원(救援)을 통한 절대 진리의 세계에 들어서게 된다. 그러나 그 진리 세계로의 진입이 결국 「산사일기」에서 시인 자신이 그토록 의심의 눈초리로 바라보았던 거대한 신을 통해서 이뤄지고 있음을 볼 때, 그가 성취한 구원은 역설적(逆說的)이게도 그가 의심의 눈초리로 바라보던 신을 통해서 이뤄지고 있다고 볼 수 있다.

3. '무(無)' 를 통한 근원(根源)으로의 회귀

앞에서 살펴본 바와 같이 김명배 시인은 직관을 통해서 주변에서 머뭇거리지 않고, 곧바로 사물의 본질이나 삶의 진리를 꿰뚫어서 심오한 정신의 세계나 초경험적 신비의 세계를 표현해 내고 있다. 그러나 이러한 직관의 세계에 도달하기 위해서는 무엇보다도 자신의 마음을 항상 짓누르는 욕망의 무게를 버리고 마음을 비워야 됨은 물론이지만, 때로는 자신의 존재 자체를 소멸시키는 인내와 고통을 감수해야만 한다. 그러기에 아무나 시인이 될 수 없고, 시인 중에서도 정신주의(精神主義)의 시인이 되기란 더욱 어려운 노릇이다. 그러나 김명배 시인은 그 어렵고도 고통스런 일을 하고 있다.

별 날도 아닌데 오늘은
허전하다.
흔들의자에 앉아서
세상을 흔들어 본다.
몸도 마음도 다 비우면
하늘이 될까.
노을이 될까.
그래도 서운한 인생
다 비울 수가 없어서
흔들의자에 앉아
세상을 흔들어 본다.
내 힘으로도 흔들리는 세상,
왜 미안할까.
별것도 아닌데 조금은
쓸쓸하다.

—「흔들의자에 앉아서 · 1」, 전문

이 작품에서 우리는 시인이 안락의자나 소파도 아닌 하필이면 "흔들의자"에 앉아 있는가를 주목할 필요가 있다. 한 마디로 "흔들의자"는 평평한 바닥에 고정되지 못하고 항상 앞뒤로 움직여야 하는 불안정한 물건이다. 이 얘기는 시의 문맥에서 곧 시인 자신의 삶의 불안정성-물리적 · 정신적-을 의미하고, 또 인생 자체가 언제나 중심을 못 잡고 흔들리는 "흔들의자"와 같은 불확실성과 유동성이 있음을 의미한다.

시인은 그런 흔들의자에 앉아 있는데, 의자에 앉아 있는 자신이 흔들리기보다는 오히려 "세상을 흔들어 본다"라고 아이러니컬하게 말하고 있다. 이런 행위는 처음부터 사리에 맞지 않는 일임에도 그렇게 말하고 있는 것은 하나의 역설이다. 이는 곧 세상은 거대하고 강력한 욕망의 덩어리로 시인이 생각하기에는 마치 휴지조각처럼 가볍고 쓸모없는 것이다. 그래서 시인은 감히 세상을 흔들 수 있는 것이다.

그러한 세속적 욕망을 벗어날 때 인간은 진정으로 "하늘"과 "노을" 등 자연과 일체가 될 수 있다. 이는 시인이 인간적, 세속적 삶의 원리나 질서를 따르기보다는 우주적, 자연적인 운행원리나 질서를 따르는 것을 의미한다. 이제 시인의 마음은 허정무위(虛靜無爲)의 상태이다.

> 생각보다 어렵지 않더라.
> 눈감고 있으면,
> 다 보이더라.
>
> 흑성산 산삼도 오래 오래
> 눈만 감고 있으면, 다
> 보인다더라.
>
> —「향요(鄕謠) · 15」, 일부

이제 시인은 눈 감고도 삼라만상을 볼 수 있는 투시력을 갖추게 되었는데, 물리적 시간의 한계를 극복하고 마음의 눈을 통해서 그는 무한대의 우주만물을 통찰할 수 있게 된 것이다. 이러한 상태는 바로 시인 자신이 소멸된 자리로부터 비롯되고, 그러한 소멸은 우선 세속적인 욕망을 버리고 마음을 비우는 일로부터 시작되고 있음을 이미 앞에서 살펴보았다.

욕망을 버리고 세상을 버리고 끝내 자기마저 버리고 결국 시인은 '무'의 세계로 향하고 있다. 그러나 그가 지향하는 '무'의 세계는 단순한 의미의 '허무'나 '공(空)'과는 구별되는 무한히 많은 것을 담을 수 있는 가능성의 무(無)이며 공(空)인 것이다. 다시 말해 '유(有)'의 상대 개념으로서의 '무(無)'로, '자연'은 바로 이러한 기반 위에서 성립되고 있다. 그것은 시작과 끝이 따로 구분되지 않는 영원한 것이고, 일체의 외적인 힘이 존재에 영향을 미치지도, 또 미칠 수도 없는 진공의 영역이다. 이 속에서는 모든 것이 스스로 생성되며 스스로 존재하고 또한 변화한다. 성경의 창세기에서 태초에 이 세계에는 어떠한 형체나 빛과 어둠이 없는 하나의 카오스를 이루고 있었다는 사실이 바로 이러한 '무(無)'의 세계를 의미한다.

이렇게 볼 때 인간을 비롯한 모든 삼라만상의 근원은 '무(無)'라고 볼 수 있으며, 결국 김명배 시인의 마음 비우기와 자아소멸 과정은 곧 '근원으로의 회귀'를 위한 시적 행위이다. 실제로 작품을 통해서 그의 그런 행위가 어떻게 구체화되고 있는지 살펴보자.

> 나로부터 열리는 주변의 해가 지고 달이 뜨고 강강수월래.
> 하늘이 있고 땅이 있고 이를테면 나의 풍경들-나의 긴 모가
> 지를 달아맨 묵은 허우대를 잠시 쉬게 할 초가집과 무덤과
> 그 안에 울음소리 들리면 혀를 물어 서러운 얼굴 내가 있고,
> 무수한 나와 같은 것들-아버지가 있고 어머니가 있고, 할아
> 버지의 입을 닮은 아우와, 어쩔 수 없이 짐승에 속해야했던
> 먼 할아버지의 필시 징글맞도록 울어대던 목소리를 그대로
> 닮았을 숙이년과 빈이놈과···
>
> —「달무리」, 일부

달은 우리 민족에게 먼 옛날로부터 신비와 초월과 경외의 대상이다. 달맞이 행사를 통해 자기의 소원을 비는가 하면, 가을이면 달을 향해 추수감사제를 지내기도 했다. 또 달의 운행질서를 바탕으로 한

'음력'을 기준으로 농삿일을 비롯한 모든 일상생활이 이뤄졌다. 이토록 달은 우리 민족에게는 희로애락과 함께 삶의 근본적인 정서를 형성해 주는가 하면, 꿈을 심어 주는 이상세계이기도 하다. 김명배 시인은 바로 그런 달을 매개로 수천 년을 이어오는 민족생명의 건강한 원시성과 민족적 삶의 원형을 신화적으로 형상화하고 있다.

그런데 이 시에서 우리가 주목해야 될 부분은 시의 중심어로 자리 잡고 있는 "나"이다. "나"를 중심으로 펼쳐져 있는 공간적 사물들과 시간적 인물들이 마치 달무리처럼 복합적으로 얽혀 있다. 다시 말해 "하늘", "땅", "초가집", "무덤" 등이 공간 축을 이루고 있다면, "아버지", "어머니", "할아버지", "할머니" 등은 시간 축을 이루고, 그 두 개의 축이 만나는 중심에 바로 "나"가 놓여 있는 것이다. "나"가 어느 축을 따라 움직이든지 또 다른 축도 움직일 수밖에 없고 그러한 움직임은 정서와 상상력을 확장시키는 에너지로 되고 있다. 그 역동적인 에너지가 확산되어 다다르는 범주는 우리 민족의 시원(始原)과 시조(始祖)일지도 모른다. 그러한 전통과 역사, 문화적 맥락 위에서 김명배 시인은 '지금', '이곳'에 존재하고 있는 자신의 정체성을 확인할 수 있고, 또 긍지를 가질 수 있다. 그가 상당수의 작품에서 향토적인 세계와 역사적 전통, 현대문명 등에 적지 않은 관심을 보이는 것이 바로 이러한 맥락 위에 있다고 볼 수 있다.

4. 전통과 현대의 갈등 혹은 극복

바로 앞서의 논의에서 확인할 수 있는 것처럼 김명배 시는 기본적으로 개인의 존재론적 서정을 바탕으로 '절대순수'의 미학(美學)을 추구하고 있지만, 다른 한편으론 시대 · 역사적인 문제에도 상당한 관심을 보이고 있다. 그렇다고 그가 직접 그런 문제들에 구체적으로 개입해서 어떤 이념적, 의식적 도그마를 보여준다는 말은 아니다. 김명배 시인은 그런 문제들을 인식론적 차원에서 논의하기보다는 정서적 차원에서 접근하고 있기 때문이다. 그래서 그는 그런 문제들이 내포하고 있는 본질적인 원인을 천착하고 모순과 갈등을 예각적(銳刻的)으로 드러내기보다는 그런 것들의 세목細目)이 운명적으로 교묘히 얽혀서 발생시키는 끈끈한 서정을 노래하고 있다.

그러나 그는 그 서정을 분별없이 자의적(恣意的)이거나 격정적으로 쏟아 놓지 않는다. 서정의 빛깔과 강도에 따라 그에 걸맞는 형식을 적용해서 매 편의 시 작품마다 최상의 심미적 가치를 구축하고 있다. 사실 사회 · 역사적인 제재를 다룰 경우 누구든지 제재의 특성상 낭만성과 서술성을 피하기 어려운 상황에 봉착하기 마련이지만, 그는 작품 속에서 그것을 무난히 극복하고 독창적인 미적 세계를 실현시키고 있다. 이는 그의 오랜 시적 경륜과 남다른 예술적 능력의 소산이 아닐 수 없다. 이제 작품을 통해서 그의 이런 모습을 구체적으로 살펴보자.

계집 죽고
자식 죽고,
임진년(壬辰年) 홀아비야,
하얗게 울음 걷은
흰 비둘기 뜨끔한 가슴이다.
가슴의 선(線)이다.
병자년(丙子年) 홀아비야,
팔짱을 끼고서
쭈빗쭈빗 솟는 밤을 외면하고
낮을 외면하고
김 씨네 이 씨네 과부 처녀
외면하고

무서리 무서리가 된
홀아비야.
그 넉넉한 마음 속에
하루 이틀쯤 나를 담아서
풀면
구름 하나 없는 공백(空白).

—「백자운(白瓷韻)」, 일부

인용 시는 "임진년", "병자년" 등의 시어에서 어렴풋이 알 수 있듯이 분명히 역사적 의미망을 갖고 있는 작품이지만, 작품의 어디에도 역사의식이 드러나 있지 않다. 기껏해야 "계집 죽고/자식 죽고/임진년 홀아비야"와 "하얗게 울음 걷은/……/병자년 홀아비" 정도이다. 만일 그가 인식론을 바탕으로 이러한 역사성에 접근했다면 "임진년"과 "병자년"에 발생되었던 비극적이고 절망적인 민족의 환난을 이렇게 몇 마디 간단한 말로 묘사할 수는 없었을 것이다.

시적 제재뿐만 아니라 시어, 시구, 구조, 이미지 등도 필요 없는 수식어와 수사법이 과감히 삭제되어 간단명료하다. 그러나 이 시 작품에서 울려 나오는 정서는 그렇게 단순하고 간단한 것이 아니다. 우선 시의 출발점이 되고 있는 "계집 죽고/자식 죽고/임진년 홀아비야"에서부터 그러하다. 우리 역사상 임진년에는 임진왜란이 일어났던 해이고 따라서 장장 7년여에 걸친 왜적과의 피비린내 나는 전쟁을 치러야만 했다. 이런 치열한 전쟁의 비극적인 모습을 시인은 긴 말로 설명하지 않고 바로 앞의 짤막한 시구에 응축시키고 있다. 이것은 병자년의 경우에도 마찬가지이다. 이 해에는 병자호란이 발생했던 해로 다만 전쟁의 대상이 '몽고'라는 것이 다를 뿐이다. 시인의 이러한 배경설정에서 우리는 남으로부터 북쪽 끝에 이르기까지 전쟁의 수난에 휩싸였던 한반도와 당대의 처참한 삶을 유지해야만 했던 민족적 불행을 감지할 수 있다.

그러나 시인은 이러한 민족의 역사적 비극을 한낱 분노와 슬픔으로 토로하기 보다는 "하얗게 울음 건은/흰 비둘기 뜨끔한 가슴이다/가슴의 선(線)이다"와 "무서리 무서리가 된/홀아비야"라는 메타포의 정제(精製)된 형식을 통해서 분노와 슬픔의 감정을 억제하고 미학적으로 승화시키고 있다. 너무도 슬픔이 깊으면 눈물도 마르는 법, 넷째 행의 "하얗게 울음 걷은"은 바로 그러한 극한상황을 말하고 있으며, 그 상황은 "흰 비둘기"와 "무서리"의 "흰색" 이미지로 환치되어 백의민족으로 상징되는 한민족으로 상징화되고 있다. 반만년의 역사를 통해서 다른 여느 민족보다도 많은 수난을 겪어왔던 한민족의 가슴속에 서린 한(恨)과 눈물을 시인은 "흰 비둘기 뜨끔한 가슴이다/가슴의 선(線)이다"로 표현하고 있다.

그러나 그러한 비극적인 역사는 한낱 부질없는 과거 사실만으로 덮어둘 수만은 없는 것, 과거 잘못된 역사에 현재의 자아를 비춰보고, 한민족으로서의 동질감과 함께 새로운 자아로의 깨어남이 필요한 것, 바로 그런 시인의 모습이 "그 넉넉한 마음속에/하루 이틀쯤 나를 담아서/풀면/구름 하나 없는 공백(空白)"이라고 표현되어 있다. 역사와 전통에 대한 시인의 동일성 확보의 순간이라고 볼 수 있으며, 엄격한 품위와 인내와 절제를 잊지 않았던 민족정신의 미학적 특질이 잘 반영된 "백자"를 통해서 한민족의 지난(至難)했던 삶의 모습이 상징화 되고 있다.

다시 말해 김명배 시인은 역사나 전통의 문제를 시적 제재로 하는 경우에도 인식론의 차원에서 구체화된 리얼리티를 통해 의식이나 이념 등 어떤 가치체계를 추구하는 것이 아니고, 정서적 차원에서 고도화된 기교와 구조적 형식을 통해 차원 높고 독창적인 서정의 미학을 성취하고 있다. 그의 이러한 시적 의지와 예술적 태도는 마치 19세기

영국의 낭만시인이었던 키츠(Jhon Keats)의 「Ode On a Grecian Urn」에서 노래했던 'Beauty is truth, truth is beauty' 즉, '미는 진실이고, 진실은 미이다'라는 예술적 경지를 보여 주고 있다.

지금까지 살펴본 바와 같이 김명배 시인은 우리의 역사라든가 전통 등에도 관심을 보이며, 그에 대한 미학적 추구를 게을리 하지 않은 반면, 현대문명에 대한 관심 또한 지대하다.

어떻게 보면 '전통과 현대' 혹은 '역사와 현실'의 관계는 서로 대립되는 갈등관계의 명제이고, 따라서 그런 명제를 동시에 추구하는 시인의 태도는 아이러니컬하게 보일 수도 있을 것이다.

그러나 이 두 가지 명제들은 서로 배타적이고 대립적인 관계이기보다는 상호보완적이고 의존적인 포괄과 연속, 혹은 수용과 동화(同化)의 관계이다. 이는 통시적인 시간의 '선(線)'적 지속성에서도 그렇고 과거를 떠난 현재, 전통을 무시한 현대는 있을 수 없다는 보편론의 입장에서도 그러하다. 우리는 다음과 같은 엘리엇(T.S Eliot)의 말에서 더욱 확실하게 이러한 사실을 볼 수 있다.

> "Shakespeare acquired more essential history from Plutarch than most men could from the whole British Museum. what is to be insisted upon is that the poet must develop or procure the consciousness of the past, and that he should continue to develop his consciousness through his career."

요약하자면 셰익스피어는 시인의 과거에 대한 항상 깨어있는 의식을 강조하고, 또 그것은 시인의 창작을 통해서 지속적으로 발전되어야만 한다고 말하고 있다. 이는 곧 '전통'이란 한낱 과거의 유물이 아니고 항상 현재 속에서 살아서 움직이는 역동성과 생명성을 가지고 있음을 뜻한다.

그렇기 때문에 앞에서 살펴본 것처럼 김명배 시인이 과거의 역사나 전통에 많은 관심을 보이는 행위는 단순히 과거의 추억이나 낭만을 노래하는 데 그치지 않고 현재에 끊임없이 간섭되고 반영되게 마련이다. 그런 결과 현존재로서의 자아탐구와 아이덴티티의 확보는 과거 즉, 전통에 대한 탐구로부터 비롯되고 있는 것이다. 그렇기 때문에 전통의 단절이나 훼손은 현재나 미래의 불완전과 불확실성으로 이어질 수박에 없다. 따라서 시인은 과거 역사나 전통이 온전히 보전되지 못하고 그 본래성을 상실하게 될 때 강력한 저항의 몸짓을 보이지 않을 수 없을 것이다. 김명배 시인에게 그러한 몸짓은 현대의 도시문명에 대한 우려와 비판에 의해 이뤄지고 있다. 그는 현대문명이 과거의 전통위에서 발전하여 인간과 역사에 발전적이고 긍정적으로 작용하기 보다는 과거와 현재, 전통과 문명을 단절시키고, 또 혼란케 하고 있다고 믿고 있다. 그의 그러한 모습의 일단(一端)을 다음 시에서 확인할 수 있다.

빈 박스가 쌓여 있었다.
무연탄 더미에서 놀던 한 떼의 새들이
통나무 더미에도 한 떼의 소리가 분분했다.
인부들은 성경책 속에 사는 선지자들,
하늘을 열지 못하고 '난 모른다'고 했다.
빈 박스와 무연탄과 통나무의 공통점이
하늘에 떠서 제 몸을 태우고,
연기는 보이지 않았지만 꽤 더러워져 있었다.
확성기를 가지고 누가 메시지를 낭독하고 있었고,
위장도 없는 지하통로가 입을 벌리고 듣고 있었다.
한 떼의 새들이 날아오르고, 그 뒤를
또 한 떼의 새들이 날아오르고 있었다.

'난 모른다. 난 모른다' 소리가 들리고 있었다.

— 「소리가 있는 풍경(風景) · 1」, 전문

"빈 박스", "무연탄", "통나무", "확성기", "지하통로" 등의 시어에서 우리는 앞의 「백자운」과는 다른 현대적이고 도시적이며 문명적인 이미지와 시적 무드를 느낄 수 있다. 이 시 역시 현대도시문명이라는 사회적인 문제를 제재로 하고 있지만 앞의 「백자운」처럼 리얼리티를 통한 서술이 아니고 내면화된 제재를 통해 반문명적이고, 비인간적인 현대문명의 본질을 보여줌으로써 그것이 우리의 전통과 사회 · 문화적인 패러다임과 얼마나 멀리 벗어난 곳에서 일방적이고 세속적으로 발전되어가고 있는가를 보여 주고 있다.

이런 왜곡되고 오도된 문명의 방향은 결국 5~6행에 역설적으로 표현되어 있듯이 신을 부정하고, 비상구조차 마련되어 있지 않은 위기와 절망의 "위장도 없는 지하통로"로 치닫고 있다. 무질서와 무가치가 혼재된 아노미 상태에 빠진 현대문명과 현대인의 모습을 정말로 불안감과 공포감이 저절로 일어날 정도로 숨 막히게 묘사하고 있다. 이는 앞의 「백자운」에서 느낄 수 있는 비극적이나 다소 정적(靜的)인 정서와는 질적으로 다른 급박하고 동적(動的)인 감정을 느끼게 한다.

김명배 시인의 이러한 시적 양면의 모습을 통해서 우리는 그가 겪고 있는 전통과 현대, 과거와 현재가 얼마나 시적 갈등관계를 형성하고 있는가를 알 수 있다. 그러나 그는 결국 그러한 대립과 갈등을 스스로 조정하고 통합하는 능력을 보여주고 있는데, 그것은 주로 일련의 자연을 통한 자아탐구의 시에서 이룩되고 있다.

산소리와
산 빛을 뜯어다가
엮어 널고
산소리의 뿌리를 캐다가
산 빛의 열매를 따다가
엮어 넌다.
혹은 새, 혹은 달,
혹은 바람으로 환생하기를
기다린다.

— 「산사일기(山寺日記) · 8」, 일부

순수하고 영원한 자연 속에서 "~뜯어다가", "~캐다가", "~따다가", "~기다린다" 등의 행위동사에 보듯이, 의지적으로 행해지는 노력으로 터득하는 인간의 깨달음을 통해서 시인은 "새"나 "달", 혹은 "바람" 등 어떠한 모순이나 갈등도 없는 영원하고 완전한 자연의 일부로 깨어날 수 있음을 말하고 있다. 자연과 시인 자신이 일체가 되고, 죽어서도 자연 속에서 자연의 일부로 태어나고자 한다. 이곳에서 마침내 시인은 현대적 도시문명과의 갈등을 극복하고 그 본래성과 생명성이 훼손되지 않는 자연을 통해서 전통성이 회복되고 있으며, 또 그곳으로부터 새로운 미래를 시작하려 하고 있다.

최은하론

삶의 실존적 인식과 궁극적인 삶에의 지향 의지

—시집 『하루해 저물녘』을 중심으로

이 시집의 저자 최은하 시인은 그 시적 업적이나 역량, 문단 이력 등에서 우리 한국시단에서 자타가 공인하는 원로시인이다. 약관의 나이에 등단해서 팔순을 바라보는 지금까지 반세기가 넘는 기간에, 10여권의 시집과 다수의 문학상 수상 등 그의 간략한 경력에서도 이러한 사실을 확인할 수 있다. 그러나 무엇보다도 시인으로서의 그의 탁월함과 한국시단에서의 위치, 혹은 한국시사에서의 그의 위상 등을, 상징적으로 확인케 해주는 것은, 이번에 발간되는 시집, 『하루해 저물녘』을 통해서이다. 이 시집에는 거의 60편 가까운 시 작품들이 4부로 나뉘어져 묶여 있는데, 그 내용적, 방법적인 면에서 편편이 그의 오랜 시력과 연륜이 배어 있는 모습을 볼 수 있다. 세련된 시어와 표현, 언어배열, 구조, 서정과 관념, 그리고 경험의 정교한 조직, 달관한 듯 한 관조와 초월적 인생관이나 세계관, 치열한 에스프리 등이 그러하다. 더욱 주목되는 것은 이 시집에 실려 있는 모든 시 작품들의 창작기간이 단지 1년이라는 시간에 불과하다는 사실이다. 이러한 사실은 그의 시집의 머리말, "이번 시집은 꼭 한 해 동안의 소출이다. 평생을 두고 이런 일은 처음이요, 마지막이라 여겨진다."라는 시인의 고백에서 확인할 수 있다. 물론 경우에 따라서는 하룻밤에도 수 십

편을 쓸 수도 있는 일이지만, 최은하 시인의 경우처럼 60편에 이르는 완성도 높은 시 작품들을 이렇듯 단기간에 썼다는 사실은 그의 시에 대한 열정이나, 그간의 그의 시력, 시적 태도나 시 의식에서 남다른 면이 있음을 보여주는 사실이다. 오늘날과 같이 시가 소외받고, 유행가 가사 같은 인터넷상에서의 시 작품들이 난무하는 시대에, 한 원로 시인의 이러한 치열한 시정신과 열정, 예술적 완성도 높은 시 작품들이 암시해주는 바는 참으로 다대하다. 이제 시인의 이러한 면면을 시 작품들을 통해서 구체적으로 살펴보자.

1. 삶의 실존적 인식과 초월적 직관(直觀)

최은하 시인의 시집, 『하루해 저물녘』은 우리에게 낯익은 대부분의 서정시처럼 일단, 가장 보편화된 한국시의 정서인 '그리움'의 시편들로 시작된다. 우리 한국시의 전통 정서인 '그리움'에는, 헤어져서 멀리 떨어져 있는 연인이나, 친구, 형제자매, 부모 등 시적 주체의 그리움의 대상이 분명히 존재한다. 그러니까 시적 주체인 '나'와는 분리되어서 시 · 공간적으로 격리된 곳에 위치하고 있는 가시적인 형태의 그리움의 대상이 있고, 시인은 그 대상에 대한 그리움을 시로 표현한다. 이에 반해, 이 시집 『하루해 저물녘』에서 최은하 시인에게 그러한 가시적 형태의 그리움의 대상은 따로 존재하지 않고, 오히려 시인 자신이 그 대상이 되고 있음을 볼 수 있다. 이러한 모습은 다음 인용 시 작품들에서 집약적으로 확인할 수 있다.

> 언제부턴가 이 자리 내 그림자
> 끝도 시작도 없는 바람결에 흔들려요.

언제나 날 불러주는 목소리
회오리 속에서도 선명해요.

눈 뜨고 숨 쉬는 일을
어디 누구에게 부릴 수도 없을 텐데

오늘도 주변의 무엇엔가 홀려서
그걸 좇아온 일이 가쁜 숨결이어요.

식은 땀 속에서
어서 깨어나기만을 몸부림치며 바랐지요.

—「꿈속에서」, 일부

나는 오늘도 한 마리 새가 되어
삭히지 못하는 그리움을 휘날아요.

바람이 무섭게 파도를 드높이면 높일수록
그리움은 더더욱 가차이 피어오르느니

그 언제나 땅에 내려
그리움 접고 지는 해 바랄 수 있을지요.

그리움의 눈빛은 역력히
그날도 사위지 않을 거예요.

—「내 그리움은」, 일부

시집의 제1부 「내 그리움은」의 초반부에 실려 있는 작품들로, 첫 번째 인용 시 「꿈속에서」에서는 1연 1행의 "언제부턴가 이 자리 내 그림자"의 대칭적 위치에 있는 그리움의 실체이자 시적 대상으로, 2연1행의 "언제나 날 불러주는 목소리"가 등장하고 있는데, 그 "목소리"는 시적 주체와 따로 분리되어 있는 대상이 아니라 시적 주체의 꿈속에 동시에 존재하고 있다. 그런데 그 "목소리"는 어떤 가시적인 형태를 띤 시적 대상이 아니라 불가시적인 청각적인 대상이다. 그럼에도 불구하고 시인은 "끝도 시작도 없는 바람결에 흔들리는" 자신을 불러주는 그 "목소리"가 항상 그리울 뿐이다. 5연의 "눈 뜨고 숨 쉬는 일을/어디 누구에게 부릴 수도 없을 텐데"에서 알 수 있듯이, 시인이 그리워하는 그 "목소리"는 실존적인 인간으로서 숙명적으로 받아들여야 하는 자신의 현실적 삶을 견인해 줄 수 있는 청각적 시그널이기 때문이다. 비유하자면, 맹인의 발걸음을 인도하기 하기 위해 들려주는 벨소리와 같은 존재인 것이다. 그러니까 시인에게 "목소리"는, 꿈속에서도 몸부림치는 실존적인 모순과 갈등에 휩싸인 삶을 해방시켜 줄 수 있는 구원의 종소리이다.

두 번째 시 작품은 "그리움"을 직접 시의 타이틀로 하고 있는데, 여기서 그리움의 대상 역시 시적 주체와 분리된 시공간에 존재하는 구체적인 실체가 아니고, 시인 자신의 내면에 존재하는 추상적인 개념이다. 5연 "바람이 무섭게 파도를 드높이면 높일수록/그리움은 더더욱 가차이 피어오르느니"에서 확인할 수 있듯이, 시인이 처한 현실상황이 "무섭게 파도를 드높이면 높일수록" 시인은 그러한 시적상황을 넘어서는 이상향에의 실현을 갈구한다.

이렇듯 두 작품에서 볼 수 있듯이 최은하 시인에게 "그리움"은 질적(質的)으로, 전통서정시의 "그리움"과는 달리 어떤 구체적인 대상을 향해서 시적 주체의 안(내부)에서 밖(외부)으로 지향되는 정서가 아니라, 시인 자신에게로 지향되는 정서적 대상이다. 그러한 정서의 역학관계는 단순한 서정시의 기능인 한 순간의 심미적 상태의 정적(靜的)인 감정을, 실존적 인식의 역동적(力動的)인 차원으로 변화시킨다. 그것은 곧 시인 자신의 "그리움"의 감정에 대한 내성적(內省的)

점검이며 확인이다. 왜, 어떻게, 무엇을 위해서 그리움이 나에게 존재하고 그것의 실체는 무엇이며, 그리움의 대상이 어떻게 실현될 수 있는가 하고 스스로 질문하고, 또 그에 대한 해답을 찾으려고 노력한다. 간단히 말해서 그것은 일종의 자아탐구로 이상과 현실, 과거와 현재, 삶과 죽음 사이에서 갈등하는 자아의 모습이다.

> 저 푸른 하늘 아래
> 이날껏 나는 집 한 채 짓지 못했다.
> 짓다가는 허물고
> 허문 자리 다시 고르고 골라
> 기둥을 다듬어 세우고
> 들보를 튼실히 받쳐 얹고
> 남쪽으론 창을 내어 달다가
> 또 허물어뜨리고 말았다.
> 〈중략〉
> 그래도 평생 살 집이라서
> 더 좋은 풍수를 맞으려
> 보다 좋은 집을 지으려 하다보니
> 오늘까지 핑개도 부끄러이
> 여직껏 집 한 채 짓지 못하고
> 어제 그제처럼 바쁘게 지내간다.
> 뒤도 돌아보지 않고 서둘러 흘려간다.
>
> —「집짓기」, 일부

위의 인용 시에서는, "집짓기"로 상징되는 시인의 인생계획과 그 실현을 위한 시인 자신의 연속적인 다양한 시도와 그 좌절에 따른 안타까움과 깊은 회한을 엿볼 수 있다. 이 시집의 다른 시편들과는 달리 집짓기에 필요한 재료들과 건축과정의 디테일이 풍부하게 나타난 시로, 시인의 실존적 인식이 극명하게 드러나고 있다. 그러나 이 작품을 통해 우리에게 중요하게 다가오는 것은, 시인의 의도와 달리 시인 자신이 직접 그린 설계도와 동일한 집을 끝내 완성하지 못하고 있다는 사실이다. 우리는 시인의 그러한 모습을 시의 마지막 부분에 있는 "여직껏 집 한 채 짓지 못하고"라는 시행에서 확인할 수 있다. 그러나 더욱 심각한 것은 이러한 식의 "집짓기"의 실패가 이 시집에 있는 전편의 시 작품에서 반복되고 있다는 점이다. 그러나 시인은 이러한 사실을 인용 시의 마지막 행에서처럼 "뒤도 돌아보지 않고 서둘러 흘러간다"고 담담하게 말하고 있다. 이러한 언급은 시인 자신이 그러한 실패를 스스로 인정하고 사실 그대로 받아들이고 있음을 보여주는 대목이다. 사실 사람은 어느 누구든지 실패에 대한 이러한 수용이 쉽지 않지만, 하지만 그러한 실패마저도 포용하는 수용의 자세는 성공보다 더 값지다고 할 수 있다.

깊은 가을이나 겨울 저녁녘에
홀로 길을 나서본 이는 알지

〈2연 생략〉

시절 맞춰 왔다가 훌훌 떠나가는
철새들을 올려다보게나.

하루 이틀이나 한참을 머뭇거리거나
미적대는 일이 없이 떠나 가버리지.

〈5연 생략〉

바람이 우는 칙칙한 밤은
기억 너머로 가벼이 흘려버리고

가찹거나 멀거나 때맞춰 모두들
저마다 손 털고 떠나가야 하는 것을

— 「늦가을이나 겨울 저녁녘에」, 전문

열정과 성장의 여름을 지나 침잠과 한기(寒氣)가 삼라만상에 죽음의 그림자처럼 감싸오는"깊은 가을이나 겨울 저녁녘에" 머나먼 인생길을 혼자서 고독하게 걸어온 시인은 지금, "시절 맞춰 왔다가 훌훌 떠나가는" 철새를 보라보고 있다. 그리고 철새들이 "하루 이틀이나 한참을 머뭇거리거나/미적대는 일이 없이 떠나 가버리지"라는 자연의 섭리를 통해서, "가찹거나 멀거나 때맞춰 모두들/저마다 손 털고 떠나가야 하는 것을" 깨닫게 된다. 이 시에서 우리는 시인이 인생에 대한 어떠한 욕망이나 집착도 없이 마음을 비우고 모든 것을 수용하는 관용과 달관(達觀)의 경지에 도달하고 있음을 볼 수 있다. 자아를 구속하는 현실의 물리적 시간과 공간의 실존적 인식을 초월해서, 이성과 감각으로는 파악할 수 없는 미지의 신비스러운 세계로 자아를 견인시키고 있음을 볼 수 있다. 이러한 모습은 다음의 시 작품들을 보면 더욱 명확해진다.

머언 산 위

가찹게 떨어질 듯

별 하나 떠

밤이나 낮이나

내내 반짝반짝이기만 하네.

— 「그리움」, 전문

산그림자 가차이 내리더니
산봉우리 능선 따라 선히 드러날 때
날아가는 새 한 마리
가뭇없이 사라져 가버리고
나는 누군가의 이름도 부를 수 없이
깊디깊은 적요 속으로 젖어들어
눈을 떠본다.

—「황혼 무렵에」, 전문

첫 번째 인용 시 「그리움」은, 내용적, 방법적인 면에서 이 글의 맨 앞쪽에서 언급했던 두 편의 인용 시에서의 "그리움"과 많은 차이를 보여주는 작품이다. 앞의 두 편의 시는 각자 나름대로의 그리움의 대상이 현실 속에 처한 시적 주체의 상황과의 관련 속에서 내면적인 관념으로 존재하고 있으며, 궁극적으로는 실존적 인식 차원에서 그 "그리움"의 대상과 분열된 자아와의 일치를 지향하고 있다. 이에 반해서, 바로 앞의 「그리움」이나 「황혼 무렵에」에서의 "그리움"은 그러한 내면적 시의 대상이나 지향점이 없다. 이러한 모습은 이 작품 속에는 어떠한 인칭대명사도 없이 시적 주체마저 생략되어 있는 시의 객관적 시점과도 관련되고 있다. 또, 이 작품이 객체적 사물을 소묘하듯이 간략한 언어와 시구로 짤막하게 묘사하고 있는 모습이 두드러진다. 시인 자신의 감정이 문면(文面)에 전혀 노출되지 않고, 간명하고 구조화 되어 있으면서도 그 의미의 함축은 크다. 먼 산위에 떠 있는 별이 곧 가까이서 바로 떨어지길 기대하고, 시인은 밤이나 낮이나 기다리고 있지만, 그냥 그 자리에서 계속 신비스런 빛을 발하며 반짝거리기만 한다. 거기에는 이 세상에서는 만날 수 없는 무엇인가가 나를 위해 준비되어 있을 것만 같아 그 별에 대한 "그리움"은 계속된다. 현실 속의 나와 전혀 관계가 없는 별이지만 시인의 마음은 자꾸 먼 하늘 속의 별로 기울어지고 있다. 바로 그 별은 시인의 실존적인 인식차원이 아니고, 초월적 직관의 차원에서 파악되고 있기 때문이다.

위의 두 번째 인용 시 「황혼 무렵에」도, 첫 번째 인용 시 「그리움」에서처럼 황혼녘의 깊은 산중의 모습을 스케치 하듯이 객관적으로 묘사하고 있다. 그래서 서경시처럼 그 정경이 마음속에 선명하게 그려진다. 이 작품에서는 「그리움」에서와는 달리 "나"로 표현되는 시적 화자가 직접 등장하고 있지만, 그 역시 풍경 속의 한 구성소일 뿐 그의 어떤 감정이나 시적 의지를 드러내고 있지는 않다. 다만 절대 고요 속에 젖어들며, 눈을 뜨는 동작을 취하고 있을 따름이다. 어둠이 내리기 시작하는 깊은 산속의 절대 고요 속에 시인은 그냥 수동적으로 몸을 내맡기면서 어느 순간 무의식적으로 눈을 뜨고 있다. 이는 단순히 생리적 작용에 따른 의식적인 눈뜸이 아니라, 인간과 자연이 황혼녘의 고요한 산중에서 일체가 되어서 새로운 생명으로 다시 태어나는 순간의 찰나적 포착이다. 즉, 물아일체(物我一體) 혹은 색즉시공(色卽是空) 공즉시색(空卽是色)의 경지에서 태어나는 초월적 자아로, 이는 삶과 죽음의 경계 너머에 있는 절대적이고 영원한 생명을 의미한다. 시인은 지금, 팔순을 바라보는 인생의 황혼녘에 새삼스럽게 실존적 인식 차원을 넘어서는 그 초월적 생명의 세계를 갈망하고 있다.

2. 유한적(有限的) 존재의 본래적(本來的) 생명에의 회귀의식

논어에 '인생칠십고래희(人生七十古來稀)'라는 말이 있듯이, 인간은 생명이 있는 우주만물중의 하나로 언젠가는 죽어서 소멸되어야만 하는 유한적인 존재이다. 이것이 자연의 섭리이고 거역할 수 없는 인간의 운명이다. 이 시집의 저자 최은하 시인도 당연히 그러한 인간들 중의 하나로 어언 팔순을 바라보는 연수(年數)에 와 있으며, 그 소회(所懷)의 일단을 시집의 머리말에서 다음과 같이 말하고 있다. "언제부턴가 나는 어지간히 세월의 난간에 기대섰다는 사념이 차오른다. 선명히 떠올라 아슬하게 되돌아 뵈는 하나하나의 장면들, 그런가 하면 어김없이 다가오기만 하는 날들의 비낀 노정에 멀쩡히 섰다는 게 엄연한 절감이기만 하다. 눈을 뜨고 보면 금세 같지만 생각을 헤아려 보자면 지지리도 멀고 오랜 여정이었다." 그는 지금 시간의 가파른 난간에서 지나간 과거를 회상하고 있다. 그리고 "눈을 뜨고 보면 금세 같지만 생각을 헤아려 보자면 지지리도 멀고 오랜 여정이었다."는 말에서 엿볼 수 있듯이, 결코 쉽지만은 않았을 인생여정을 솔직하게 고백하고 있다. 시인의 그러한 모습을 시 작품 속에서도 간접적으로 확인할 수 있다.

> 바람 불면
> 잎사귀들이 파랗게 살랑이다가
> 가지마다 마구 휘젓다가
> 꺾여져 버리기도 하다가
> 몸통에 누군가 깊이 새겨준 글씨
> 지울 수가 없어
> 아픔도 모르고
> 세월도 잊고
> 이날토록 고이 간직하고
> 남의 하루 같은 오늘을 맞고 보낸다.
> 오늘도 어제처럼
>
> —「어떤 나무의 기억」, 전문

하늘 아래 태어나면서부터

고이 묻어둘 수 없는 말 —

온 몸이 깨부셔저라

모진 매질로 터뜨리는 울음

그리고 그 다음 지금까지도

깊디깊은 속내로 멀리멀리 울려퍼지누나.

— 「징 소리」, 전문

먼저, 「어떤 나무의 기억」에서 시인을 상징하고 있는 "어떤 나무"는 1~4행에서 볼 수 있듯이, 순탄치 않은 현실을 비유하는 "바람"에 견디다 못해 꺾여져 버리고 만다. 그러나 시인의 그러한 외면상의 고통과 좌절은 그것으로 끝나는 것이 아니라, 5행의 "몸통에 누군가 깊이 새겨준 글씨"가 되어 "나" 속의 낯선 타인 같은 또 다른 "나"와 함께 평생을 숙명적인 동반자처럼 살아간다. 시인의 실존적 삶은 불행하게도 이렇게 온전한 "나"가 아닌 분열된 "나"로 모순과 갈등을 빚어내면서 살 수 밖에 없는 운명이다. 이러한 모습은 두 번째 인용 시인 「징 소리」에도 그대로 이어지고 있다. 4~5행의 "온 몸이 깨부셔저라 /모진 매질로 터뜨리는 울음"과 같이 본래의 "나"가 간직하고 있는 정체성은, 징채로 두드려 맞아야만 소리가 나는 징처럼 자학적(masochism)인 스스로의 온갖 고통과 슬픔을 통해서만 드러나고 있다. 여기서 우리는 최은하 시인의 지상(地上)에서의 유한적 존재로서의 한계를 엿볼 수 있으며, 그 한계극복의 한 방편을 스스로 모색하는 시인의 모습을 엿볼 수 있다.

어디에 앞 뒤나 위 아래가 따로 있고
그 자리 안팎이 다르다더냐.

깊고 얕음이나
짧고 길다는 한계도

들여다보면 볼수록
아슬한 점 하나로부터 비롯됨이라

이날토록 지내온 길은
돌다가 돌아온 여정일 뿐

누군가는 하늘을 허공이라 이르고
누군가는 허공을 하늘이라 이르고

시작과 끝을 바꿔
피었다 지는 꽃을 보아라.

스쳐왔다 가는 바람도 원점을 향해
맴돌고 도는 제 숨소리인 것을

—「원(圓)을 위하여」, 전문

이 시에서 우선 눈에 띄는 부분은 "앞 뒤", "위아래", "깊고 얕음", "짧고 김", "시작과 끝" 등과 같이 정반대 의미의 단어의 조합이다. 그런데 그러한 극과 극의 단어들이 3행의 "들여다보면 볼수록/아슬한 점 하나로부터 비롯됨이라"에서와 같이 결국은 "아슬한 점 하나"로부터 비롯되고 있다는 사실이다. 그것의 실체가 무엇인지는 확실치 않지만, 앞/뒤, 위/아래, 시작/끝, 깊고/얕음 등과 같은 물리적인 극과 극의 모순되고 대립되는 갈등관계가 아니라, 수용과 포괄 그리고 화해와 절충의 상생관계 속에서 하나로 통합된 것이라는 점은 확실한 것 같다. 동양의 음양사상은 이를 상반상생라고 표현하기도 하지만, 집단무의식 이론의 창설자인 칼 구스타프 융(C. G. Jung)은 대극의 합일(對極의 合一, auseinandersetzurg)를 통한 전일성(全一性)이라고 주장하고 있다.

융 심리학의 대표적인 특징이랄 수 있는 '전일성(全一性)'이란, 정신의 본래적인 모습, 혹은 정신을 완성한 모습이라고 볼 수 있다. 정신 병리현상은 근본적으로 정신의 전일성에서 벗어난 상태이고, 정신치료는 전일성의 회복이다. 전일성이란 대극(對極)의 합일을 가리키는 말로, 대극이란 정 반대의 측면을 말한다. 빛과 어둠, 높음과 낮음, 길은 것과 짧음, 어려움과 쉬움 등이며, 정신의 경우는 의식과 무의식이다. 가령 높음이 없이는 낮음이 없고, 그 높음은 또한 그 보다 더 높은 것에 비하면 낮고, 그 낮음도 더 낮은 것에 비하면 높은 것이다. 이와 같은 상대적인 것들이 서로 불가분적인 '하나'를 이룬다. 한마디로 극과 극은 서로 통한다는 우리의 속담은 바로 이것을 의미한다.

시인 역시 그러한 극과 극의 합일을 통해서 도달한 정신세계를 "아슬한 점하나"로 표현하고 있다. 그러니까 시인에게 그 점은 생의 궁극적인 출발점이자 돌아가야 할 최종 목적지이기도 하다. 4행의 "이날토록 지내온 길은/돌다가 돌아온 여정일 뿐"이라는 시구는 바로 이러한 원초적 생의 시원(始原)을 두고 한 말이다. 이는 바로 앞 장에서 언급한 절대적이고 영원한 생명이기도 한, 이곳이야말로 실존적인 존재로서의 시인이 그토록 도달하고자 하는 본래적인 생의 고향이다. 그곳에는 어떠한 갈등과 모순도 없고, 현실과 이상향이 따로 없고, 삶과 죽음, 자아의 분열도 없는 완전하고 통합된 세계이다.

눈길이 가닿는 끝머리
솟아올라 아른거리는 신기루에서
한 마디 제 말씨를 찾아라.

어쩌다 바람이 일면
모래울음이 노래가 되어
자욱하고

밤이 오면 가차이
별들이 마구 쏟아져 내린다.

어디서고 처음이자 마지막으로
숙연히 제 자릴 들여다볼 일 뿐이다.

— 「사막에서」, 일부

마치 망망대해처럼 인간의 때가 묻지 않은 원시의 사막에서, 시인은 절대적인 영원한 생의 고향의 모습을 보고 있다. "신기루"와 "모래울음", "마구 쏟아져 내리는 별들"만이 있는 사막에서 시인은 태초의 우주와 인간과 생명을 신비롭게 체험하고 있다. 모든 생명체의 고향인 "아슬한 점 하나" 같은 원시의 사막에서 실존적 인간으로서의 시인의 희로애락과 이해타산이 무슨 소용이란 말인가? 기계적, 구조적인 물리적 시간과 공간 속에 속박된 자신을 거대한 우주 자연 속에서 전일적으로 파악하고 있다. 자아를 분석적, 논리적, 불연속적으로 파악하기보다는 통합적, 초월적, 연속적으로 파악하고 있다. 이러한 인식의 코페르니쿠스적인 선회로, 시인은 이제 모든 것을 내려놓고 우주와 자연과 나를 전일적으로 받아들이고, 그 대극의 합일과정을 "숙연히 제자릴 들여다볼 뿐이다"라고 말한다. 이제 시인은 아무런 주저함이나 미련도 없이 실존의 덧을 훌훌 털어버리고 생의 영원한 고향

길을 향할 수 있게 된 것이다. "이제 와선 내 나름의 시간을 무어라 달리 소란스레 변명이나 요설 따위의 치기는 덮어두기로 하자. 아쉬웠다거나 무슨 원망 비슷한 뒷말 보다는 바로 내 실존의 구획을 감당하는 요량으로 남았으면 하고 기대해본다. 아니 누군가처럼 시원하게 지워가고 싶을 따름이다." 시집의 머리말에서 우리는 시인의 그러한 모습을 확인할 수 있다. 이러한 시인의 모습은 시집의 타이틀이자 시집 속 제3부의 소제목이기도 한 「하루 해질녘」 부분에 실려 있는 시 작품들에 집중적으로 나타나고 있다.

> 나뭇잎이 살랑거리거나
> 구름장이 흘러가는 풍경이나
> 바닷물이 출렁이다 파도를 일으키는
> 자리로부터 떨치고 나와
>
> 바람과 말을 건네고
> 태초의 달과 별을 마주해 볼려면
> 사막의 밤을 차지해봐야지.
>
> 사막에 이르면
> 하늘과 땅의 처음과
> 끝을 맞이할 수 있고
> 새로운 숨결을 들을 수 있으리.
>
> — 「바람을 만나볼려면」, 2~4연

> 눈을 뜨면서부터
> 이날껏 따라다니던 그림자
> 지금은 멀쩡하게 제자리 찾아 갔겠지.
>
> 이젠 하나하나 돌려보내고

시원히 잊어버리기도 해야지.
꿈자리마저도 털고 일어나
쥐었던 손길 비벼 빌어줘야지.

감싸오는 어둠이 아늑하기도 하다
내 시간이 거의 다 됐다고
되짚어 조용히 말해야지.

—「하루해 저물녘」, 4연 생략

「바람을 만나 볼려면」의 2연은 시인의 실존 공간으로, 원시 생명에너지의 상징인 듯한 "바람"을 만나기 위해서는 이 공간을 벗어나야만 한다. 1연 4행의 "자리로부터 떨치고 나와"는 바로 이러한 모티브를 의미하는 데, 그 행동의 결과로 도착한 곳은 바로 3연에 등장하는 "사막"이다. 거기에선 태초의 달과 별을 마주해 볼 수 있고, "하늘과 땅의 처음과/끝을 맞이할 수 있고", "새로운 숨결"을 들을 수 있다. '자리'→'사막'으로의 이동은 '현실'→'이상향'과 '실존'→'초월'로의 상승을 은유적으로 표현한 단어이다.

두 번째 인용 시인 「하루해 저물녘」 역시, 1연 1~2행에서 볼 수 있듯이 시인은 분열된 자아의 불완전한 실존을 극복하고 본래의 제자리로 돌아가고 있음을 보여주고 있다. 2연에서는 그러한 시인의 의지적인 모습을 더욱 적극적으로 드러내고 있다. 그래서 시인은 하루해 저물녘의 어스름에도 어떤 불안감이나 두려움도 없이 오히려 아늑하다고 말하고 있다. 왜냐하면 저물녘은 바로 앞의 시에서의 사막과 같이 전혀 훼손되지 않은 영원한 절대 생명의 초월적인 공간이기 때문이다. 그러나 사실, 최은하 시인의 이러한 유한적 실존의 본래적 생명에로의 회귀의식은 시인의 상상 속에서 추상적, 신념적으로만 이뤄지고 있다는 데 또 다른 시적 실현의 한계에 봉착하고 있다. 정녕 그것을 경험적, 구체적으로 실현할 수는 없는 것일까?

3. 본래적 생의 경험적 실현과 기독교적 부활의식

이 시집의 제4부 「창문을 열어놓고」에는 시인의 고향을 제재로 한 시 작품들과 기독교 신앙시편들이 주류를 이루고 있다. 인간은 누구든지 자기가 태어난 고향을 가지고 있으며, 특히, 이런 저런 이유로 고향을 떠나 사는 사람들은 항상 고향에 대한 그리움을 가지고 있다. 거기에는 그들이 뛰어놀던 산과 들과 강이 지금도 눈에 선하게 펼쳐져 있고, 헤어진 부모와 형제자매, 친구들이 있는가 하면, 무엇보다도 시인의 잊을 수 없는 어린 날의 추억이 고스란히 간직되어 있기 때문이다. 최은하 시인 역시 그런 사람들 중의 하나로 항상 고향을 그리워하고 그곳으로 돌아가고자 한다. 그러한 그의 모습은 시집의 머리말에서도 분명하게 확인할 수 있다. "내 생애 하루해의 저물녘이 다가온다. 손을 들어 흔든다. 왠지 자꾸만 고향 생각이 떠오른다. 환영이 아니라 착각인지, 고향 길을 혼자 걷는 이 실감을 어쩌랴. 그냥 그대로 어울러 지니고 갈 수밖에" 라는 말이 바로 그것이다. 시인의 이러한 고백은 시 작품에 그대로 반영되어 나타난다.

어제밤도 꿈결에서
강물소릴 듣다가 깨어났네.

나는 고향의 강물에서 뒤놀며 자랐고
꿈을 찾아 떠나왔네.

멀리 떠나올수록
오래도록 떠나있을수록
꿈이 아슬히 머얼수록

그 강물소린 더더욱 영력히 들린다네.

—「오늘도 그 강물소리」, 1~3연

시인에게 고향은 잠을 자면서도 꿈속에 나타나고, "멀리 떠나올수록/오래도록 떠나있을수록" 눈과 귀에 더욱 선명하게 보이고 들릴 정도로 운명적인 관계가 되고 있음을 볼 수 있다. 그러나 정작 시인에게 고향이 중요한 의미로 다가오는 것은, 단지 이러한 고향의 외면적인 자연에 대한 그리움 때문만이 아니다.

오늘 같은 날이면
내 고향집터에도 함박눈이 내리겠지

어린 시절의 자리엔 아득한 그리움으로
눈을 뜨던 소년을 만난다.

눈 내리던 밤은 깊어만 가고
할머니가 잣던 물레 소리

거기, 할머니 옛이야기 고갤 넘기면
꿈결에서도 훨훨 날으는 새

—「오늘같은 날이면」, 1~4연

고향 떠나 이 낫살 기울도록
대숲에 달빛 어른대던 고샅을 떨치지 못하고
할무이 어무이 부르던 목소리 짧아져
꿈결의 잠자리에 들기가 두렵다.
그 시절 장독께에 피어나던 해당화가
얼마나 요행이고 고맙기만 했는지.
마냥 불어 가고

오는 바람에 요즈음에사
아랫도리가 시리고 자꾸만 힘이 부친다.

오늘 하루 저녁나절에
이젠 기다릴 사람도 없는데
훤히 창문 열어놓고
흘러가는 구름장만 바라본다.

—「창문 열어놓고」, 마지막 연 생략

「오늘 같은 날이면」은 눈 내리는 밤에 물레를 잣던 할머니와 어린 손자가 고즈넉하게 마주앉아서, 할머니가 손자에게 옛 이야기를 들려주는 정겨운 모습을 한 폭의 수채화처럼 그리고 있다. 차가운 겨울밤 적막한 가운데 함박눈이 소복하게 내려 쌓인 온 세상은 꿈속인지 현실인지 구분이 안 될 정도로 신비롭기만 하다. 그 적막한 가운데 시인의 고향집 방에는 희미한 호롱불이 밝혀져 있고, 흰 머리가 성긴 할머니는 느릿느릿 물레를 잣으며 옛날이야기를 하고 있다. 그 옆에서 시인 자신을 가리키고 있다고 생각되는 한 소년이 귀를 종긋하고 그 이야기를 듣고 있다. 그렇게 겨울밤은 깊어 가고 소년은 어느새 졸음에 겨워 몇 번인가 눈꺼풀을 껌벅이다가 스르르 잠이 든다. 그래도 물레는 계속 돌아가고 함박눈은 내려 쌓이고, 소년은 잠속에서 한 마리 새처럼 훨훨 날아서 방금 할머니로부터 들은 그 미지의 세계로 날아가고 있다. 참으로 평화롭고 신비롭기 만한 꿈과 그리움으로 가득 찬 고향의 겨울밤의 풍경이다. 최은하 시인을 비롯해서 어느 누구든지 요즘과 같은 문명시대에는 만날 수 없는 한 편의 동화 같은 신비의 세계이다. 참으로 고향은 이제 한 편의 신화가 되었고, 누구보다도 고향을 그리워하고 사랑하는 최은하 시인에게는 더욱 그러하다.

신화는 단순히 재미있는 옛 이야기만은 아니다. 신화 속에는 한 민족의 건국 설화와 누 천 년의 그 민족적 정서와 사상, 문화가 고스란히 축적되어 있다. 그래서 신화는 민족의 아이덴티티이고 존재의 원동력이다. 두 번째 인용 시인 「창문 열어놓고」에는 그러한 민족 신화의 아이덴티티와 에너지가 함축되어 있다. 1연의 "할무이 어무이 부르던 목소리 짧아져"와, "그 시절 장독께에 피어나던 해당화"가 바로 그것을 구체적으로 보여 주고 있다. "할무이 어무이"는 할머니 어머니를 가리키는 우리의 옛말이다. 그런데 시인은, "고향 떠나 이 낫살 기울도록" 지금까지 이들 할머니 어머니를 목메이게 부르고 있다. 왜 그는 팔순을 바라보는 이때에도 할머니 어머니를 부르며 잊지 못하고 애타게 찾고 있는 것일까? 그들은 바로 한 민족 신화의 상징적인 주인공이기 때문이다. 겉으로 보기에 우리의 역사가 남성들 중심으로 기술되어 있지만, 그 이면에는 드러나지 않은 여성들의 피어린 인내와 희생, 그리고 사랑이 있어 왔다. 피학적(sadism) 여성적 정서인 한(恨)이 우리의 민족 정서가 된 것은 바로 그러한 데 연유가 있다. 그러니까 우리의 민족정서는 한을 기초로 한 여성성이 그 중요한 특질이며 원형(原型)이 되고 있으며, 또한 그러한 정서의 원형적 특질은 우리 민족의 지속적인 삶의 정신적 에너지로써 작용하고 있다.

지금 시인은 바로 자신의 존재 에너지가 되고 있는 원형이 고스란히 남아 있는 고향에로의 회귀를 갈망한다. 그러나, "할무이 어무이 부르던 목소리 짧아져/꿈결의 잠자리에 들기가 두렵다" 라는 시구에서 볼 수 있듯이, 고향에는 원형의 중심이 되는 할머니와 어머니가 존재하지 않는다. 그러나 그 할머니와 어머니를 등가적으로 대치하고 있는 "장독께에 피어나던 해당화"가 존재하고 있을 뿐이다. 지금 시인이 기다리는 사람도 없는데, "창문을 열어놓고" 있는 것은 바로 "해당화"로 상징되는 우리 민족의 정서적, 사상적, 더 나아가서는 생명의 원형을 맞이하기 위해서이다. 3연의 함축적인 의미에서 볼 수 있듯이, 그런 행위를 통해서 시인은 자신이 처하고 있는 정신적 무기력과 신체적 노쇠함을 극복할 수 있다. 이는 곧 실존을 넘어서 상상 속의 본래적 생명에로의 초월을 경험적으로 성취하고자 하는 시인의 모습이기도 하다.

최은하 시인의 이러한 시적 방법이나 지향은 시집의 4부 「창문 열어놓고」 편에 들어 있는 몇 편의 기독교 신앙시에서도 발견할 수 있다. 원형으로서의 우리 민족 정서의 중심이랄 수 있는 인내와 희생, 그리고 사랑의 여성적 정한은 기독교의 기본 사상이자 교리이다. 인간의 원죄를 대속하기 위해서 스스로 십자가 못 박히신 예수님의 인내와 희생, 그리고 사랑이 바로 그러하다. 최은하 시인이 그토록 그리워하는 자신의 어머니의 모습은 예수님의 모습과 오버랩 되고 있다. 우리는 그의 시 작품속에서 그러한 자전적인 고백을 확인할 수 있는 바와 같이, 시인은 어머니가 자식을 위해 짊어져야만 했던 온갖 고난과 역경, 그리고 좌절과 슬픔의 십자가를 통해서 새롭게 태어났음을 볼 수 있다. 마치 보혈의 십자가를 통해서 원죄로 인한 죽음으로부터 인간을 구원하신 예수님처럼 말이다.

> 이 깊은 밤중에
> 나에게도 말을 걸어주는 이가 있어
> 내 숨소릴 실감하고
> 외롭지 않아 지낼 만하다.
>
> 언제나 나는 듣는 쪽이고
> 그의 얼굴을 본 적이 없다.
> 그의 눈매를 마주한 적도 없다.
> 〈3, 4연 생략〉
> 그래도 나를 불러

마냥 말을 걸어주는 이여
두 손 마주 잡고 머리 숙여 고맙기만 하다.

말로 감싸주고 얼러주는 이가 있어
깊은 밤도 짧고
약속대로 아침은 밝아와
환한 하루를 맞는다.

— 「내게도 말을 걸어주는 이」, 일부

이 시 작품의 시적 주인공, 즉 "내게도 말을 걸어주는 이"는 바로 예수님이라고 추측되는 것은 시인이 가장 외로운 "깊은 밤중"에 스스로 찾아와 깊은 슬픔과 외로움에 빠져 있는 시인에게 말을 걸며 위로하고 있는 모습 때문이다. 평소에 전혀 알지 못했고, 삶 속에서 어떤 조그만 이해관계도 없는 그가 알 수 없는 먼 곳으로부터 손수 시인을 찾아와 시인의 이름을 다정하게 부르며, 위로의 말을 건네고 있다. 요즘과 같은 물질만능주의 시대에 자기의 친인척이나 친지도 아닌데, 어느 누가 이렇게 깊은 밤에 홀로 찾아와 시인을 따뜻한 말과 행동으로 감싸주고 얼러줄 수 있는가? 그야말로 무조건적이고 헌신적인 사랑의 모습이 아닐 수 없다. 자식을 위한 시인의 어머니의 희생적인 사랑처럼 말이다. 이 세상은 그러한 사랑이 있어, "깊은 밤도 짧고/약속대로 아침은 밝아와/환한 하루를 맞는다". 아무리 밤이 깊어도 그러한 사랑의 등불이 있어서, 인간은 사망의 골짜기에 실족하지 않고 "약속대로 아침"을 환하게 맞이할 수 있다. 그 아침에 우리 앞에 펼쳐질 새 하늘과 새 땅은, 이미 앞에서 살펴본 바 있는, 유한적 존재로서의 실존을 넘어서 절대적이고 영원한 본래적 생의 초월 세계로 향하는 시인의 또 다른 모습이랄 수 있다.

지금까지 최은하 시인의 시집 『하루해 저물녘』의 시적 정수(精髓)

에 다가가고자 필자 나름대로 그 제재적, 기교적, 내용적인 측면에서 분석, 고찰하고자 했으나 시인의 깊고 방대한 시세계를 정확하게 드러내기에는 역부족이었음을 고백하지 않을 수 없다. 다만, 이 시대의 시인들에게 진정한 시와 시인이 어떠해야 하고, 또 왜, 무엇 때문에, 어떻게 시를 써야 하는 가에 대한 대답이자 하나의 경구(警句)로써 시집의 머리말에 들어 있는 시인의 고백을 인용하면서 이 글을 맺고자 한다. "하냥 나에게 시(문학)은 이 하늘 아래서의 힘줄이었고 숨결, 그리고 기도요, 마땅한 소임이라 감히 짚고 싶다. 그러니까 시를 향해서 일어나고 잠들고 하는 그 자체가 나로서는 하나의 실생활이요, 수행이요, 바람이요, 밤과 낮, 그러니까 처음과 끝이었다고 낮은 목소리로 자백을 해야겠다. 거기엔 비 내리는 날도 있었고 눈보라치거나 안개 자욱한 참도 있었으며 되돌리거나 돌아서버리고 싶었던 적도 한두 번이 아니었다. 그래도 버티어 참고 이겨내 드디어 여기까지 이르렀다."

김영진론

역사와 인간을 섭리하시는 하나님의 현현(顯現)

—시집 『성경서사시(역사서편)』를 중심으로

1. 역사서 『성경서사시』의 역사성

성경의 구약 역사서는 여호수아에서 에스더까지로 이루어지는 열두 권의 책으로, 총 249장으로 구성되어 있다. 이 책들을 역사서(historical books)라 부르는 것은 그 책들이 이스라엘의 역사를 다루고 있기 때문이다. 물론 모세 오경에도 일부 역사를 다루고 있고, 선지서들도 어느 정도는 역사를 다루고 있지만, 역사서는 전적으로 역사 이야기의 형식으로 기술되어 있기 때문이다. 이들 역사서에는 이스라엘이 국가로 형성되어 약속의 땅에 정착한 때부터, 왕정 시대를 거쳐 멸망과 회복을 경험한 시대까지의 내용들이 포함되어 있다. 일반 역사로 말한다면 이스라엘의 '고대사'를 다룬다고 할 수 있을 것이다.

그러나 역사를 다룬다고 모두 역사서가 되는 것이 아니다. 역사서 시대에도 『야셀의 책』(수 10:13)과 같은 일반적인 역사책이 당시의 역사적 자료를 제공해 주고 있지만, 이런 책들을 역사서라 하지는 않는다. 그러한 책들에는 영감이 없을 뿐만 아니라, 그 기술하는 면에 있어서도 성경 역사서와 차이를 보이기 때문이다. 이스라엘의 일반 역사책들은 단지 '이스라엘 역사상 일어났던 사실들', 즉 역사의 원재료들이 연대기적으로 나열된 책이다. 그러나 성경의 역사서는 선민 이스라엘의 특정시대의 역사의 흐름 속에 나타난 '하나님의 섭리'를 다루고 있다. 성경의 역사서는 말 그대로 영원불변하신 하나님의 말씀이므로, 성경의 역사서에서의 역사는 이미 지나간 역사적 사실의 단순한 기록이 아니고, 시간과 공간을 초월해서 '지금 여기'에서 '일어나고 있는' 현재진행형의 역사이다. 그러한 역사서를 바탕으로 쓰여진 역사서 『성경서사시』의 역사성 역시 하나님의 섭리적 대상인 '내가' 서 있는 지금 이 자리에 존재한다.

2. '문학으로서의 성경' 의 가능성 : 『성경서사시』

구약 역사서는 지금도 성령님을 통해 계시하시는 구속의 말씀이다. 아담의 원죄로 인해 유한적 존재로 전락한 우리는 그러한 말씀을 통해 구속을 받아 복락원에 무한한 영생을 담보할 수 있다. 항상 말씀 가운데 기도하고 묵상하는 것이 영생을 향해 나아가는 하나님의 섭리를 따르는 삶이다. 그러나 복잡 다양한 후기 정보화 시대를 살아가는 우리 인간들에게 이러한 삶은 쉽게 다가설 수 없는 이상향일 때가 많다. 시간에 쫓기는 바쁜 일상생활에서 이러한 시간을 마주하기란 연목구어처럼이나 지난(至難)하다. 결코 읽기와 이해가 쉽지 않은 두툼한 성경책을 펼칠만한 시간적 여유와 마음의 여유가 없다. 초신자와 일반 독자의 경우에는 더욱 그러하다. 그들에게 성경은 위대한 하나님의 진리의 말씀이지만, 교리적 내용의 난해함과 분량의 방대함으로 선뜻 다가서기에는 주저되는 피안의 성역이다.

그러나 성경을 어느 정도 접해본 사람이라면 알 수 있듯이 성경에는 단지 난해하고 엄숙한 교리와 도덕적 교훈뿐만 아니라 아름답고 감동적인 시와 소설과 드라마 등과 같은 문학 장르의 작품들도 상당히 많이 들어 있다. 특히, 우리가 여기서 다루고자 하는 성경역사서의 경우도 장르상으로는 이야기와 서사시로 분류되고 있다. 그만큼 성경은 현대문학 작품과 비교해도 손색없는 문학적 상상과 호기심, 긴장감과 기대감으로 가득 차 있다. 독자들은 이와 같이 흥미진진한 이야기를 읽다보면 자연스럽게 하나님의 말씀을 접하게 되고 교리 또한 어렵지 않게 이해하게 된다. 마치 워즈워드(W. Wordsworth)가 말한 '감동적 사상'(affecting thought)처럼 재미있는 이야기 속에 함축되어 있는 신학적 사상과 교리를 부담감 없이 흡수할 수 있는 것이다. 근래 성경연구의 유력한 방법으로 떠오르고 있는 '문학으로서의 성경' 접근 방법은 바로 이러한 맥락위에 있다.

여기 김영진 시인의 『성경서사시』의 역사서는 '문학으로서의 성경' 접근 방법을 가장 극명하게 보여주는 책이다. 구약 역사서가 주로 각 권의 저자, 시대 사회적 배경, 대상 독자, 신학적 교리 등의 문제를 평면적으로 다루는데 비해 『성경서사시』의 역사서는 성경의 메시지 창출 메커니즘인 서사시를 통해 문학적, 신학적 측면을 동시에 드러내는데 초점을 두고 있다. 『성경서사시』는 단지 본문의 표현방법이나 장르, 구조, 등장인물 등 문학적 측면을 분석하여 그 문예미학적 감동과 교리전달의 언어적 장치로서의 유효성을 드러내는 것이 아니라, 본문 자체를 서사시로 재구성해서 장르상 완전한 문학작품으로서 모습으로 변형시키고 있다. 이는 성경을 대하는 독자들의 태도가 근본적으로 바뀌게 되는 모티브가 된다. 독자들은 이제 성경을 지금까지와 같이 신학적인 교리서로 받아들이기보다는 하나의 문학작품으로 받아들이게 된다.

이는 대량생산과 소비 시대의 문학 소비자인 독자, 즉 수용자 중심으로 바뀐 출판문화 시장을 반영한 변화이다. 영원불변한 하나님의 말씀의 책인 성경이 이렇게 독서시장의 변화에 민감하게 반응할 필요는 없지만, 복음 전파의 관점에서 폭넓은 성경의 대중화 역시 무시할 수 없다. 그러니까 성경 역시 교리적인 내용이 침해되지 않는 범위에서 당대 독자들의 취향과 기호를 반영하는 것이 복음의 전파와 선교에 긍정적으로 작용할 것이다.

독자들에게는 한 권의 경전으로서의 성경보다 한 권의 시집으로서 성경이 친밀하게 느껴질 수 있다. 시 작품을 통해 그들은 성경을 좀 더 쉽게 읽고 이해할 수 있다. 하나님을 단지 피상적인 지식으로만 받아들이지 않고 '지금 여기'서 살아 역사하시는 인격체로 직접 만나 대화를 하고 교제를 나누고 말씀을 내재화 하는 경험적인 독서를 하게 된다. 이는 수동적인 태도로 성경을 읽거나 설교를 듣는 것이 아니라 성경 속에서 벌어지는 사건과 인물들의 행동에 독자들이 직접 참여하는 능동적인 성경 읽기이다. 김영진 시인이 『성경서사시』 시집을 발간하는 의도는 아마 그러한 여러 가지 변화된 시대, 사회적인 필요성을 고려한 성경 독자들에 대한 배려일 것이라고 추측된다. 이제 그러한 시인의 목적을 달성하기 위해 저자가 시집 속에서 실제로 구현하고 있는 제반 문학적 시도와 성취에 대해서 구체적으로 짚어보자.

3. 『성경서사시』의 문학적 전략과 장치

1) 시의 서사 구조

『성경서사시』에서 가장 먼저 눈에 띄는 형식은 모든 시 작품들이 성경 본문 각장의 순서에 따라서 각기 제목이 붙여진 4행4연의 정형시로 구성되어 있는 모습이다. 그렇다고 시가 어떤 규칙적인 음보나 자수 혹은 리듬이나 운율을 가지고 있는 것은 아니다. 여기서 정형시라는 말은 단지 이 시집의 모든 시편들이 처음부터 끝까지 일관되게 4행4연의 행과 연을 유지하고 있다는 사실을 강조하는 것에 불과하다. 특히, 『성경서사시』 시집이 그 제목에서 직접 볼 수 있듯이 서사시가 전통적으로 영웅 설화의 한 종류로, 길이가 긴 이야기이고 광대한 규모의 영웅이야기이며 한 국가의 전체 시대를 서술하는 시적 형식임에도 불구하고, 저자가 이렇게 짤막한 형식의 정형성을 고수하는 것은 주목되는 바가 아닐 수 없다. 무엇보다도 통상 수 십 개의 절로 구성된 성경 본문의 내용을 이러한 한정된 정형시의 틀 속에 다 담아 낼 수 있을까 하는 의구심에서 더욱 그러하다. 그러한 의구심에 대한 구체적인 답을 찾기에 앞서 우선 4행 4연의 이 서사시들의 기승전결 메커니즘을 실제 작품을 통해 알아보는 것이 순서일 것이다.

싯딤을 떠나 요단강에 진을 친
지파 우두머리들이 진영을 도네
제사장들이 언약궤 메고 나서거든
2천 규빗 떨어져 그 뒤를 따라라

주께서 지도자로 세우신 여호수아
눈앞에서 놀라운 일이 벌어지리라
언약궤 앞에서 요단강물도 멈추고
가나안 땅 원주민들도 쫓겨나리라

요단강 건너려고 진영을 떠났으나
추수철이라 출렁출렁 넘치는 강물
앞서 가던 제사장들이 발을 담그자
흐르던 강물이 갑자기 멈추네

사르단 근처 아담까지 물이 둑이 쌓이네

사해로 가던 강물의 흐름이 끊어지자
제사장들은 맨 땅 한가운데에 서 있고
백성은 무사히 요단강을 건너네

— 「수3장 요단강을 건너다」, 전문

이스라엘 백성이 모든 준비를 끝내고 이제 요단강을 건너 가나안 땅에 입성하는 장면이, 「수3장 요단강을 건너다」라는 제목 아래 4행 4연의 시 작품 속에 묘사되고 있다. 1,2연은 이 전쟁을 직접 주도하시는 하나님이 어떻게 강을 건너갈 지를 이스라엘 백성들에게 명령하시고 확신을 심어주시는 내용으로 '기-승'의 부분이다. 1연은 이야기의 도입부이자 시작부분인 '기'부분으로 "지파 우두머리들"이 진중으로 두루 다니며 백성들에게 가나안 정복 길에 나서기 전에 마지막으로 주의사항을 당부하는 내용이다. 2연은 1연에서 실마리가 풀린 이야기가 본격적으로 전개되는 핵심부분으로 이야기의 몸통에 해당되는 '승'에 해당된다고 할 수 있다. 1연(기)이 "지파 우두머리들"이 백성들에게 전하는 말이라면, 2연(승)은 여호와께서 여호수아에게 하시는 말씀을 전지적 화자가 대신하고 있다. 발신자가 지파 우두머리→여호와, 수신자는 백성들→여호수아로 그 위상이 상승 발전되어 전개되고 있다. 이야기의 3연(전)에서는 2연에서 여호와께서 여호수아에게 하신 말씀이 그대로 실현되는 기적이 벌어지고 있다. '전'에서는 이야기 전체에서 가장 중요한 사건과 에피소드가 전개되는데, 인간의 관점으로는 믿을 수 없는 일, 즉 "흐르던 강물이 갑자기 멈추"는 일을 직접 하나님께서 하시는 모습이 극적으로 묘사되고 있다. 4연(결)에서는 백성들이 요단강을 무사히 건넘으로써 '기'로부터 시작된 갈등(가나안 입성)이 '전'의 대전환적인 사건을 통해 해결되는 장면이다. 결국 '기-승-전-결' 구조를 관통해서 저자가 시 작품을 통해서 보여주고자 하는 메시지는 가나안 정복전쟁의 주체는 여호수아를 비롯한 이스라엘 백성들이 아니고 하나님이심을 보여주는 것이다. 성경 역사서 본문에서 총 19절의 이야기를 통해 보여주고자 했던 선민 이스라엘의 역사에 개입하시는 하나님의 모습을, 김영진 시인은 짤막한 이 한 편의 서사시를 통해 보여주고 있다.

2)시의 중심 구성요소

서정시의 개념적 정의가 시인의 주관적인 사상과 현재 순간의 단편적인 감정을 간결하고 압축된 연과 행 속에 표현하는 시라면, 서사시는 한 국가와 민족의 극적인 역사와 영웅 등 과거의 외형적인 이야기를 비교적 광범위하고 길게 객관적으로 서술한 시이다. 서사시는 흔히 이야기시라고 불리는 데, 한마디로 이것은 이야기를 말하는 시라는 뜻이다. 그런 만큼 이야기 속에는 그 이야기가 전개되는 배경과 이야기의 주인공을 비롯한 등장인물들이 등장하고 또 복잡 다양한 여러 가지 사건들이 발생되고 있다.

이 시집이 『성경서사시』라는 제목에서 보듯이 장르적으로 서사시집이고, 더구나 성경 속에서도 가장 설화성이 강하게 나타나고 있는 역사서를 기초로 한 서사시 작품들로, 기본적으로 이야기를 구성하는 인물, 배경, 사건 등의 요소들을 가지고 있다. 특히, 저자는 시집 『성경서사시』에서 구약 역사서를 서사시로 재구성하는 과정에서 이들 이야기의 요소들을 중심으로 해서 작품을 구성하고 있다. 대부분 수 십 절의 내용으로 구성되는 성경 본문 각 장의 내용을, 『성경서사시』작품의 4행4연의 한정된 시 형식 속에 담아내는 작업에서 이들 요소들이 키워드 역할을 하고 있는 것이다.

블레셋 군대는 소고에 집결하고
사울의 군대는 엘라에 진을 치네

골짜기를 사이에 두고 맞서자
블레셋 거인 골리앗이 나타나네

형들에게 양식 전하러 온 다윗은
주를 모독하는 골리앗을 보네
그를 죽이면 공주를 주겠다고 해도
아무도 나서지 않자 의분을 느끼네

나는 어리지만 사자나 곰도 잡고
군복도 칼도 무거워 걸치지 않네
조약돌 5개와 무릿매를 든 다윗이
골리앗을 물리치려고 나서네

넌 칼과 창 들었지만 난 맨손이다
다윗은 자루에서 돌멩이를 꺼내
무릿매를 휘둘러 던지자
골리앗은 이마 맞고 고꾸라지네

— 「삼상17장 다윗과 골리앗」, 전문

다윗이 블레셋의 거인 골리앗을 쓰러뜨림으로써 일약 이스라엘의 영웅으로 부상하는 장면을 묘사하고 있는 시이다. 1연은 "블레셋 군대"와 "사울의 군대"가 "골짜기를 사이에 두고" 대치하고 있는 일촉즉발의 긴장감이 흐르는 전장(戰場)의 모습으로 이 시의 배경이 되고 있다. 가나안 정복을 위한 전쟁의 역사인 여호수아기의 전체적인 배경은 주로 이와 같은 상황이다. 물론 역사서 전체의 배경은 전쟁과 정복의 시대인 신정시대와 남북 분열왕국 시대, 회복의 시대에 따라 지리적인 차원을 넘어서 종교적, 문화적인 배경으로 확대되고 있음을 볼 수 있다.

이어서 인용 시에는 세 명의 인물들이 등장하는데, "주"와 "다윗",

그리고 "골리앗"이다. 1연4행의 "블레셋 거인 골리앗이 나타나네"에서처럼 맨 먼저 골리앗이 나타난다. 성경 역사서의 본문에는 골리앗에 대해 그의 출신지역, 외모, 그의 무장상태, 이스라엘 군대에 대한 조롱 등이 7절에 걸쳐 자세하게 묘사되고 있지만, 여기서는 "블레셋 거인 골리앗이 나타나네"라는 평범한 문장 하나로 요약 설명하고 있다. 2~4연에서는 또 다른 등장인물인 다윗이 등장하고 있는데, 그에 대한 설명이 성경 역사서 본문에는 총 43절에 걸쳐 행해지고 있으나 여기서는 12행의 간략한 시구절로 압축되고 있다. 본문 시작부분과 마지막부분에서 다윗의 가족관계와 그가 골리앗을 죽인 후 사울과 대면해서 나누는 대화 등이 전부 생략되고 있다. 그러나 인용 시의 2연에서 다윗이 이곳 전장에 나타나게 된 이유와 골리앗과의 싸움에 나서게 된 동기, 3연에서 그의 출전을 막는 사울에게 자신의 용맹성에 관해 예를 들어 항의하는 모습 등 골리앗과는 비교되지 않는 자세한 설명이 이뤄지고 있다. 이는 다윗이 시의 주인공인 반면에 골리앗은 하나님의 편인 다윗에게 맞서는 대적자이기 때문일 것이다. 마지막으로 등장하는 인물은 2연2행에 등장하는 "주"이다. "주"는 시 작품 속에 직접 나타나 행동을 하는 것은 아니지만 다윗은 "하나님의 이름으로" 골리앗과 싸움에 나서서 승리했다. 따라서 시의 실제적인 주인공은 바로 하나님이시다. 하나님이 함께 하셨기 때문에 비록 "군복도 칼도 무거워 걸치지 않은" 어린 소년 다윗은, "조약돌 5개와 무릿매"로 블레셋의 거인 골리앗과 싸워 승리하는 기적적인 사건이 일어난 것이다.

이와 같이 『성경서사시』의 시 작품들은 배경이나 인물, 사건 등에 대한 세부묘사나 설명에 의한 줄거리보다는 생략과 압축, 요약 설명 등에 의한 장면제시 방법이 사용되고 있다. 즉, 어떤 배경 속에서 등장인물들이 출연해서 대화와 행동 등으로 이야기를 전달하는 무대를 제공하고 있다. 따라서 독자들은 단지 시각적인 활자를 통해서 이야기를 평면적으로 읽는 것이 아니라, 상상력을 통해 자신이 직접 이야기가 벌어지는 무대에 참여해서 등장인물들과 함께 대화하고 행동하며 이야기를 감각적으로 체험하고 내면화 시킬 수 있다. 그러니까 독자들은 단지 수동적인 관객이나 청중에 그치지 않고 등장인물이 되어, 궁극적인 주인공인 하나님을 만나 대화하고 말씀을 들으며 인격적인 교제를 나눌 수 있게 된다. 성경읽기에 대한 이러한 태도는 저자의 또 다른 문학적 전략에 의해서 확인되고 있다.

3)다양한 시점과 현재 시제의 사용

일반 서사시가 과거 한 국가나 민족의 역사적 사건이나 초인적인 영웅에 관해서 화자가 객관적으로 서술하는 것이라면, 그 서술 시점은 두말할 필요도 없이 3인칭 객관적 관찰자 시점이 되는 것이 당연하다. 『성경서사시』역시 서사시집으로 이러한 3인칭 객관적 관찰자 시점이 주류적으로 사용되고 있지만, 그에 못지않게 시집의 상당수의 작품들에서 다양한 시점이 복합적으로 사용되고 있다. 4행4연의 짤막한 시 형식 속에서 나타나는 이러한 복합적인 시점은 자칫 작품 내용의 이해에 혼란을 초래하고 주제의 통일성을 훼손시킬 수도 있다. 그러나 한편으론 수많은 인물들이 등장하고 다양한 사건이 혼재되어 전개되는 역사서의 서술 방법적 특성을 한정된 시의 틀 속에 체현(體現)시킬 수 있는 효과적인 방편이 될 수도 있을 것이다. 그러나 이 모든 것들은 가정일 뿐 우선 작품을 통해 그 실상을 정확히 파악하는 것이 필요하다.

히스기야는 옷을 찢으며 말하네
엘리야김, 셉나, 제사장은 명심하여라

예언자 이사야에게 보내 물어 보니
고난, 비난, 수치의 시기라고 하네

해산할 때가 되어도 힘이 없어서
아이를 낳지 못하는 산모처럼
랍사게는 주를 조롱한 죄로 죽으리니
두려워 말고 주만 바라보아라

통치권자이며 창조주이신 주여!
악한 자의 손에서 구원하소서
주께서 들으신 산헤립의 망언
예루살렘을 공격하지 못하리라

아침에 보니 앗시리아 군사
18만 5천 명이 주검이 되었구나
산헤립이 니스록 묘에 절할 때
아들들이 아버지를 칼로 죽이네

—「왕하19장 히스기야의 기도」, 전문

앗시리아의 침략으로 국가적 위기 상황에 처하자 히스기야 왕이 통절히 기도하며, 이사야 선지자에게도 기도를 요청하는 모습이 진지하게 그려지고 있다. 1연은 위기에 처한 히스기야가 엘리야김, 셉나, 제사장 등을 이사야 선지자에게 보내 이스라엘의 앞날에 대해 물어보고, 이스라엘을 위해 기도를 요청하는 장면이다. 2행의 "~명심하여라"고 하는 히스기야의 직접적인 명령형 동사에서 알 수 있듯이 1연2행의 시점은 주인공인 히스기야 왕의 1인칭 주관적 시점이다. 이에 반해 1행과 3,4행은 "~말하네", "~보니", "~하네" 의 종결어미가 보여주듯이 3인칭 전지적 시점이 사용되고 있다. 이럴 경우 화자는 시공간의 제약을 받지 않고 전지전능한 관점을 취할 수 있다. 2연은 이

사야 선지자가 그를 찾아간 엘리야김, 셉나, 제사장 등 히스기야의 신복들에게 "랍사게는 주를 조롱한 죄로 죽으리니/두려워 말고 주만 바라보아라"라고 하나님의 말씀을 대언하는 장면이다. 여기서도 "~주만 바라 보아라"라는 명령조의 이사야의 말에서 알 수 있듯이 등장인물 중 하나인 이사야의 1인칭 주관적 시점이 작용되고 있다. 3연은 다시 이사야가 전하는 하나님의 말씀을 들은 히스기야의 기도로, "주여!", "~하소서", "못하리라" 등의 호격 및 탄원 동사를 통해 히스기야 자신의 주관적 시점이 사용되고 있음을 볼 수 있다. 4연은 하나님께서 히스기야 왕에게 하신 약속의 말씀, 즉 앗시리아 군의 전멸과 산헤립의 죽음을 예언한 말씀이 성취되는 장면으로 3인칭 전지적인 시점이 사용되고 있다.

로우즈(Rhoads)와 미치(Michi)는 『이야기로써의 마가복음』에서, 3인칭 전지적 작가 시점이 사용될 경우 화자는 사건 속에 나오는 작중 인물이 아니기 때문에 3인칭으로 말하고 있으며, 이야기 전달행위에서 시간이나 공간의 제약을 받지 않는다고 말한다. 전지적 작가 시점의 화자는 행위들을 '상세히 이야기하기' 위해 모든 장면에 보이지 않게 존재하는 인물로 암시되며, 모든 인물들의 사상과 감정, 또는 감각적 경험들을 서술함으로써 완전한 전지성을 나타내기도 한다. 또 그는 가끔 사건기술에서 벗어나 관습을 설명하거나 단어의 의미를 번역해 주거나, 사건에 논평함으로써 직접 독자에게 방백으로 말할 뿐만 아니라, 지배적인 이념의 관점으로 사건을 전달하기도 한다.

이렇듯 1연에서는 화자의 관찰자 시점과 주인공인 히스기야의 주관적 시점이 사용되고 있으며, 2연은 이사야 선지자의 주관적 시점, 3연은 히스기야의 주관적 시점, 4연은 다시 1연과 같은 3인칭 전지적 시점이 사용되고 있다. 이야기의 맥락에 따라, 등장인물들이 처한 상황에 따라 시점이 수시로 바뀌고 있다. 이에 따라 이야기가 전개되는 배경이나 인물들의 행동이나 대화도 한 군데 머무르지 않고 수시로 변화하고 있다. 이로 인해 이야기는 정적으로 평온하게 전개되기보다는 긴박하고 역동적으로 전개되고 있다. 이야기를 읽는 우리의 상상력도 폭과 깊이가 더해져서 이야기에 대한 기대감과 호기심을 더욱 느끼게 된다. 그러한 모티브는 우리를 이야기 속에 더욱 빠져들게 하고 등장인물들과 함께 호흡하고 대화를 나누는 등 구체적인 감각적 체험으로 이야기를 감상하게 된다. 이와 같은 과정 속에서 우리는 성경 속의 진리와 하나님 말씀을 자연스럽게 좀 더 쉽고 재미있게 섭취할 수 있게 된다.

이러한 역동적, 입체적 성경읽기 방법에 기여하는 또 다른 중요한 문학적 장치는 이 시집의 모든 작품들에서 일관되게 사용되고 있는 현재시제이다. 역사서의 시대, 사회적인 배경은 물론 역사서에서 다뤄지고 있는 역사적 사실들과 함께 등장인물들과 사건들은 이미 지나간 과거에 일어났던 일들이지만, 저자는 『성경서사시』의 시 작품들에서 처음부터 끝까지 현재시제를 사용하고 있다. 이러한 현재시제의 사용은 독자들로 하여금 서사시들 속의 이야기가 먼 과거의 이야기가 아니고 현재 여기서 벌어지고 있는 일이라는 생각을 가지게 한다. 그래서 지금 시를 읽고 있는 나 자신과 불가분의 관계를 가지고 있는 이야기로 느끼게 한다. 따라서 역사 속에 섭리하시는 하나님의 모습이 성경 역사서 속에 피상적인 지식으로 기록되어 있는 것이 아니고, 현재 내가 위치하고 있는 시공간에서도 그대로 체현되고 있다는 생각을 갖게 한다. 즉, 역사 속에 살아계시는 하나님을 현실 속에서 경험적으로 만나게 한다.

> 나이 많은 여호수아는 마지막 때에
> 죽음을 앞두고 고별 설교를 하네

복 받는 길이라는 설교 주제에
모두 귀를 기울이네

신실하신 주께서 이 땅을 주셨으니
정성을 다하여 주의 말씀을 지켜라
오직 주만 사랑하고 계명을 지키면
아름다운 이 땅에서 오래도록 살리라

이것만은 잊지 말고 마음에 새겨라
주를 떠나 이방 우상을 섬기면
올무가 되고 덫과 채찍이 되어
모두를 망하게 하니 주만 섬겨라

여호수아의 고별 설교 눈물겹구나
시작도 주 하나님, 마지막도 주 하나님
주 하나님 말씀대로 모두 이루어지니
언약을 지키며 오직 주만 섬겨라

— 「수23장 여호수아의 고별사」, 전문

이 장과 이어지는 24장의 시편들은 여호수아서의 결론부분으로서, 시의 내용은 죽음을 앞둔 여호수아의 고별설교로 구성된다. 설교를 듣는 청중들은 이스라엘의 '장로들과 수령들과 재판장들과 관리 등 지도자들'을 비롯한 백성들이었지만 시 · 공간을 뛰어 넘어 현재, 성경에서 여호수아서를 읽는 사람의 마음도 움직이는 설교이다. 이는 물론 성경의 내용면에서도 그렇지만, 그 내용을 전달하는 한 방법으로써의 현재시제의 사용에서도 비롯된다. [마지막이었던 때]→ "마지막 때에", [설교를 했었네]→ "설교를 하네", [기울였네]→ "기울이네", [계명을 지켰다면]→"계명을 지키면", [우상을 섬겼다면]→"우상을 섬기면" 등에서 보는 바와 같이 시 작품의 시제상 [과거]로 표현되어야

할 시간이 "현재"와 같은 시간으로 표현된 것이 그 예이다. 그런 결과 이미 수 천 년 전에 죽은 여호수아가 지금 여기에 살아서 시를 읽는 우리들에게 고별 설교를 하는 듯한 느낌을 주고 있다. 그래서 이방 우상을 섬기지 않고 하나님과의 언약만을 충실하게 지키면 모두 이루어진다는 것은, 단지 과거의 잊혀 진 약속이 아니고 영원불변하는 진리의 말씀이 되는 것이고, 또 오늘날의 독자들에게 그것을 지킬 가치와 당위성을 부여해 주고 있다. 한마디로 시집 『성경서사시』의 역사는 지나간 과거 사실의 기록이 아니고 현재 일어나고 있는 진행형의 역사이다.

4. 이야기의 갈등구조와 주제

1)플롯과 갈등

스토리가 사건을 단순히 시간에 따라 일어나는 순서대로 나열한 것이라면, 플롯은 스토리에 나타나는 인과관계와 연대기적 순서를 '특정한 미학적 목적'을 위해서 교란 · 해체하고 재구성하는 것을 말한다. 스토리는 문학작품의 질료이지 그 자체가 문학이라 할 수 없다. 원료인 스토리를 새롭고 낯설게 만들기 위해서 배열하고 재구성한 것이 플롯이다. 이런 점에서 러시아의 형식주의자인 쉬클로프스키는 스토리를 '플롯의 구성을 위한 원료'에 불과하다고 말하고 있다. 말하자면 스토리와 플롯 중 '문학적인 것'은 오로지 플롯뿐이다. 스토리는 플롯의 외피를 입는 순간, 그것은 매우 새롭고도 충격적인 서사로 변모한다. 결론적으로 플롯이야말로 전적으로 '예술적인 창조물'이다.

라이컨(Leland Ryken)에 의하면, 플롯은 '대체로 어떠한 해결을 향해 움직여 나가는 하나의 갈등 혹은 일련의 갈등'에 의해 추진된다.

따라서 갈등은 당연히 결말에 대한 관심을 야기 시킨다. 그래서 스토리의 시작은 작품의 도입부에서 갈등의 소개와 더불어 중간단계를 거쳐 갈등이 궁극적으로 해결되는 결말로 나아가도록 전개된다.

성경 전반에 걸쳐 나타나는 갈등의 종류에는 물리적 갈등을 비롯해서 인물들 간의 갈등과 도덕적 혹은 영적인 갈등 등이 있다. 물리적 갈등은 등장인물이 재난과 같은 물리적인 역경이나 위험을 대항해서 생존하려고 하는 갈등이며, 인물들 간의 갈등은 성경에 등장하는 인물들 간에 벌어지는 커다란 갈등(충돌)을 말한다. 마지막으로 도덕적 혹은 영적인 갈등은 주로 도덕적이거나 영적인 갈등으로 주로 한 인물의 삶에서 나타나는데, 겟세마네 동산에서 번민하는 예수님의 내적 갈등의 과정이 그 대표적인 예이다.

지금까지 『성경서사시』에 대한 서사적 접근 방법의 하나로 플롯에 관해 개략적으로 살펴보았다. 이제 그러한 논의를 바탕으로 해서 이 시집의 실제 작품을 통해서 그 방법적 유효성과 타당성에 대해 짚어보고자 한다.

아합이 길르앗라못 공격을 놓고
예언자들을 불러 물을 때
거짓 예언자들은 승리한다 하고
미가야는 왕의 전사를 예언하네

길르앗라못을 공격할 때
아합은 변장하고 갔지만
적군의 화살에 맞아
피 흘리다 저녁 무렵에 죽네

아사의 아들 여호사밧이
예루살렘에서 25년 통치할 때

이스라엘과 평화롭게 지내며
주께서 보시기에 옳은 일 하네

유다 왕 여호사밧 17년에
아하시야가 이스라엘 왕이 되어
아버지 아합처럼 바알 신을 섬겨
주께서 크게 진노하시네

—「왕상22장 아합 왕의 죽음」, 전문

이 서사시의 플롯을 이해하기 위해서는 우선 스토리 속에 등장하는 작중인물들 간의 갈등을 추적하는 것이 필요하다. 위의 인용 시 왕상22장에는 적어도 세 개 갈등이 일어난다. 그 첫 번째 갈등은 물리적 갈등으로 이스라엘과 시리아간의 전쟁이다. 지금까지의 왕상의 시편들은 하나같이 이스라엘이 남북으로 분열된 후, 두 왕국이 계속 적대 관계를 유지하며 전쟁을 벌이는 모습을 보여 주고 있지만, 여기서는 3연3행이 보여주듯이 남북 왕국이 평화롭게 지내며 동맹을 맺고 함께 이방 땅인 시리아를 공격하는 모습을 묘사하고 있다. 1연1행 "길르앗라못 공격을 놓고"는 바로 남북 왕국과 시리아와의 전쟁을 예고하는데, 문맥상 전쟁을 앞두고 어떤 갈등이 존재하고 있음을 암시한다. "길르앗라못"은 이 시의 지리적 배경으로 원래는 이스라엘 땅이었지만, 시리아에 빼앗긴 상태이다. 지금 이스라엘 왕 아합은 유다 왕 여호사밧과 함께 그 땅을 다시 회복하기 위해 전쟁을 벌이려 하고 있다. 그러나 여호사밧은 출전에 앞서 여호와의 뜻을 알아보자고 아합에게 제의한다. 시의 1연1행에서 "아합이 길르앗라못 공격을 놓고"라는 구절의 문맥에는 여호사밧의 제안으로 갈등이 잉태되는 원인사건인, "하나님의 뜻에 대한 첫 번째 질문"이 내포되어 있다. 이어서 1연 2~4행에 걸쳐 갈등이 본격적으로 표면화되는데, 전쟁의 필연성을 증명하기 위해 400명의 예언자들을 불러 모으는 아합과 이들 예언자들 외에 다른 예언자의 말을 듣길 원하는 여호사밧과의 첫 번째의 갈등이 전개된다. 여호사밧이 아합에게 정말로 성전(聖戰)의 예언을 받았는지 물을 때 이야기의 첫 번째 갈등은 고조된다. 유다 왕 여호사밧은 미가야 선지자로부터 진실된 하나님의 말씀을 들을 때까지 계속해서 하나님의 뜻을 확인해야 한다고 주장한다. 그러나 두 왕들 사이의 갈등은 근본적으로 해결되지 않는다. 끝내 아합과 여호사밧이 하나님의 뜻을 무시하고 전쟁에 돌입할 때, 긴장은 더욱 가파르게 상승한다. 두 번째 갈등은 1연 3~4행에서와 같이 참예언자 미가야와 거짓예언자 시드기아 사이의 갈등에서 그 최고조에 달한다. 두 번째 갈등의 중심인물은 모든 거짓 선지자들을 대표하며 아합왕 편인 시드기아 선지자와 여호사밧왕 편으로 여호와의 선택된 사자(使者)를 대표하는 미가야 선지자이다.

세 번째 갈등은 시의 핵심 갈등으로서 북이스라엘 왕 아합과 참선지자 미가야 사이의 갈등이다. 아합은 그의 통치에 관한 이전 이야기에서와 마찬가지로 하나님에 대한 신앙을 저버린 사람들을 대표하는 인물이다. 물론, 미가야는 이와 반대로 하나님을 대신하는 선지자이다. 그러므로 아합과 미가야 사이의 갈등은 궁극적으로 이스라엘 왕 아합과 하나님 사이의 갈등인 셈이다. 아합은 그의 전사를 예언하는 미가야를 옥에 가두고 용포(龍袍)를 벗고, 2연 3~4행에서와 같이 일반병사로 변장하여 전장에 스스로 뛰어들음으로써 하나님의 뜻에 끝까지 저항한다.

2연에서 적군이 우연히 쏜 화살에 맞아 결국 아합이 죽게 될 때, 플롯의 갈등은 해결점을 맞게 된다. 아합의 죽음으로 갈등의 근원이 해결되고 시리아와의 전쟁도 끝난다. 미가야의 예언을 무시하고 일반병사의 모습으로 변장하면서까지 전쟁에 참여한 아합은 결국 미가야의 예언대로 죽게 되지만, 비참한 아합의 죽음은 나봇의 포도원 사건 등에서 하나님께서 경고하셨던 저주의 성취이기도 하다. 이 이야기에서 명백한 해결을 가지는 유일한 갈등은 아합과 하나님 사이의 갈등뿐이다. 화자는 시리아와의 전쟁결과에 대해 독자에게 정보를 전해주는 것에 대해서는 관심이 없다. 더욱이 독자는 참 선지자인 미가야가 감옥으로 끌려간 후 그가 어떻게 되었는지에 대해서 아무 것도 듣지 못한다. 다만 독자는 미가야가 거짓 선지자 시드기야와의 갈등에서 결국 승리를 거두었다고 추론해 낼 수 있을 뿐이다.

위에서 살펴본 것처럼 이 작품에는 여러 가지 갈등들이 존재하지만, 아합과 하나님 사이의 갈등이 핵심갈등이다. 핵심 갈등을 통해서 작품의 주제가 극적으로 나타난다. 결국 이 서사시에서 화자가 플롯을 통해 전달하고자 하는 궁극적인 주제는, 아합에게 구현되고 있는 악(여기서 그 악은 여호와의 법과 그의 뜻에 대한 불순종으로 정의될 수 있다)을 본받지 말라는 교훈이다. 이 시집의 저자 김영진 시인은 인용 시를 통해 역사적 사실을 단지 지나간 한 시기의 이야기로만이 아닌, 그 속에 항상 살아계셔서 역사하시는 하나님의 섭리로 받아들여야 된다는 사실을 우리에게 드라마틱하게 환기시키고 있다.

이러한 교훈은 시의 후반부인 3연과 4연의 대조적인 두 왕의 갈등적 성격을 통해서 다시 강조되고 있다. 3연의 남왕국의 여호사밧의 성격적 특성은 아합 왕과는 대조적이다. 여호사밧은 부왕인 아사가 시작한 종교 개혁운동을 계속 실시했으며 이스라엘의 경제적 부흥을 위해 노력한 선한 왕이다. 이에 반해 4연에 등장하는 북왕국의 아하시야는 전사한 아합 왕의 아들로, 그이 아버지처럼 바알 신을 섬기는 등 하나님을 진노케 하는 악한 왕이다. 아버지인 아합 왕의 뒤를 이어 아하시야 왕 역시 이방 신인 바알 신을 숭배함으로서 야기되는 하나님과의 갈등이 이스라엘 역사 속에서 더욱 심화되어 가고 있음을 볼 수 있다. 바로 앞서 간 시대의 역사에서 교훈을 얻지 못하는 아하시야 왕, 더 나아가서 이스라엘 백성들의 완악한 모습을 볼 수 있다. 그러나 이러한 인간의 모습은 비단 아하시야 왕과 이스라엘 백성들에게만 아니고, 아담 이후의 모든 인간과 역사에 해당되는 모습이다. 역사서의 『성경서사시』의 시 작품들은 바로 이러한 인간과 역사를 '지금 여기'에 시적 감동으로 조명해 준다.

2)핵심모티프와 주제의 통일성

러시아의 형식주의자들 중 한 사람인 토마쉐프스키(Boris Tomachevsky)는 주제(theme)는 어떤 통일성을 가지고 일정한 질서로 배열된 작은 '주제적 요소들(thematic elements)'로 구성되어 있다고 말한다. 서사를 구성하는 가장 작은 단위의 주제적 요소들을 그는 '모티프(motif)' 라고 부른다. 모티프는 문학작품 속에서 자주 반복되어 나타나는 동일한 요소로서의 사건, 공식 등의 한 형태와 유사한 낱말, 문구, 사건, 기법, 내용을 말한다. 한 작품에서 나타날 수도 있고 한 작가 또는 한 시대, 또는 한 장르에서 생길 수도 있다. 한 작품 속에서도 계속 반복되어 그것이 느껴질 정도가 되는 모든 요소는 모티프라고 할 수 있다. 한마디로 작품 속에서 이야기의 주제를 이루는 사건의 최소 단위를 모티프(motif)라고 하는데, 우리말의 '삽화(揷話)'가 이에 해당된다.

토마쉐프스키에 의하면 하나의 작품 안에는 통상 서로 다른 종류의 모티프들이 공존하는데, '필수 모티프(bound motif)'와 '자유 모티프(free motif)'가 바로 그것이다. 필수 모티프란 스토리의 전개상 빠져서는 안 될 모티프를 지칭하고, 따라서 이 모티프들은 그 중 단 한 개만 생략되더라도 스토리에 혼란이 일어난다. 그러나 문학 작품 안에는 생략되어도 스토리의 전개에 큰 무리가 되지 않는 다른 모티프들이 존재하는데, 그것을 자유 모티프라고 부른다. 인과관계로 스토리 라인을 형성하는 필수 모티프들 사이에는 등장하는 수많은 세부 묘사들이 그 한 예이다.

앞에서 우리가 살펴본 역사서 『성경서사시』의 서사시들에는 배경, 인물, 사건 등 작품의 기본적 구성요소들과 4행4연의 서사구조, 다양한 시점과 현재시제의 사용, 플롯 등 수많은 필수 모티프들이 나타난다. 그러한 모티프들 중에서도 반복적으로, 처음부터 끝까지 일관되게 거의 모든 작품 속에 나타나고 가장 핵심적인 모티프는 "주 하나님"이시다.

> 미디안이 두려운 이스라엘 백성
> 산속에 굴을 파고 숨어 살면서
> 씨 뿌려 가꾼 곡식을 빼앗기니
> 주께 눈물로 살려 달라 외치네
>
> 주께서 기드온을 사사로 부르시니
> 함께하신다는 증거를 보여 달라 하네
> 주의 사자가 지팡이 제물에 대는 순간
> 바위에서 불이 나와 태워 버리네
>
> —「삿6장 기드온의 소명」, 1,2연

> 나의 요새며 도피처인 주님은
> 고통 속에서 크게 부르짖으면
> 하늘과 땅을 진동시키시는 분
> 바다 밑바닥까지 드러내시는 분
>
> 나의 등불이며 생명인 주님은
> 어둠 속에서 빛을 찾을 때면
> 사방을 밝혀 주시는 분

영원한 피난처이며 방패이신 분
나의 구원이며 희망인 주님은
원수를 전멸시켜 달라고 하면
먼지처럼 부수어 놓으시는 분
감쪽같이 쓸어가 버리시는 분

— 「삼하22장 다윗의 감사시」, 2~4연

다리오는 이 칙령을 근거로
닷드내 총독에게 방해 말라고 하네
하나님의 성전 짓는 일을 지원하고
제물을 바칠 수 있게 도와라

주께 성전을 봉헌하네
이스라엘 백성은 기쁨에 넘쳐
제물을 바쳐 유월절 축제를 열고
성전을 섬길 레위인도 정하네

— 「스6장 성전 재건과 봉헌식」, 2,4연

대략 신정시대, 왕정시대, 회복시대의 세 시기로 구분되는 역사서 『성경서사시』에서 각각 한 편씩 인용된 시 작품들이다. 각각 다른 시기에 각기 다른 사람에 의해 씌어 진 시들이지만, 형식적, 내용적 측면에서 동일한 모티프들이 많이 등장한다. 특히 위 인용 시편들에서 눈에 띄는 모티프는 "주 하나님"이라는 시어이다. 첫 번째 인용 시 「삿6장 기드온의 소명」은 하나님과의 언약 파괴로 위기에 처한 이스라엘 백성들이 "주께 눈물로 살려 달라 외치"자 이를 들으신 하나님께서 사사 기드온을 그들을 구출할 소명자로 부르시는 장면이다. 두 번째 인용 시 「삼하22장 다윗의 감사시」는 다윗이 지나온 생을 돌이켜 보면서 하나님께 감사의 시를 지어 찬양한다. 다윗이 지난날 자신이 겪었던 온갖 환난과 역경을 되돌아보면서 쓴 시로, 자신의 오늘을 있게 하신 분은 오로지 하나님이심을 다시 한 번 깨닫고 하나님께 감사와 찬양의 노래를 부르고 있다. 사울왕의 집요한 추적과 이방 민족들과의 전쟁에서 맞았던 수많은 죽을 고비에서 구원받을 수 있었던 것은 오직 하나님의 은혜라고 찬양하고 있다. 세 번째 인용 시 「스6장 성전 재건과 봉헌식」은, 앗시리아의 포로 생활에서 풀려나 예루살렘으로 돌아온 이스라엘 백성들의 무너진 성전복구 공사가 사마리아인들의 집요한 방해에도 불구하고 예전의 고레스 칙령과 다리오의 도움으로 마침내 완공되는 모습이다. 이러한 도움은 궁극적으로 하나님으로부터 온 것으로, 시작한지 20년 만에 성전이 완공되자 이스라엘 백성들은 최선을 다해 봉헌식을 거행하고 하나님께 감사의 희생 제사를 드린다.

앞 장에서 살펴본 것처럼 핵심 모티프는 플롯의 정점에서 핵심 갈등과 함께 나타나고, 그 갈등의 해결방향에 따라 주제가 결정된다. 인용 시 「왕상22장 아합왕의 죽음」에서 아합과 하나님과의 갈등에서 최종적으로 주인공이신 하나님이 승리함으로써 여호와의 법과 그 뜻에 순종해야만 한다는 주제를 형성하게 되는 모습이 바로 그것이다. 이러한 모습은 바로 앞에서 든 세 편의 인용 시에서도 동일하게 나타나고 있다. 이들 시에서는 지도자들을 비롯한 이스라엘 백성들이 어떠한 어려움과 고통 속에 빠지게 될 때 하나님께 부르짖으며 구원을 요청하면, 하나님께서는 이들의 부르짖음에 응답하셔서 그들의 어려움과 고통을 해결해 주신다. 따라서 그들은 어떠한 이방신도 섬기지 말고 항상 하나님의 이러하신 구원에 감사와 찬양을 드려야 하고, 그 분만을 섬기고 순종해야만 한다는 주제가 자동적으로 형성된다. 이러한 주제는 역사서 『성경서사시』의 "주 하나님" 모티프의 249편의 대부분의 서사시들에 나타나고 있으며, 이는 시집 속의 모든 서사시들이 각기 분리된 단편적인 이야기로 머물지 않고 한 편의 웅장한 서사시로서 존재할 수 있는 통일성의 근거를 제시해 준다.

5. 시적 정의(Poetical Justice)와 신명기적 정의(Deuteronomic Justice)

문학에서 '시적 정의'란 어떤 의미인가? '정의'라는 단어 앞에 다양한 수식어가 부가되어 법적 정의나 사회적 정의, 경제적 정의 등으로 사용될 수 있는데, 문학에서도 이러한 정의의 개념들과 같이 수식어 '시적'이라는 말을 첨가하여 '시적 정의'라는 말이 사용되고 있다. 단어의 뉘앙스나 개념상 사회학적으로 더 친밀하기 때문에 이 말이 문학적으로 사용되는 것에 조금은 낯설어지기도 한다. 그러나 문학사에서 '시적 정의'라는 용어가 맨 처음으로 사용된 것은 상당히 오래전부터이다. 17세기 영국의 극 평론가인 토마스 라이머(Thomas Rymer)는 그의 저서 「지난 세기의 비극들을 돌아보며」(The Tragedies of the Last Age Considered, 1678)에서 처음으로 이 말을 사용했다. 그는 예술작품은 관객에게 적절한 도덕적 교훈을 줄 수 있어야 한다고 주장하면서 '시적 정의'라는 용어를 처음으로 사용했다. 관객으로 하여금 예술작품을 통해, 선(善)이 궁극에는 악(惡)을 누르고 승리한다는 사실을 알게 함으로써 극장 밖에서도 도덕적으로 행동할 수 있도록 이끄는 것이 예술 또는 연극이 해야 할 일이라는 것이다. 이는 아리스토텔레스가 시학에서 주장하고 있는 문학의 두 가지 기능 중 교훈적 기능에 그 맥이 닿아 있다. 이렇게 볼 때 '시적 정의'라는 말은 우리가 알든 모르든 이미 오래전부터 문학에서 보편화된 문학적 용어라고 할 수 있다. 무엇보다도 성경의 많은 이야기들 속에서 그것을 확인할 수 있다.

성경에 등장하는 이야기들에는 '시적 정의'에 대한 스토리가 많이 등장한다. 그것은 한마디로 권선징악이나 인과응보로 선한 사람은 보상을 받고 악한 사람은 벌을 받는다는 이야기의 상황을 말한다. 소년 영웅 다윗이 승리하고 하나님을 모독했던 거인 골리앗은 목 베임을 당한다. 악당 하만은 모르드개를 매달려고 준비한 장대에 자기가 매달리게 되는가 하면, 모르드개는 높은 지위에 오르는 행운을 누린다. 욥은 재산을 다시 얻게 되고 그를 괴롭게 하던 그의 친구들은 책망을 받으며 사탄은 완전히 패배하여 종적을 감춘다. 특히, 이스라엘 백성들이 출애굽하여 가나안 땅에 국가를 세우기 시작하는 성경 역사서에서의 왕들의 통치 행적에는 이러한 시적 정의와 관련된 이야기들로 가득하다. 하나님 말씀에 따라 선정을 베푼 왕들은 부국강병을 이루는 보상을 받고, 하나님의 말씀을 따르지 않는 왕들은 나라가 멸망하고 왕 자신의 죽음으로 보응을 받았다.

하만이 모르드개를 매달기 위해
왕의 허락을 받으러 오지만
모르드개에게 영예를 베풀라고
아하수에로는 하만에게 명령하네

왕의 옷, 왕의 말, 왕관으로
하만은 모르드개를 크게 높이네
도성의 거리 행진을 마친 하만은
고개를 푹 떨군 채 집으로 가네

— 「에6장 추앙받는 모르드개」, 3,4연

대체 그런 흉계를 누가 꾸몄소
우리의 원수는 하만이에요
이 말에 하만은 벌벌 떨고
화난 아하수에로는 뜰로 나가네

왕후 앞에 하만이 엎드려 있는 걸
아하수에로가 돌아오면서 보고는
하만의 얼굴을 감싼 채 끌어내어
모르드개 대신 장대에 매다네

—「에7장 하만의 몰락」, 3,4연

위의 두 편의 인용 시의 배경은 아하수에르 왕의 심복인 하만이 평소 못마땅해 하던 유대인 모르드개를 죽이고 이를 빌미로 유대인들을 전부 몰살시키기 위해서 음모를 꾸미는 장면이다. 하만은 음모를 실행하기 위해 모르드개를 목매달아 죽일 장대를 세우고, 마지막으로 아하수에르 왕의 허락을 받기 위해 왕궁으로 들어간다. 그러나 첫 번째 인용 시에서는 선한 인물인 모르드개와 악한 인물인 하만 사이의 갈등이 최고조에 달하는데, 왕의 뜻밖의 명령으로 두 인물이 처한 상황이 순식간에 역전된다. 하만의 음모와는 정반대로 모르드개가 "왕의 옷, 왕의 말, 왕관으로" 영광을 받게 되고 하만은 모르드개가 탄 말을 끄는 마부의 신세로 전락한다. 두 번째 인용 시에서 모르드개와 하만 사이의 정점으로 향하던 갈등은 하만이 대신 장대에 매달려 죽음으로써 해결된다. 이러한 결말에서 우리는 선한 자와 악한 자가 그 행한 대로 복을 받거나 벌을 받는 인과응보와 권선징악의 시적 정의가 성취되는 모습을 목격할 수 있다. 그러나 한편으론, 에스더기 이야기의 전체적인 맥락에서 보면, 이러한 극적인 결말 뒤에는 하나님의 도우심이 있었음을 알 수 있다. 표면적인 이야기와는 달리 이야기에는 직접 나타나지 않으셨지만, 선민 유대인을 하만의 대학살 계획으로부터 구출하시고자 하는 하나님의 손길이 보이지 않게 작용하고 있었던 것이다. 여기서 우리는 이야기의 대단원의 해결을 단지 인간적인 관점의 시적 정의의 성취로 볼 수 없는 모티브가 발생하고 있음을 알 수 있다. 그러한 모습을 다음 인용 시를 통해 더욱 뚜렷하게 확인할 수 있다.

이스라엘은 바알 우상을 섬기고
8년 동안 이방 왕의 지배를 받네
회개할 때 사사 옷니엘을 통해
주께서 40년의 평화를 주시네

또다시 주를 떠난 이스라엘은
18년 동안 모압 왕의 압제를 받네
회개할 때 왼손잡이 에훗을 통해
주께서 80년의 평화를 주시네

에훗이 죽자 다른 사사를 세우시네
아낫의 아들인 사사 삼갈은
소를 모는 막대기 하나로
블레셋 사람 6백 명을 쳐부수네

— 「삿3장 사사들을 세우시고」, 2~4연

하나님께서는 이스라엘 백성들이 가나안 땅에 들어가게 되면 그곳에 사는 이방 민족을 진멸하라고 명령하셨으나, 2연 1행에서와 같이 하나님의 명령을 따르지 않고 몇몇 이방민족을 살려두고 오히려 이방신인 바알 우상을 섬기게 된다. 이에 하나님은 진노하시고 이스라엘은 2행과 같이 이방 왕의 압제를 받는 벌을 받는다. 결국 이스라엘이 하나님께 잘못을 회개하고 도움을 구하자, 하나님은 사사 옷니엘을 보내셔서 그들을 구원하신다. 그러나 2연에서와 같이 40년이 지나면서 그들이 또 다시 주를 떠나자 진노하신 하나님은 그들을 18년 동안 이방 민족인 모압 왕의 압제하에 두신다. 그러자 이번에도 이스라엘 백성들은 회개하며 하나님의 구원을 부르짖는다. 그러자 하나님께서는 사사 에훗을 보내셔서 또 다시 그들을 구출하신다. 4연에서도 등장인물만 바뀔 뿐 동일한 스토리가 반복적으로 계속된다. 이러한 이야기 구조를 신명기적 이야기 순환구조라고 말하고 있다. 앞의 인용 시에 등장하는 사사들 이야기에서 보듯, 이들 이야기의 기본적인 문학 형식은 서언, 반복되는 배교, 압박, 곤경, 구원, 결론으로 구성된다.

이들 스토리에서는 하나님을 버린 이스라엘 백성들이 사악한 무리들이고 그들을 죽음으로부터 구원하신 하나님은 선한 인물이다. 따라서 인물들 간의 갈등은 궁극적으로 이스라엘 백성들과 하나님 사이의 대립과 갈등이다. 이는 달리 말하면 전지전능한 신과 유한한 존재인 인간 사이의 불평등한 갈등으로 본질적으로는 갈등관계라기보다는 종속관계이다. 갈등이란 인격적인 면에서 대등한 위치에서 발생하는 것이지만, 하나님과 인간의 관계는 근본적으로 불평등하기 때문에 원래부터 갈등이란 존재하지 않는다. 오직 주종관계만이 있을 뿐이며, 따라서 인간은 주인이신 하나님의 말씀에 순종하고 따라야만 한다. 그럴 때에만 둘 사이의 관계는 갈등이 발생하지 않고 평화가 유지된다. 만일 갈등이 발생하여 평화가 깨진다면, 그 갈등의 해결은 항상 인간의 자기 자신의 잘못에 대한 반성 즉, 회개가 선행되어야만 한다. 이럴 때 주인이신 하나님께서 개입하셔서 그 갈등을 일방적으로 해결해 주신다. 이렇게 볼 때 여기서의 갈등의 해결을 단순히 일반문학 작품에서의 '시적 정의'의 실현으로 간주할 수 없다는 사실을 볼 수 있다. 굳이 구별하자면 오히려 '신명기적 정의'의 실현이라는 표현이 적합할 수도 있을 것이다.

김영진 시인의 역사서 『성경서사시』의 대부분의 시 작품들은 이러한 신명기적 순환구조 속에 있다. 역사서가 전개되는 시대, 사회적 배경이나 등장인물, 사건 등은 다를지라도 그 전개되는 이야기들은 한결같이 사필귀정, 인과응보, 권선징악적인 패러다임을 가지고 있다. 이는 바로 앞장에서 살펴본 시적 정의의 기본개념과 일치되는 모습이다. 그러나 이는 문자적 의미에서 그런 것일 뿐 이야기의 배경이나 목적, 등장인물들의 캐릭터, 갈등관계나 그 갈등의 해결 방법 등의 맥락에서 보면 전혀 다르다.

일반 문학 속에서의 '시적 정의'는 권선징악 또는 인과응보의 허구적 실현을 일컫는 용어로 현실에서는 늘 실현되지 못하는 희구의 대상으로 나타나게 된다. 그러나 성경에서의 시적 정의는 최고의 이념으로서, 인간사회에 시대와 장소를 불문하고 필수적으로 요구되는 당위적 요청이라 할 수 있다. 일반문학에 적용되는 시적 정의가 인간적이고 세속적인 수준의 개념이라면, 성경의 신명기적 순환 이야기 맥락위에 있는 『성경서사시』의 작품들에서의 '신명기적 정의'는 전적으로 하나님의 관점과 신앙적 차원의 개념이다. 일반문학에서의 시적 정의는 화자의 사상이나 시적 의도가 자의적으로 반영되는 개념이라면, 성경 이야기에서의 시적 정의는 하나님의 뜻과 의지가 구속적으로 반영되는 개념이다. 그것은 선택적, 자의적인 것이 아니고 명제적이고 당위적인 것이다. 작품 속의 등장인물들은 물론 시를 읽는 독자들도 반드시 따르고 수행해야만 하는 강제적인 율법이다. 따라서 여기서의 시적 정의는 '하나님의 공의'라고 부르는 것이 타당할 것이다. 시 작품들 속에서 '하나님의 공의(公義)'는 "~해라"의 명령이나 "~하지마라"의 금지의 명령으로 표현되고 있다. 그러한 명령의 핵심내용은 이방신인 우상을 섬기지 말고 오직 하나님만을 섬기고 그 말씀에 순종할 때 축복과 은혜를 받고, 이와 반대로 하나님을 거역하거나 저버리면 저주를 받고 멸망하게 된다는 것이다.

역사서 『성경서사시』에는 이스라엘의 신정기와 왕정시대를 거쳐 포로생활 이후의 회복기의 역사를 통해서 이러한 하나님의 공의가 성취되는 모습을 지속적으로 보여주고 있다. 이러한 작업은 물론 일반 문학에서의 시적 정의를 실현시키기 위한 문학적 전략과 장치들을 통해서 이뤄지고 있다. 따라서 우리는 시 작품들을 통해서 단순히 이스라엘의 과거의 역사적 사실들만을 피상적으로 접하는 것이 아니라, 하나님께서 공의를 실현하시기 위해서 역사에 직접 개입하시고 통치하시는 모습을 구체적이고 생생한 문학적 체험으로 보고 듣고 느낄 수 있다. 시 작품을 읽는 '나' 자신이 역사 속의 한 인물이 되어 다른 등장인물들과 함께 웃고, 울며, 대화하고 행동하는 참여자가 된다. 흥미롭고 적극적인 독서를 통해 초신자와 일반독자의 '시적 정의'는 신실한 신앙인의 '신명기적 정의' 성취로 상승 발전해 나갈 수 있을 것이다.

김태규론

서정과 고난 받는 예수상(像)의 미적 승화

김태규 시인의 두 번째 시집인 『영혼의 무지개』에는 50여 편에 육박하는 시 작품들이, 제1부 「서정의 길목」, 제2부 「믿음의 샘물」, 제3부 「실향민」 등 3부로 나뉘어 묶여 있다. 시집의 머리말에서 "내용의 성격에 따라 한 것"이라고 시인 스스로 밝히고 있는 것처럼 각 부분별로 시적 제재나 방법상의 특징이 조금씩 다르게 나타나고 있다.

제1부에서는 주로 자연을 매개로 서정적 자아의 순수서정을 압축된 시어와 감각적 이미지, 객관적 묘사 등, 모더니즘적 방법을 통해 개성적으로 표현하고 있다. 제2부는 일종의 신앙시편으로 우리가 지금까지 흔히 볼 수 있었던 성경풀이식의 직설적, 이념적인 여타의 시인들의 신앙시의 범주를 뛰어넘어 주제의 형상화를 통해 일정수준의 미학적 성취를 보여 주고 있다. 반면에 제3부에 오면 실향민으로서 시인 자신의 자전적 체험을 격정적인 감정과 생각을 단호하고 엄격한 시적 톤과 서사적 방법으로 노래하고 있다.

그러나 이러한 개략적 검토에서 드러나는 각 분분의 시적 특징에도 불구하고, 이 시집의 저자인 김태규 시인은 오랫동안 목회활동을 해 온 원로목사이고, 또 이 시집의 제목 『영혼의 무지개』가 암시하듯 이 시집 속에 실려 있는 대부분의 시 작품들의 근본적인 에너지는 기독교 정신이랄 수 있다. 이제 각 항목별로 드러나는 특징들을 작품을 통해 구체적으로 살펴보자.

1. 절제와 순수의 미학

동서양을 비롯해서 전통적으로 시의 제1의 특성으로 '정서와 상상'을 꼽는 것에서 볼 수 있듯이 시에서 정서 즉, 감정은 본질적이고도 중요한 요소이다. 정서란 다름 아닌 어떤 시적 대상이나 사건, 상황을 접했을 때, 시인의 감각 지각 작용을 통해 내면의 심리세계에 일어나는 미묘한 의식의 변화와 파장을 의미한다. 간단히 말해 시적 주체가 주관적으로 느끼는 감정을 의미하는 것으로, 그 감정이 격정적으로 그대로 외부에 노출될 때 그것은 주정적인 낭만시가 되기 쉽고, 엄격한 통제와 내면적인 미적 경로(aesthetic process)를 통과한 후 객관적 상관물을 통해 형상적으로 표현될 때 그것은 보다 예술적이고 기교적이며 지적인 이미지즘, 쉬르레알리즘, 사물시 등 이른바 모더니즘시가 되기 쉽다. 이 글의 서두에서 간략하게 언급한 것처럼 김태규 시인은 우선 시적 정서 혹은 감동을 스스로 엄격하게 절제하고 그것의 표현론적 방법에 시적 중요성을 부여하는 모더니즘시로부터 이 시집을 시작하고 있다. 다시 말해 제1부의 대부분의 시 작품들은 여기에 속한다는 말이다.

해가 저물면
커피숍 〈씨-드〉를 찾는다
빨간 스카프를 두른 여인이
금새 출입문을 밀고 들어설 것만 같다.

황혼의 빛이 고운 탓인가
찻잔의 그윽한 향취에 취하고
솔베이지의 노래가
감미롭게 가슴에 와 닿는다
아련히 꿈을 꾸듯이
초점 잃은 동공이
불현듯 창가에 머물고
시들은 장미꽃이
쑥스럽게
웃는다.

— 「찻집에서」, 일부

마치 1930년대 모더니즘의 대가 정지용 시인의 「카페프란스」를 떠올리게 하는 이 시는 그 시적 정서가 세기말적인 우수와 감상이 주조를 이루고 있다. "황혼의 빛", "해가 저물면", "아련히 꿈을 꾸듯", "시들은 장미꽃" 등의 시구들에서 어둡고, 퇴폐적이고 음울한 단어의 뉘앙스가 느껴진다. 현실적인 삶에 대한 어떤 추구나 목적성이 없이 보헤미안의 방황과 낭만이 시적 무드를 형성하고 있다. 하지만 이러한 감정들은 시의 문면에 직접 노출되지 않고 "빨간 스카프를 두른 여인", "솔베이지의 노래", "시들은 장미꽃" 등의 객관적 상관물을 통해 감각적으로 형상화 되고 있다. 말하자면 시적 주인공의 이상향이 "빨간 스카프를 두른 여인"으로 은유화 되고 있다면, 그 이상향에의 좌절이 "시들은 장미꽃"으로 은유화 되어 표현되고 있다. 이러한 모습은 다음의 인용 시 작품에도 그대로 이어지고 있다.

돌에 깃든 사연들
비바람 할퀴고 씻기어
천만년 이끼오른 묵직한 웅좌

침묵하는 비밀은 오직 하나
산 절로 물 절로 바위도 절로
절로 앉아 만유를 지키는
하늘의 그림자

— 「바위」, 전문

시적 대상인 "바위"에 대한 시인의 어떤 감정이나 생각을 설명적으로 나열하기보다는 바위의 사물적 속성이나 특징을 묘사해서 간접적으로 시인의 감정이나 생각을 드러내고 있다. 즉, 땅위에 우뚝 자리하고 있는 "바위"를 "천만년 이끼 오른 묵직한 웅좌", "침묵하는 비밀", "하늘의 그림자" 등으로 묘사하고 있다. 이럴 경우 시인에게 "바위"는 단지 자연물의 일부가 아니라, 인내로 고난을 극복하는 인간 의지의 승리가 그 은유적인 묘사 속에 함축되어 있다. 그런데 그 바위는 "웅좌", "하늘의 그림자" 등의 은유에서 단순한 인간 의지의 승리가 아니라, 십자가에 못 박히시는 고통과 고난을 겪으시고 부활 승천하셔서 승리의 영광을 획득하신 예수님에 대한 의미로 확대 상승하고 있다. 이는 시인이자 목사이기도 한 김태규 시인의 기독교적인 자연관에 의한 바위에 대한 개성적인 인식의 결과이다. 김태규 시인은 이러한 방법으로 자신의 절제된 순수한 생각과 감정을 독자들에게 일방적으로 전달하는 것이 아니라, 시적 매개물을 통해 환기시킴으로써 시적 감동을 은근히, 그러나 강력하게 전염시키고자 한다. 이러한 그의 시적 태도나 표현방법은 극도의 예술파적 면모로, 그 시적 내용이나 사물인식이나 느낌 자체도 자연히 순수 지향성을 보이고 있다.

하늘 끝 언저리에
잎새에 얼비친 뭉게구름

찌르륵 찌르륵
가지 끝에서 교성(嬌聲)이 들린다

화사한 꽃잎 발리면
벌, 나비 꽃술을 비비는
짜리한 감촉이 향기롭다.

—「숲」, 일부

지난 밤에 심은 씨앗이
새벽 가슴에 와 피었다
잎새마다 구르는 이슬방울
하늘과 땅의 해후인가
갈피마다 촉촉이
환희가 물결친다.

—「오월에」, 일부

산자락 서리서리 물안개 퍼지니
흐르는 물소리에 다람쥐 춤추고
숲이 좋아 꽃이 피니 산새가 운다

잎사귀 이슬맺힌 높은 수목에
그윽한 풀냄새에 흰 구름 머물고
가지마다 속삭이듯 일 스치는 소리
싱그런 맑은 공기 더욱 새롭다.

—「북한산 기슭」, 일부

앞의 인용 시편들은 한결같이 인간과 현대문명의 숨결과 때가 묻지 않은 자연 자체의 순수를 노래하고 있다. 자연의 순리와 우주의 운행 원리, 생명의 신비성 등을 암시적으로 드러내고 있다. 하늘과 산, 꽃과 새, 구름과 물소리, 이슬과 풀냄새 등이 시각, 청각, 촉각을 자극해서 생명의 에너지와 조화로운 우주만물의 섭리와 신비를 느끼게 한다. 언뜻 보면 '산', '물', '꽃', '새', '풀' 등의 자연적 소재들을 나열하거나 묘사한 것처럼 보이지만, 시인의 순박한 서정의 씨줄과 날줄 속에서 그것들 각자의 형상과 소리를 유지하면서도 더욱 크고 깊은 우주와 자연의 미묘한 울림과 화음을 만들어 내고 있다.

그러니까 여기서의 자연물은 단순한 소재의 차원에 머무르지 않고 세속화된 현실을 정화시키고 인간을 구원해 줄 수 있는 어떤 성소(聖所)로 은유화 되어 있는 것이다. 이는 곧 김태규 시인의 자연관이 궁극적으로는 종교적 인식에 닿아 있음을 의미한다.

2. 기독교적 자연인식과 인간화된 신

바로 앞에서 살펴본 바와 같이 김태규 시인의 자연인식의 특징은 우선 기독교의식을 바탕으로 하고 있다는 것과 또 한 가지는 작품 속에 등장하는 모습이 상당히 인간화 되어 형상화 되고 있다는 점이다.

인적 드문 깊은 숲엔 천년 원목 숨쉬고
일월성신 비와 바람 은혜 내리시니
우람한 산세 더욱 미더워라

한낮의 뜨거움, 차거운 밤기운
번갈아 연륜처럼 쌓인 크나큰 품에
오가는 사람들의 숱한 시름을
거두어 품는 너그러운 가슴이어라.

— 「북한산 기슭」, 일부

찢어진 옷자락 사이에서
바람이 이는 밤이면

앙상히 겨울을 이겨보려는 인고(忍苦)

모든 것을 버린 빈 손이기에
이제 찾아오시는 당신의 손길을 붙잡고
베풀수록 풍만해지는 이치를
가슴 저리도록 느껴봅니다.

다시 찾아올 새순을 생각하며
오돌오돌 서 있는 모습
나의 모든 것이 당신의 것임을
깨닫는 순간
당신의 따스한 체온을 느낍니다.

— 「사계절을 위한 변주곡」, 4연

시인은 「북한산 기슭」에서 시의 전 · 중반부까지는 단지 자연의 일부로써의 자연의 아름다움이라던가, 순수함, 신비성 등을 노래하다가 시의 후반부인 위의 인용 부분에서는 이 모든 산의 위대한 모습이 결국 신의 섭리의 결과라고 결론짓고 있다. 인용 시의 1연 2행 "일월성신 비와 바람 은혜 내리시니"에서 생략된 주어가 절대자인 "산"이고, 또 마지막 2연의 시적 주인공 역시 1연에 등장하는 똑같은 "산"이라는 사실이 이것을 말해 주고 있다. 그런데 이 시 작품들에서 우리가 주목할 필요가 있는 것은 이러한 산의 모습이 의인화 되어 사람으로 형상화 되고 있다는 사실이다. 4연의 "천년 원목", "우람한 산세" 등이 신과 동격화 된 자연의 모습이라고 볼 때, 그 자연은 이미 피동적인 객체가 아니고 '숨쉬고', '미더운' 육체적 생물활동을 하는 주체, 즉 인간으로 묘사되고 있다. 2연에서의 "크나큰 품", "너그러운 가슴" 등과 같은 시구 역시 산의 모습을 인간의 형상으로 묘사하고 있음을 볼 수 있다. 그런데 이렇게 의인화된 "산"의 진정한 모습은 보편적인 인간을 넘어 '하나님'의 모습으로 귀결된다. 1연 2행의 "은혜내리시니"라는 시구와 2연 2행의 "크나큰 품", "너그러운 가슴" 의 시구는 바로 하나님의 '사랑'의 의미를 함축하고 있다. 이와 같은 산의 인간화와 절대화에 대한 인식은 이 시집의 표제이시기도 한 「영혼의 무지개」에서도 발견되고 있다.

> 물끼 있는 눈매가 고와
> 얼룩무늬 사슴처럼 마음이 고와
> 너를 사랑한다.
>
> 군중 속에 숨어
> 멀리서 나를 바라보는 너를
> 손잡을 순 없지만
> 네 숨결을 듣는다.
>
> 〈중략〉
>
> 발치에 있으면서도 마냥 멀어 보이는
> 너는,
> 내 영혼의 무지개
> 나는 너를 사랑한다.
>
> ㅡ「영혼의 무지개」, 일부

이 작품에서는 "너"는 바로 "영혼의 무지개"를 지칭하는 2인칭 대명사로, 추상화되고 관념화된 "영혼"의 모습을 "물끼가 있는 눈매", "얼룩무늬 사슴처럼" 등 인간의 모습으로 형상화시켜 가시적인 형태로 만들고 있다. 2연에서는 마치 수줍은 연인이 숨어서 시인을 응시하는 모습으로 그려지고 있다. 그런데 "너"로 분리되어 명명된 "영혼"

은 사실은 시인의 내면 속에 존재하는 자신의 것이다. 그럼에도 불구하고 시인이 이렇게 육체와 정신의 이원론적 구성체인 인간에게서 형이상학적인 "정신"을 분리 독립시켜, 육체적 자아와 병행적으로 위치시키는 이유는 무엇일까? 우리는 시의 마지막 부분 "내 영혼의 무지개/나는 너를 사랑한다."에서 그에 대한 실마리를 찾을 수 있다. 그는 인간의 영혼을 중시하는 기독교의 목사로서 자신의 영혼을 좀 더 가까이, 그리고 사실적으로 보고 대화하기 위해서 영혼에 존재적인 형태를 부여하고 있는 것이다. 이렇게 형상화 된 영혼을 통해 시인은 자신의 육의 상태를 객관적으로 살펴볼 수 있고, 또 이미지화 된 영혼을 통해 좀 더 효율적으로 하나님과 교류할 수 있다.

다시 말해서 고고한 위치에서 신비와 경외의 대상으로써 항상 현실계의 인간과는 일정한 거리를 두고 존재하는 "영혼(神)"을, 인간이 서 있는 땅위로 강림케 해서 인간의 체취와 숨결을 느끼게 하고 있다. 그래서 그의 하나님은 항상 인간의 가슴처럼 맥박이 뛰고, 따스하고 다정다감하다. 한마디로 김태규 시인의 신은 인간 모두의 가슴 속에 임재 해 있는 하나님으로, 기독교 정신의 현실적 구현은 곧, 극히 인간적인 사랑과 선의 실천에 다름 아님을 암시하고 있다.

3. 하늘과 땅의 이미지, 그리고 고난 예수상(像)

지금까지 주로 이 시집의 제1부인 「서정의 길목」편에 실려 있는 시 작품들에 나타난 시세계라든지 시의 방법적 측면에 대한 것을 살펴보았다. 이제 제2부 「믿음의 샘물」에 실려 있는 시 작품을 살펴보는 것이 당연한 순서일 것이다. 이 부분은 소제목이 암시하듯이 글자 그대로 신앙시편들이 대부분이다.

시인은 평생을 목회활동을 해 온 분으로 남다른 신앙적 체험과 믿음을 간직하고 있을 터이다. 그리고 그의 그러한 신앙적, 문학적 특징이 여기에 실려 있는 시 작품들에 그대로 투영되어 있을 것이다.

제2부에 실려 있는 신앙시편들에 나타나는 가장 핵심적이고 기본적인 신앙적, 문학적 코드는 '하늘'과 '땅'이라는 시어이다. 시의 본문은 물론이지만, 제목 자체에도 직접 '하늘'과 '땅'이라는 언어가 사용되고 있다. 그런 만큼 신앙시의 정확한 해독과 감상을 위해서 우선 하늘과 땅의 기독교적 의미를 파악 해 볼 필요가 있다.

성경에서 하늘은 자연적인 하늘과 종교적인 하늘로 나누어지는데, 자연적인 하늘은 오늘날의 소위 대기권에 해당하며 이 하늘은 통상 '궁창'(firmament) 또는 '하늘의 덮개'를 의미한다. 궁창은 하늘 위의 물과 하늘 아래의 물로 나누어지고, 하늘 위의 물은 하늘 창문이 열리면 흘러나오는 비의 저장소이다. 종교적 관점에서 본 하늘은 초자연적인 세계에 관여하고 있는 불가견적인 세계의 총체가 중심이 된 하늘로 천국을 상징한다. 히브리서에서도 하늘을 신도들을 위하여 예비한 장소, 거룩한 땅으로 예시하였으며 "하늘에 계신 우리 아버지…"로 시작되는 주기도문은 하나님이 하늘에 있다는 증거를 제시하고 있다. 즉, 종교적인 인간들에게 있어서 신앙적인 하늘은 미래의 위안처로서 그들이 가장 나중 가야 할 소망의 장소인 것이다.

이에 반해 지상, 즉 땅은 에덴과는 반대되는 지점의 공간으로 죄와 어둠에 사로잡힌 공간으로 묘사되고 있다. 다시 말해 땅은 물욕의 늪지대이며, 속임수의 수렁창이며 동굴의 어둠과 썩은 개펄의 바람이 끊임없이 부는 곳이다. 죄와 어둠과, 혼돈과 침묵과 죽음의 공간이 바로 땅이라는 것이다.

그런데 문제는 김태규 시인은 일련의 신앙시편들에서 볼 수 있듯이, 신앙인으로서 더구나 어린양들을 인도하는 목회자로서 단지 '하늘'만을 쳐다보거나 강조하고 있지 않다는 점이다. 그의 신앙시에는

'하늘'과 함께 '땅' 이 반드시 나타나고 있으며, 이것은 그의 사물인식이나 세계관, 종교관 등이 전체적이고 통합적인 모습을 보여주는 증거가 아닐 수 없다.

그의 이러한 문학관이나 종교관의 일단을 시집의 머리말에서 고백적으로 만날 수 있다. "책명을 「영혼의 무지개」라고 한 것은 사람이 땅을 밟고 하늘을 향하여 머리를 들고 있는 직립 동물의 형태를 이루듯이 육신을 쓰고도 항상 영원을 희구하는 내적 갈망을 생각하기 때문이다. 이런 생각에서 삶의 모든 영역에서 갈등과 고뇌, 슬픔과 아픔을 넘어 사랑과 평화의 경지를 바라는 데서 삶의 의미를 찾을 수 있겠기 때문이다." 라고 말하는 것이 바로 그것이다.

요약하자면, 인간은 본래적으로 유한적, 현실지향적인 '육체'와 무한적 천상지향적인 '정신'의 이원론적 구조로 되어 있어, 그 두 가지 구성 요소 중 어느 한 가지를 무시하거나 삭제할 때 인간은 그 존재론적 특성을 상실하게 된다는 것이다. 따라서 두 가지 요소를 함께 인간이 아우를 때 거기에는 필연적으로 삶의 갈등과 고뇌, 슬픔과 아픔이 따를 수밖에 없으나, 거기서 그냥 주저 앉거나 포기하지 않고 사랑과 평화, 그리고 구원의 경지로 초극해 나아가야만 한다는 것이다. 즉, 전자를 '하늘'의 이미지라면 후자는 '땅'의 이미지로, 하늘과 땅의 중간에 위치한 인간의 중간자로서의 모습을 가장 예리하게 시작품 속에서 파악하고 있으며, '하늘-인간-땅'의 삼각구도가 빚어내는 역동적인 모습을 변증법적으로 보여 주고 있다. 김태규 시인의 이러한 모습을 실제로 작품을 통해서 확인해 보자.

> 창녀인가 성녀(聖女)인가
> 막달라 마리아
> 너는 모든 아름다움을 한 몸에 지닌 여인

〈중략〉

언제나
몸 밖에 피어있는 화사한 미소
내안에 자리 잡은 영원한 사랑.

—「만남」, 일부

머리를 하늘에 두고
발을 땅에 딛고 선 나는
하늘과 땅을 수없이 오르내린다

구름을 타고 천계를 나르는 열반(涅槃)
발밑을 지나는 진한 바람 소리에
어느덧 꿈은 사라지고
땅에서 발을 뗄 수 없는 흙덩이
내 초라한 나신(裸身)을 본다.

—「지평선」, 일부

태양이
빌딩숲을 헤집다 사라진
거리에
땅거미가 진다
눈이 나린다

어둠과 침묵
더 어쩔 수없는 숨막히는 땅에
하늘이 내려 앉는다
온 우주가 구유에
내려 앉는다
눈이 내린다.

—「하늘과 땅의 해후(邂逅)」, 일부

위 세편의 인용 시에는 모두 '하늘'의 이미지와 '땅'의 이미지가 동시적으로 나타나고 있으며, 시적 자아는 그 중간에 위치해서 실존과 초월을 함께 경험하고 있다. 또 실존에서 초월 즉, 땅에서 하늘로 향한 무한한 초극의 의지를 보여 주고 있다. 앞서 인용한 「만남」에서 '막달라 마리아'의 '성(聖)'적인 측면과 함께 '성(性)'적인 측면을 동시에 생각하고 있는데, 그것은 결국 마지막 연에서 볼 수 있듯이 시인 자신의 내면에 '영원한 사랑'이라는 聖과 '화사한 미소'라는 性의 상호 대립, 충동되는 모티브로 이어지고 있다.

두 번째 인용 시 「지평선」에서도 시인이 '하늘'과 '땅'의 중간자로서 구원을 받고 천국에 닿았다고 생각하는 순간, 동시에 "발밑을 지나는 진한 바람 소리" 즉 땅의 현실계에 다시 구속되는 자아를 만나게 된다. 이러한 시적 구도는 세 번째 인용 시 「하늘과 땅의 해후」에서도 계속 이어지고 있는데, 현대문명의 비인간성과 타락상이 "어둠과 침묵"의 땅에 "눈"으로 상징되는 속죄와 구원의 빛나는 하늘과 "온 우주가 구유"에 내려 앉고 있다. 이렇게 볼 때 김태규 시인의 사물인식이라던가 인간관, 세계관, 종교관은 전체적이고 통합적이다.

다시 말해서 그의 신앙의 출발점은 어디까지나 실존적 인간이고, 그 지향점은 신격화, 탈속화 된 초월과 신성의 공간인 천상계의 하나님이다. 신앙인으로서 이러한 태도는 어누 누구에도 공통되는 사항이다. 하지만 김태규 시인이 그들과 다른 모습은 땅→하늘, 인간→신으로의 추구와 변화의 과정이 변증법적이고, 또 그 과정 자체를 중시하고 있다는 점이다. 그러니까 땅→(인간)→하늘, 악→(인간)→선, 어둠→(인간)→빛의 중간항인 '인간'을 중요시해서 그의 인간적 갈등과 번민과 슬픔, 아픔 등을 시 작품속에서 놓치지 않고 있다. 이는 곧 그의 기독교 의식이 예수 재림을 무조건적으로 추종하는 맹신자이기보다는 피 흘리는 고난 받는 예수상(像)을 통해 진정으로 인간적 허물을 벗고 천국에서의 영생보다는 세상에서 구원을 지향하는 신앙적 태도를 보여준다는 사실이다. 다음 인용 시에서 우리는 이러한 그의 모습을 다시 한 번 확신할 수 있다.

그리고 그 먼 끝 언저리에서
아기의 산성(産聲)이 피울음되어
누리에 퍼진다
아스라이 들린다.

— 「눈길」, 마지막 연

구원의 예수님를 암시하는 "아기의 산성"은 온갖 역경과 고난의 풍상을 겪은 후에 온 "누리에 퍼져" 인간을 구원할 수 있는 것이지, 한가로이 십자가 그늘에 앉아 기도하며 예수 재림만을 기다리는 이에게는 오지 않는 것임을 말하고 있다. 그의 신앙은 인간과 현실지향성, 또 현상계에서의 구원을 확신에 찬 예언자적 목소리로 노래하고 있다.

전덕기론

자연을 통한 섭리자의 형상화와 신앙의 실천
—시집 『산·내·들 그리고 시간』을 중심으로

1. 기독교 사상의 시관(詩觀)

전덕기 시인의 제 7시집인 『산 · 내 · 들 그리고 시간』에는 70여 편의 시 작품이 제1부 「속사람이 여물 때」, 제2부 「기독의 사랑나누기」, 제3부 「좁혀진 하늘 아래」로 각각 나뉘어 묶여 있다. 시인 자신이 이렇게 작품을 분류해서 소제목을 붙인 데는 물론 그 나름대로의 타당한 이유와 기준이 있을 테지만, 시집을 전체적으로 조망(眺望)하자면 처음부터 끝까지 관류하고 있는 시적 모티프나 에스프리는 기독교 사상이랄 수 있다. 이런 모습은 시집의 부제인 "삶의 토양과 섭리자" 라는 어구에서도 집약적으로 볼 수 있고, 저자가 직접 쓴 「책머리에」에는 좀 더 구체적으로 나타나 있다.

> "온 우주의 섭리를 가장 함축성 있게 표현하고 그 섭리자의 군림하는 근원을 정확히 명명해 본다면 하고 고심한 내용들이 이번 제7집의 시들이다. 그리하여 자연 속에서 또 인간 내면에서 나름대로 추구하다가 역시 유한한 그리고 무지몽매한 나로서는 감히 하고 돌이키며……."

앞의 인용문에서 저자 스스로 이 시집을 기독교 신앙 시집으로 규정하는 근거를 분명하게 볼 수 있다. 그렇다면 이 시집은 일단 기독교 신앙시집으로 간주해야 하고 그러한 맥락과 범주 속에서 시적 분석과 평가가 이뤄져야만 할 것이다.

그러나 한편, 시인 자신이 이렇게 스스로의 작품을 규정했다고 해서 모든 독자들이 그에 따를 필요도 없고 또, 그래서도 안 된다. 그럴 경우 그것은 뉴우크리티시즘에서 말하는 의도의 오류(Intentional fallacy)를 범하는 것이 될 수 있기 때문이다.

시 작품이 완성되어 시인의 손을 떠나면 그것은 시인의 사유물(私有物)이 아니고 일종의 공기(公器)로써 작품에 대한 공과(功過)와 시시비비는 순전히 그것을 대하는 독자들의 몫이다. 그런 속에서 작품은 항상 새롭게 해석되고 평가될 수 있을 것이다. 필자 역시 독자의 한 사람으로서 그런 입장에 서서 일차적으로는 기독교 신앙시로써의 특징과 면모를 밝히고, 그 외에 또 다른 시적 특징과 면모를 밝혀볼 셈이다.

2. 자연을 통한 섭리자의 형상화와 실존 탐구

전덕기 시인의 일곱 번째 시집인 『산 · 내 · 들 그리고 시간』에는 시집의 타이틀을 비롯해서 대부분의 시 작품의 제재가 자연친화적이다. 자연은 동서고금을 통해서 많은 시인들의 시적 제재가 되어 왔으며, 따라서 전덕기 시인이 자연을 시적 제재로 삼고 있다는 것도 그리 대수롭지 않은 것으로 간주될 수 있다. 더구나 시인의 감각의 촉수(觸手)가 닿는 그 어느 것이든지 시적 제재가 될 수 있고, 또 그러한 제재가 시적 논의의 서두를 장식할 만한 중요성이 있는가 하고 혹자(或者)는 반문할 수도 있다. 하지만 그의 작품을 분석 · 평가할 수 있는 시적 코드는 바로 여기에 있다고 할 수 있다.

다시 말하자면 왜 그가 오늘날과 같은 첨단과학기술의 찬란한 물질문명 시대를 살아가면서, 일상생활 환경과는 다소 거리가 있는 농경시대에나 더 어울릴 듯한 전원 목가적인 '자연'을 시적 제재로 택했는가 하는 의문과, 이러한 자연과 기독교 신앙이 어떤 관련이 있는가 하는 점이 작품해석의 키워드이다.

이 두 가지 의문점에 대한 답이 전덕기 시인의 시적 모티브이자 지향점이 되고 있으며, 또 그의 인생관과 세계관, 그리고 시관과 종교관이 될 수도 있다. 이에 대한 해답을 작품을 실제로 분석해 가면서 하나하나 찾아보도록 하자.

창조주의 형상으로 지음 받은 사람이라
창조의 으뜸자리에서
그 뜻 헤아리며
쓰임 받는 영혼이지만
그 영혼을 담은 몸은
소모성 기계이였음이야

오장육부뿐 아니라
온 몸의 구조가
완벽한 기계가 아니든가
그러나 신경통 근육통을 앓고 있으니
세월에 씻기움이지
모든 피조물의 한계가 아닌가
오랜 세월 녹스는 쇠뭉치같이
세월따라 고목된 나무같이
월 앞에 무기력한
단순 물체로만 끝을 맺을 건가?
분명 소모성 기계였네

영혼을 담았던 그릇일 뿐이야

—「영혼과 소모성 기계」, 전문

인용 시는 시의 문면에 사실적으로 서술되고 있는 영혼(정신)과 소모성 기계(물질)의 이원대립적(二元對立的)인 관계를 통해서 몸의 유한성(有限性)과 소멸성(消滅性) 그리고 정신의 영원성과 초월성을 보여주고 있다. 그런데 여기서 몸은 단순한 인간의 육체가 아니라 정교한 생물학적 조직으로 구성되어 작동되는 '과학'의 시적 외연으로 사용되고 있다. 2연에서 그러한 모습을 보다 분명히 볼 수 있는데, 특히 3행의 "완벽한 기계"라는 직설적 표현이 그것을 웅변해 주고 있다. 단적으로 몸은 근대 계몽주의와 이성주의, 그리고 유물주의의 근거인 과학의 상징으로, 그에 따른 반과학적, 반인간적, 반문명적인 폐해가 오늘날 극(極)에 달하고 있음을 암시하고 있다. 좀 더 구체적으로 말하자면 인간소외의 문제, 환경파괴와 오염의 문제, 자원의 고갈, 이기주의와 집단할거주의, 물질만능과 도덕과 윤리의 타락 등의 문제가 그러하다. 이러한 황폐화된 시대를 살아갈 수밖에 없는 시인은 인간의 존재론적인 문제에 봉착하지 않을 수 없다.

인간은 무엇이며 무엇을 위해 사는가? 나는 어디로부터 와서 어디로 가는가? 진리는 과연 존재하는가? 신은 정말로 죽었는가? 등 존재론적이고 삶의 근본적인 질문을 스스로에게 던지고 있다. 신과 진리가 상실된 이 시대에 자신인 선택하지도 만들지도 않은 세계에 자의(自意)와 상관없이 던져진 존재로 살아가야만 한다. 하이데거는 인간의 이런 상태를 '피투성(被投性/Geworefenheit)'라고 했다. 이러한 '피투성' 극복의 한 방법으로 전덕기 시인은 그러한 몸에 담긴 영혼 즉, 정신의 영원성과 초월성을 추구했다.

그러나 앞서 지적한 것처럼 "몸"은 한계상황에 다다랐고 자신을 초월자의 세계, 즉 야스퍼스가 말하는 '포괄자(das Umgreifende)'로 초월 시키키 위해서 이성주의와 합리주의를 거부하고 있다. 자연은 바로 이러한 비이성적, 비합리적인, 그래서 신비성과 초월성이 고스란히 간직된 성소(聖所)이다. 그런 연유로 전덕기 시인은 자연을 제1의 시적 소재로 사용하고 있으며, 그래서 거기에는 단순한 소재적 의미 이상이 의미가 함축되어 있다. 그런 모습을 이 시집의 표제시(標題時)이기도 한 『산 · 내 · 들 그리고 시간』에서 확인할 수 있다.

산 · 내 · 들 열두 달이
내 한 생일일세
존재했으므로 겪어내는
겪어냈기에 존재한
거룩한 힘, 더불어 빚어낸 몸짓들

먹구름 드리운 산이었다가
흙탕물 쏴악쏴악 쏟아지기도
뇌성벽력치는 밤이기도
한 밤 지새더니
동터오는 아침 햇살에
강렬한 힘 솟구치는
푸른 창공에는 지지배배
소망찬 노랫소리
흰구름 타고 두둥실 떠가는 환희

공기 속에서 나는 새처럼
시간 속에서만 누리는 때의 흔적
그 주어진 시간만이 있었던 게야

시간은 어느 것 하나

멈추게 하지 못하는
그러면서도
촌분도 어김없이 관여하며 지나니
존재하는 것들의 알파와 오메가라
마지막 군림하는 거룩한 힘일래

— 「산 · 내 · 들 그리고 시간」, 전문

"산 · 내 · 들 열두 달"은 곧 자연의 봄, 여름, 가을, 겨울 4계절을 의미하는 데 이 계절의 순환은 선형(線形)이 아니고 원환(圓環)의 형태이다. 그것은 마디와 마디의 단절이 아니고 고리로 이어지는 연속으로, 나고 죽는 것이 따로따로가 아니라 결국 하나로 이어져 연속되는 것이다. 그런 자연의 연속성과 무한성은 곧 자신의 생(生)이라고 전덕기 시인은 말하고 있다. 일회성(一回性)과 유한성(有限性)인 존재자로써의 인간의 숙명을 극복한 모습을 볼 수 있는데, 그것은 결코 간단히 이뤄진 일이 아니다. 1연 3~4행에 나타나 있듯이 "존재했으므로 겪어내는/겪어냈기에 존재한" 고통스럽지만, 영광스러운 치열한 삶과의 투쟁의 결과이다.

다시 하이데거의 말을 빌리면 '피투성'으로부터 '기투성(企投性/Entwurf)'으로 나아가는 시인 자신의 역겨운 투쟁의 결과이다. 인간에게 피투성에서 기투성으로 나아가는 길은 글자 그대로 가시밭길이다. 이 과정에는 '선구적 각오성'이라 불리는 죽음의 자각을 통해서 인간은 새로운 자신을 포착해내고 새로운 가능성으로 던져 넣을 수 있기 때문이다. 그래서 피투성에서 기투성으로 통과해 온 것은 "거룩한 힘"이 되어 2연의 "먹구름 드리운 산"과 "흙탕물"과 "뇌성벽력치는 밤"을 극복하고 "동터오는 아침 햇살에/강렬한 힘 솟구치는 ....../소망찬 노래"가 되는 것이리라.

그러나 시인 자신의 이러한 투쟁과 행동은 어디까지나 세상 속에서 인간적인 의지와 노력의 결과로써, 결코 완전하거나 영원하다거나 하는 즉, 자기구원의 문제를 포함하고 있는 것은 아니다. 몸과 정신의 이원대립적인 존재로서의 지상적 현실계(地上的 現實界)의 몸이 초월적 천상계(天上界)인 정신과의 끊임없는 갈등과 대립 속에 화해와 평안을 성취했다고 한들, 그것은 자기초월과 궁극적인 자기구원을 의미하는 것은 아니다. 그것은 인간의 의지나 노력으로 이뤄질 수 있는 것이 아니다. 거기에는 반드시 우주만물의 절대 섭리자이신 하나님의 말씀과 성령의 개입과 인도에 의해서 실현될 수 있는 것이다.

『산 · 내 · 들 그리고 시간』의 작품 타이틀을 비롯해서 인용 시의 3, 4연 속에 등장하는 "시간"은 바로 이러한 절대섭리자를 의미한다. 1차적으로는 하이데거의 「존재와 시간」 속의 현존재(Dasein)로, 앞서 말한 '기투'를 의미하지만, 이것의 2차적인 의미는 전지전능하신 하나님의 영적(靈的) 인도이다. 전덕기 시인의 이러한 시적 면모는 다음의 시 작품을 보면 좀 더 분명하게 알 수 있다.

> 봄비는 가랑잎을 헤치고
> 생명 있음에 스며든다
> 봄비 있음에 깊고 어두운 땅 속을 헤쳐
> 새순 피워내듯
> 부활 모형 빚는
> 창조의 영원성이어라
> 가랑잎 헤치고 스며드는 봄비
> 그 은혜 있음에
> 싱그러운 새 순 피워내듯
>
> 우리들도
> 이승의 삶 그 모습 그 이름으로

다시 속삭이며
다시 산 생명으로
다시 만나는 부활로 오라

—「봄비는 가랑잎을 헤치고」, 전문

1연의 "봄비"는 자연적 소재이지만 그 은유적 함의(含意)는 천지를 창조하신 하나님이다. 우주만물을 관장하시는 하나님의 권능과 성령이 "깊고 어두운 땅 속"에서 새순 즉, 새로운 생명을 부활시킬 수 있는 것이다. 마찬가지로 현실을 살아가는 인간들도 1차적으로는 '피투'에서 '기투'로 나아가는 인간적인 의지와 노력으로 삶을 살아야 하지만, 그것은 반드시 신의 인도를 받아야만 한다고 시인은 말하고 있다. 마지막 2연의 전반부 "우리들도/이승의 삶 그 모습 그 이름으로/다시 속삭이며"의 "다시 속삭이며"는 바로 절대자와의 영적 소통과 그 결과로서의 계시적 인도를 의미한다. 그런 인도과정을 통해서 인간은 2연 마지막 행에 나타나 있는 대로 "다시 산 생명으로/다시 만나는 부활로" 이 세상에 새롭게 태어날 수 있는 것이다.

3. 기독교 신앙의 시적 구체화와 사회적 실천

지금까지 주로 시의 기본 구성원리라 할 수 있는 시적 모티브와 그 지향점, 시인이 견지하고 있는 시정신 등, 시와 시인의 형이상학적인 측면에서 원론적으로 살펴보았다. 이제 시인의 그러한 시적 원리와 신념이 경험적 현실 속에서 어떻게 구체화되어서 나타나고 있는지 살펴볼 차례이다.

먼저 결론부터 요약해서 말한다면, 그것은 기독교 정신 즉, 사랑과 믿음 그리고 소망의 현실적 구현이랄 수 있다. 아무리 훌륭한 정신이라도 행동화 되지 않으면 무용지물이고, 아무리 이상적인 법규라도 행동으로 지켜지지 않으면 헛구호에 불과하다. 때문에 전덕기 시인이 자신의 형이상학적(形而上學的)인 눈으로 현실을 직시하고, 때로는 염려하고, 때로는 비판하고, 때로는 꾸짖으면서 자신의 신앙적 신념을 시 작품을 통해서 실현시키기 위해서 노력하는 모습은 고통스럽게 보이기도 하지만 숭고하고 영광스러운 일이기도 하다. 그렇기 때문에 이런 일은 아무나 하지 못한다. 아무리 믿음이 좋아도 그것을 밖으로 표현해 낼 능력이 없거나, 반대로 아무리 표현 능력이 뛰어나다고 할지라도 확고한 믿음과 신념을 견지하고 있지 못하면 할 수 있는 일이 아니다. 전덕기 시인은 기독교의 신앙적인 믿음뿐만 아니라 그것을 모든 사람들의 눈과 귀에 거슬리지 않게 표현해 낼 수 있는 시적 표현 능력을 지니고 있다.

그러나 이러한 능력보다도 더욱 중요한 것은 자기희생과 봉사의 정신이다. 사리사욕과 이기심, 질투심, 불신과 부정직 등 한 점의 오점(汚點)도 없는 순수하고 텅 빈 마음일 때에만 헌신과 봉사의 마음이 우러나온다. 이는 곧 자신에 대한 낮춤과 성찰과 절제가 일상화(日常化)되어 있어야 함을 의미한다.

새벽을 깨며
존재를 새삼 다듬듯
생명의 경건을 세운다

그러나
어제가 오늘을 밀어내니
청순한 새 시간이 혼합 속에 방황이다

산자의 호흡이라
숱한 날 거듭되어도

나날이 제 풀에 매여
이끌리니……

— 「영혼의 도정(道程)」, 전문

매일 새벽 전덕기 시인은 기도를 하면서 자신의 존재 이유와 삶의 목적을 새롭게 해서 생명의 경건함과 소중함을 다시 깨우친다. 자칫 자동화(自動化)된 일상생활 속에서 상실 할 수 있는 자아정체성과 생명에의 고귀함을 그는 새벽마다 새롭게 깨우치고 있다.

인간적인 의지와 노력을 통해서 새로운 자아 즉, 구원받은 자아로 새롭게 태어나기 위해 전력투구하고 있다. 다시 말해 인간적인 육적(肉的) 생명→자기응시, 반성, 절제→구원에 대한 믿음→ 부활의 생명으로 태어나기 위한 세속적인 갈등과 고통을 겪으며 '선구적 각오'를 되풀이 하고 있다. 그러한 시인의 노력은 결국 3연에 오면 섭리자의 영적 인도에 의한 '구원'을 통해 '부활의 생명'으로 다시 태어나고 있다. 3연1행의 "산 자의 호흡"은 바로 구원받은 새로운 '생명'을 의미한다. 1연에서 등장하는 "생명"과는 질적으로 다른 생명의 의미가 형성되고 있다. 따라서 이제부터는 구원받은 생명의 나날이 계속되기 때문에 "나날이 제 줄에 매여" 천상의 세계로 나아가고 있다. 그러나 그는 이러한 개인적인 구원에만 만족하고 거기에만 머물러 있지 않는다. 그에게는 더욱 큰 소망과 사명이 부과되어 있다.

억겁을 날아도 아니 뵈는 새누리
눈꺼풀이 마음이 회칠됨인가
우린 다 함께
씻어내야 하리 닦아내야 하리
오늘을 사는
산 자에게 주어진 남은 일이니

날개짓을 퍼덕이며
구만리장천을 훨훨 날아
어디쯤 오고 있나
우린 다 함께
찾아가야 하리 찾아내야 하리
오늘을 사는
산 자에게 주어진 남은 일이니

악마가 토해내는
혼탁한 풍향기(風向機)를
우린 다 함께
틀어야 하리 막아야 하리
오늘을 사는
산 자에게 주어진 남은 일이니

새 하늘 새 땅이 되기까지
호흡하는 자에게 주어진
산 자에게 주어진
남은 일이니

—「새 누리는 어디쯤일까」, 전문

위의 인용 시에서 우리는 전덕기 시인의 개인적인 기독교적 믿음과 사명감이 대승적인 차원으로 확대되어 가고 있음을 볼 수 있다. 시인은 우리가 살고 있는 이 땅과, 이 땅 위에 사는 모든 사람들이 구원받고 새로운 생명과 새로운 땅, 즉 천국의 백성들로 거듭나길 간구하고 있다. 세상이 너무 타락하고 악이 충만해서 단 하루, 단 한 시간, 한 순간이라도 계율(戒律)과 믿음에 벗어나 있으면, "새누리"는 영원히 오지 않는다는 것을 시인은 강조하고 있다. 그리하여 이 땅의 주인인 우리 민족과, 우리 민족의 처소인 이 땅이 지상의 유토피아가 되길 강력하게 희망하고 있으며, 더 나아가 전 세계의 온 인류에게 복음이 깃들기를 염원하고 있다. 다시 말해서 그는 언제 어디서나 '지금', '여기'가 "가장 거룩하고 가장 거룩한 시간"이 되길 간구하고 있다.

마음 열리니
아름다운 것들이 쏟아지고
눈이 밝아와
활짝 피어난 꽃송이 보며
제각기 가득한 소명

경건히 맞는
가장 거룩한 곳에선
가장 거룩한 시간이어라

존재의 환희와
깨달음의 고귀함
영롱하게 새겨진
가장 거룩한 곳에선
가장 거룩한 시간이어라

— 「가장 거룩한 곳에 가장 거룩한 시간」, 전문

이 땅 어디에, 혹은 이 지구상 어느 곳에 "가장 거룩한 곳"이 있고, 이 시대 어느 곳에 "가장 거룩한 시간"이 있을 것인가? 자본과 기술이 고도화되면 될수록 인간과 신은 더욱 멀리 쫓겨나고, 대신 그 자리에는 물신(物神)과 죽음과 어둠, 갈등과 대립, 전쟁과 살육만이 난무하고 있다.

오늘도 이라크에서는 첨단과학기술의 산물인 스마트 폭탄이 바그

다드 시가지를 폭격하고 눈망울이 천사같이 청청한 어린 소녀의 팔과 다리가 잘려나간 모습이 TV화면에 비쳐지고 있다. 바그다드는 함락되었지만, 북핵문제로 한반도의 긴장수위는 더욱 높아가고 있다. 이라크는 구원받지 못했는데, 그렇다고 우리는 구원받을 수 있을 것인가? 누가? 왜? 무엇 때문에 이런 일을 꾸미고 저지르고 있는가? 어느 누구인지 정확히 모르지만, 계획하고 범하는 사람도 인간이고 피해자도 인간이다. 결국 인간이 인간을 죽이고 세상을 파멸시키고 있다. 그러기 위해 과학기술을 발명하고 문명을 발전시키고 있는 것일까? 아이러니가 아닐 수 없다. 전덕기 시인이 왜 시적 제재로 '자연'을 즐겨 선택하고 있는지 알고도 남음이 있다. 그리고 절대 섭리자에게 한 없이 간구하고 시를 통해서 기독교적 신앙을 이 땅에 구현시키고자 하는 의도도 함께 인용 시에서 확인할 수 있다.

시의 1연에서 "마음 열리니" 는 구원받은 자가 "눈이 밝아와" 세상 속의 닫힌 마음과 눈을 뜨고 하나님의 '말씀'으로 세상과 인간을 바라보고 들을 때 "아름다운 것들이 쏟아지고" "활짝 피어난 꽃송이"가 보인다. 온갖 죄와 사악함으로 가득했던 '지금' '여기'가 "존재의 환희와 /깨달음의 고귀함"을 경험하는 시간과 장소가 되고 있다. 한낮 마음 속에서만 맴돌던 믿음이나 신념이 세상 속에서 성취되고 있음을 볼 수 있다. 이는 시인의 개인적 신앙의 사회적 실천으로 시인을 비롯한 신앙인들이 견지해야만 할 사명이기도 하다. 그러한 각자의 사명을 온전히 감당할 때 세상에는 진정으로 화해와 상생, 평화와 사랑이 충만하게 될 것이다.

박명재론

메시아 재림 탐색을 향한 여정(旅程)의 시

1. 기독교 신앙의 시관

박명재 시인의 시집 『하늘 종소리』는, 그의 첫 번째 시집인 『하늘 빛 소리』에 이은 두 번째 시집으로, 백여 편에 육박하는 적지 않은 시 작품들이 「주님의 숲」, 「새벽별」, 「녹우당을 찾아서」, 「지중해의 노을」 등의 소제목 아래 묶여 있다. 이러한 시 작품의 분류와 목차에 나열되어 있는 작품 타이틀에서, 우리는 일견(一見) 다양한 제재의 시 작품들을 예상할 수 있다. 하지만 박명재 시인은 자타가 공인하는 독실한 기독교인으로서 시집에 실려 있는 대부분의 시 작품들은 기독교 신앙시가 주류를 이루고 있다. 이러한 모습은 우선, 시집의 자서(自序)에서도 확인할 수 있다. "하나님의 크신 사랑 조철한 신앙인으로서 첫 시집 『하늘 빛 소리』를 낸 지 20여년 만에, 그저 하늘 우러러 속삭이는 가슴 깊은 곳에서 우러나오는 대로의 신앙고백의 시집을 준비했습니다." 라는 구절이 바로 그것이다. 이렇듯 시인은 인간으로서의 자신의 문학적 욕망과 명예를 위해서 시를 쓰기보다는 하나님의 영원하신 사랑과 영광을 높이기 위해서 시를 쓰고자 하며, 또 그러한 시인의 모습을 우리는 작품 속에서 확인할 수 있다. 이제 시인의 그러한 모습을 작품을 통해서 구체적으로 살펴보자.

2. 서정과 믿음, 그리고 관념과 체험

우리는 그간 우리나라에서 신앙시집이란 타이틀로 발행된 수많은 기독교 시인들의 수많은 시집들과 작품들을 보아왔으며 지금도 보고 있다. 그래서 성경의 말씀이나 설교로만 듣고 배우던 하나님의 진리를, 시 작품을 통해서 단순히 교리적인 차원이 아닌 문학예술적인 차원에서 감동적으로 체험하고 있다. 교회나 신학대학의 교실에서 신학적인 교리를 이론적이고 학문적으로 공부하는 대신, 우리는 한편의 시와 한 권의 신앙시집을 통해서 경험적이고 구체적으로 하나님의 말씀을 생생하게 보고, 듣고, 지각할 수 있다. 이는 곧 논리적, 이성적인 말씀에 대한 접근이 아니라 초월적, 감동적인 말씀의 직관적 접근으로 형언할 수 없는 어떤 감동이다.

단테의 신곡이나 천로역정 등 동서고금의 수많은 기독교 문학작품을 통해서 우리가 하나님을 알고, 기독교라는 종교에 대해서 새롭게 인식하는 경우가 많은 것은 바로 이 때문이다. 문학작품에서 기독교가 하나의 종교적인 이념으로서 문학에서의 사상적 특징에 대응하고 있다면, 그것이 단순히 신학적인 교리의 민낯으로 그냥 드러나는 것이 아니고, 문학의 또 다른 특성인 정서를 통해서 표현되기 때문이다. 워즈워드(W. Wordsworth)는 이를 감동적 사상(affecting thought)이라고 말하고 있는데, 관념적인 사상은 되도록 정서나 형식 속에 녹아 스며들어야 함을 의미 한다. 바로 앞에서 언급한 일군의 기독교 문학작품들이 영원한 고전으로 수많은 독자들에게 깊은 감동을 주는 것은 바로 여기에 있다. 기독교 시 작품에서 이러한 감동적 사상은 무엇보다도 서정성으로 나타나고 있다. 박명재 시인의 이 시집에서도 그러한 모습을 여실히 볼 수 있는데, 이의 확인을 위해서 우선 다음 인용 시를 살펴보자.

새 하늘의 뜬 구름도
은행잎의 흔들림도
밤하늘의 별빛도 어둠 속의 달빛도
당신의 사랑의 삶이
헛됨이 아닙니다.
아침의 눈웃음과 저녁의 포근한 눈도
마주보는 대화 속의
그리운 모습에도
당신의
은총 속 삶의
가치를 느낍니다.
사랑의 햇빛과 바람의 속삭임도
우리의 진실된 모습을 보는 것도
이웃의
참된 사랑을
만나기 때문입니다.

—「참된 사랑」, 전문

하나님의 말씀 중에서도 가장 중요한 "사랑"을 주제로 해서 인간과 자연을 통해 그 실체적인 모습을 보여주고 있는 작품이다. 시의 1~3행에서 볼 수 있듯이, "새 하늘", "뜬 구름", "은행잎", "밤하늘의 별빛" 등의 자연에서, 그리고 6~8행에서의 "눈웃음", "마주보는 대화", "그리운 모습" 등의 인간의 삶에서 하나님의 "사랑"의 작용을 발견하고, 그것을 "이웃의/참된 사랑"으로 정의를 내리고 있다. 그러니까 시인은 이미 성경의 보편적이고도 핵심적인 하나님의 사랑의 패러다임으로 인간과 자연을 바라보고 있으며, 또 그것을 이웃에 대한 "참된 사랑"의 근거로 삼고 있다. 다시 말해서, 여기에서의 사랑은 하나님의 가치이며 생각이지 시인 자신의 가치나 생각은 아니다. 따라서 이 작품에서 시인 자신의 개성적인 서정은 느껴지지 않는다. 시적 대상에 대한 개인적인 감정이 귀납적으로 작용하기보다는, 이미 하나님께서 규정하신 사랑을 인간과 자연에 기계적, 연역적으로 대입시키고 있다.

그러나 기독교의 복음은 하나님의 말씀을 그대로 전달하는 전도가 중요하지만, 문학에서는 그러한 순수한 교회의 전달보다는 그 사실을 내면화, 체험화 시켜서 미학적 감동으로 전달하는 것이 필요하다. 앞에서 언급했던 워즈워드나 폴 발레리의 감동적 사상을 생각나게 하는 대목이지만, 이와 관련해서 시인에 대해 우리를 안심시키는 것은 같은 시집 속에 들어있는 다음과 같은 시 작품들 때문이다.

우리들이 다니던 예배당의 건물은 헐렸지만
지금도
고무신 끄는 소리와 질경이 밟던 아이들이
뛰어오는 것 같다.
산소통을 두드리며 교회 종을 치다가
쇳덩이가 떨어져 도망가던 친구들
월미도 바닷가로 기차를 타고 원족 갔던 친구들
머리 수건 쓴 고요한 밤 춤사위를 보러가던
내 모습이 떠오른다.
지금은
웅장한 건물이 들어섰지만
아직도 눈 오는 날이면
청솔가지 타오르는 난로 곁에서
종소리가 퍼져 나간다.

— 「종소리」, 전문

위의 인용 시에서 우리는 시인이 하나님과 성경 속의 말씀에 대해서 한 마디 말도 하고 있지 않지만, 그가 정녕 하고 싶어 하는 말이 무엇인지 이미 알고 있다. 이 앞의 인용 시 「참된 사랑」에서처럼 누구에게 무엇을 어떻게 하는 것이 "참된 사랑"이라는 사전적(辭典的)인 설명이나 직접적인 교리의 표현이 없어도, 이 시 작품을 한번 읽어본 사람은 시인의 시적 의도를 바로 눈치 챌 수 있다. 그것은 추상적인 신학적인 교리 설명이 아니고 시의 전체적인 분위기와 이미지, 그리고 서정성 등의 복합적인 작용으로 인해 함축적이고, 직관적으로 파악할 수 있다.

논리적, 명제적으로 꼼꼼히 따지기보다는 시인의 어린 시절의 예배당 풍경과 관련된 하나의 기억을 통해 우리는 경험적으로 그것을 느낄 수 있다. "예배당 건물", "고무신 끄는 소리와 질경이 밟던 아이들". "산소통", "교회 종", "청솔가지 타오르는 난로", "종소리" 등의 이미지는, 독자들을 상상력을 통해서 시인의 기억속의 시골의 작은 교회로 인도해 간다. 바다가 보이는 시골 마을의 그 작은 교회는 가난해서 종탑도 따로 세우지 못하고 빈 산소통으로 종을 대신하고 있다. 종을 치는 대신 산소통을 두드려 예배시간을 알리면, 온 마을과 들판에서 뛰놀던 아이들은 다 닳아빠진 고무신을 끌고 길섶의 질경이를 밟으며 교회를 향해 달음박질한다. 주님이 부르시면 두말없이 따라나서던 예수님의 열두제자의 모습이 아이들 모습위에 오버랩되고 있다. 작고 가난하지만, 가장 순수하고 열정과 믿음이 깊은 교회와 하나님의 모습을 구체적이고도 생동감 넘치게 보여 주고 있다. 오늘날 현대식 빌딩의 화려한 예배당은 아니지만, 그 교회에는 가장 뜨겁고 찬란한 하나님의 사랑과 복음의 빛으로 충만한 교회이다.

눈이 먼 사람이
종로(鐘路)거리를 걸어갑니다
누군가가 욕(辱)을 하며 지나갑니다
눈물이 핑 솟으면서 어머니를 불렀습니다
버스를 기다리는데
느닷없이 때립니다
버스를 타려고 해도
門닫고 그냥 갑니다
하늘을 올려다 봅니다
아무것도 보이지 않습니다
다정히 손을 잡는
小女를 만났습니다
따사롭고 가냘픈 입김입니다
버스를 태워다 주는 사랑의 손길입니다

— 「사랑의 손길」, 전문

바로 앞서 살펴본 인용 시 「종소리」와 같은 맥락 위에 있는 작품으로, 전혀 고답적인 수식어와 기교를 동원하지 않으면서도 진정 하나님의 사랑이 무엇인가를 보여주고 있다. 일상의 평범한 시어와 시적 방법으로, 마치 일상생활 속에서 흔히 만날 수 있는 한 편의 거리 풍경을 스케치하듯 솔직하고 사실적으로 묘사하고 있다. 도시문명의 중심지라고 할 수 있는 종로거리에서 인간과 문명으로부터 처절하게 소외받고 있는 눈먼 소경의 손을, 아무런 조건도 없이 일면식도 없는 한 소녀가 잡아주는 모습에서 우리는 강퍅한 이 시대상과 예수님의 진정한 사랑의 모습을 목격할 수 있다. 사랑에 대해서 사전적인 설명이나 교리에 대한 설교나 해석이 아닌, 지금 거리에서 벌어지고 있는 소경과 소녀의 행동장면을 통해서 시인은 하나님의 사랑의 의미를 경험적이고 구체적으로 보여주고 있다.

마치 어떤 서기관이 예수님께 '이웃'이 무엇인가를 물었을 때, 예수님은 이에 대한 구구한 설명보다 「선한 사마리아인」에 대한 이야기를 비유적으로 들려주신 것과 같은 맥락이다. "어떤 사람이 예루살렘에서 여리고로 내려가다가 강도를 만나 거의 죽을 지경에 이르렀는데, 마침 그 길을 지나가던 한 제사장과 레위인이 못 본 체 그냥 지나쳤지만, 여행 중이던 어떤 사마리아인은 기름과 포도주를 상처에 붙고 싸매준 다음에 그를 자기의 짐승에 태워서 주막에 데려다 주었다"(눅 10:30-36). 우리는 이 이야기를 통해서 제사장과, 레위인, 그리고 어떤 사마리아인 중에서 누가 진정 강도 만난 자의 이웃인가를 감동적으로 파악할 수 있다. 당대 이스라엘의 엘리트 계층이었던 제사장과 레위인은 도움이 절실히 필요한 강도만난 사람을 못 본 체하고 지나가지만, 가장 낮고 천한 계층인 사마리아인은 그 사람에게 필요한 것을 무조건적으로 채워주고 있다. 예수님께서는 비유가 아니면 말하지 말라고 하셨듯이(마 13:13), 제자들이나 백성들에게 이렇게 문학적인 방법으로 설교하셨다. 오늘날, 기독교 신앙시가 추구해야할 시적 목표나 방법이 어떠해야하는 지를 암시해주는 대목이 아닐 수 없다. 박명재 시인은 앞에서 살 편 본 것처럼, 「종소리」, 「사랑의 손길」 등의 시 작품을 통해서 그러한 모습의 일단을 모범적으로 보여주고 있다.

이렇듯 기독교 신앙시가 종교시라는 특수성을 가지고 있지만, 그 추상적인 교리나 윤리 도덕적인 명제를 설명 혹은 설교하는 방식으로 표현하기보다는 구체적이고 경험적인 삶과 자연, 세계 등을 개성적으로 인식하고, 그 느끼는 바를 서정 속에 담아내야만 한다는 것은 이미 앞에서 살펴본 바다. 그것은 바로 앞서의 워즈워드의 감동적 사상을 가리키는데, 한국의 많은 기독교 신앙 시인들에게 이것은 극복되어야할 과제이기도 하다. 그러나 이번에 발간되는 박명재 시인의

『하늘 종소리』에는 상당부분 이러한 우려를 불식시키고 있어 다행이다. 그러나 또한 시인 스스로 이 시집을 신앙시집으로 규정하고 있는 이상, 기독교의 궁극적인 이념인 믿음이 사상(捨象)된 탐미주의적인 과도한 서정으로의 경도(傾斜)도 경계해야만 한다.

시위 떠난 바람은 칼날 물고 달린다
적중(的中)은 맵시 있는 마지막 미학으로
과녁을 겨눈 눈매가 복사꽃을 흔든다
보라, 저 무한(無限)을, 싱싱한 아침 종소리
어깨의 오른 힘이 화살 끝에 실리고
동공(瞳孔)은 초점(焦點)을 얻어 판도(版圖)를 넓혀 간다
가슴은 투명한 가을 하늘 같아서
허공을 가르고 있는 탄금(彈琴)의 포물선이
백학(白鶴)의 울음자리를 마련하고 있다

—「적중(的中)」, 전문

사선(射線) 위에서 멀리 보이는 과녁을 겨냥하고 있는 사수(射手)와 활시위를 떠나 과녁을 향해 날아가는 화살의 움직임을 형상화 하고 있는 시로, 지금까지 살펴본 시인의 신앙시편들과는 분명히 다른 스타일과 주제를 보여주고 있다. 순간과 미세한 동작을 포착해서 이미지화 하고 있는 순수 서정시로써, 과녁을 향해 무한한 창공을 막힘없이 날아가는 화살의 모습과 활시위를 힘껏 당기며 과녁을 노려보는 사수의 집중된 용기와 희망, 그리고 패기를 생생하게 느낄 수 있다. 박명재 시인의 이번 시집에 들어 있는 몇 편의 이러한 순수 서정시편들은, 그의 주류적인 신앙시에서는 조금 비껴서 있지만 여전히 그의 시적 능력과 연륜을 느끼게 해주기도 한다.

3. 메시아 재림 탐색을 향한 여정의 시

시집의 '자서'에서 볼 수 있는 바와 같이 박명재 시인은 이번 시집 『하늘 종소리』를 발간하는 모티브로, 학교장으로 재직하던 학교에서 정년퇴직한 후 세계 각지에 대한 여행을 꼽고 있다. '자서'의 그 내용을 직접 인용하면, "하나님의 은혜로 교단에서 교장으로 정년퇴직 후 영국 런던의… 영국 생활 속의 시상과 미국의 여러 곳을 다니면서 떠오른 시상, …중국, 일본 시찰의 시상, 성지순례의 땅에서 떠 오른 시상, 그리고 세계 각국의 하나님이 지으신 자연환경 속에 묻힌 시상들이 떠오른…."에서 보듯, 시인은 동서양의 여러 나라들을 여행한 것 같다. 그런데, 자서의 내용이나 시집 속에 있는 작품들을 보면, 그 여행들이 단순히 우리가 일반적으로 생각하는 보고, 즐기기 위한 것은 아니었던 같다. 돈독한 기독교 신앙인으로서 또, 교회 장로로서, 그는 회자(膾炙)되는 인간적, 세속적인 레포츠 차원의 세계여행이 아니었음을 작품을 통해서 더욱 확실하게 보여 주고 있다. 참으로 많은 곳을 다니면서 그곳의 자연과 거기에 사는 사람들의 인정이나 그들의 문화와 전통을 접하고, 또 그것을 소재로 해서 많은 기행시를 쓰고 있다. 그러나 그러한 기행시들이 시적 소재는 다 달라도 그 시적인 주제는 단 하나로 수렴되고 있음을 볼 수 있다. 그것은 다름 아닌 하나님의 사랑과 믿음이다. 그는 가는 곳마다 보는 것마다에서 하나님의 은혜와 사랑과 믿음을 생각하고, 느끼고, 스스로 경험하고 또, 기도하고 있다.

수난의 발자취를
그리며 보는 마음
처참한 학살 장면
설명하는 몸짓들

그날의 한줄기 바람
모아서 바칩니다
찢어진 앙상한 몸
독수리 날개로 와
시온의 이스라엘
한 마음 빛이 된다
무거운 걸음걸음마다
당신을 그립니다
암흑의 촛불 하나
손잡아 의지하고
밤 하늘 별들 속에
희생된 어린이들을
천사가 부르는 소리
눈물로 기도합니다
*예루살렘 유태인 학살 기념관에서.

—「부르는 소리」, 전문

인용 시의 맨 밑에 있는 주석에서 알 수 있듯이, 2차 세계대전 당시 나찌 히틀러에 의해서 학살된 "예루살렘 유태인 학살 기념관"을 둘러보고 난 시인의 감정을, "모아서 바칩니다", "당신을 그립니다" 등의 비탄조의 종결어미에서 볼 수 있듯이 기도하는 자세로 쓴 시이다. 시인은 지금 당시의 학살 장면-특히 희생된 어린이들을 눈앞에 떠올리면서 천사가 그들을 부르듯이 눈물어린 기도를 하고 있다. 그들의 육신은 처절하게 죽어갔지만, 이제 "독수리 날개로 와/시온의 이스라엘/한 마음 빛이 된다"에서와 같이, 그들의 영혼은 부활하신 예수님처럼 기념관, 더 나아가서 온 이스라엘 땅과 온 세계에 살아서 돌아오고 있다. 마치 앗시리아와 바벨론으로 잡혀갔던 이스라엘의 포로들이 귀환하고 폐허가 된 성전이 다시 복구되듯이, 이스라엘에 대한 하나님의 영원하신 사랑을 시인은 21세기인 지금 다시금 확인하고 있는 것이다.

그대 있음에 나도 있고
우리도 있네
그대 있음에 복음이 있고
그대 있음에 열매를 맺었네
험한 파도를 넘어
우상 신 뛰어 넘어
기도하였네
바위를 움켜잡고
이마를 부딪혀 군살이 나고
바위 자국이 남아
있음을 우러러 보았네
파도치는 바위 위에서
바닷물로 세례를 베푼
그 손을 우러러 보았네
유리같이 맑은 바다에
오늘도 오시어 섭리하시는
당신의 은총을 찬양하였네
그대 있음에 나도 있고
우리도 있네

—「그대 있음에-반모섬에서」, 전문

이 시는 시인이 성지 순례 중 사도 요한의 유배지였던 그리스의 반모섬에 들렀을 때의 감회를 표현한 작품으로 추측된다. 사도 요한은 반모섬에 유배되어 온갖 박해와 역경에도 불구하구 밤낮으로 기도하면서 본 환상을 기록하여 요한계시록으로 남겼다. 그러한 요한의 치열한 기도 모습을 시인은, "바위를 움켜잡고/이마를 부딪혀 군살이나고/ 바위 자국이 남아" 있고, "파도치는 바위 위에서/바닷물로 세례를 베푼/그 손을 우러러 보았네"라고 표현하고 있다. 복음의 완성을 위한 요한의 그러한 노력을 새롭게 인식하며, "오늘도 오시어 섭리하시는/ 당신의 은총을 찬양하였네"라에서 확인할 수 있듯이 시인은 지금, 여기에서 요한의 숨결과 체취를 느끼며 그와 함께 오실 주님이 준비하고 계신 복락원에의 꿈을 꾸고 있다. 그러한 꿈은 시인이 세계 어느 곳에 가서 무엇을 보고 누구를 만나던지 지속되고 있는 것 같다. 창조-타락-구속-완성이라는 하나님의 거대하신 창조계획이 끝나지 않은 이상, 그에게 그러한 꿈은 계속될 것이고 그것의 성취를 향한 순례자의 끝없는 여정은 계속될 것이다.

성경 속에서 하나님은 자신의 창조-타락-구속-완성이라는 창조 계획을 진행시키기 위해서 '여행' 모티브를 많이 사용하셨다. 대표적인 것으로 출애굽기에서의 모세를 통한 이스라엘 백성들의 애굽에서의 구출과, 가나안 입성을 목전에 두고 광야에서의 40년 유랑의 여정이 그러하고, 요셉이 사막에서 형들에 의해서 애굽 상인들에게 팔려가는 것, 야곱이 형 에서와의 갈등으로 외삼촌 라반의 집으로의 여정과, 십 수 년 후의 귀환 여정, 또 신약에서 예수님의 전도여행과 요한, 바울, 스데반 등 사도들의 전도여행 등이 그러하다.

이들의 여정은 결코 공사간(公私間)의 용무가 있어서가 아니며, 어떤 여흥을 위한 것은 더 더욱 아니었다. 이들은 모두가 하나같이 하나님의 명령을 따르거나 말씀의 순종에서 이뤄졌다. 당시에 그들 자신은 왜, 무엇 때문에 가야하는가를 알지 못했지만, 끝없는 시련과 역경의 여정 속에서 그것들을 깨달았으며 하나님을 직접 만나기도 했다. 인간에 대한 하나님의 그러한 여정은 이제 창조계획 중에서 마지막 단계인 '완성'의 단계에 와 있고, 그 마지막 여정은 이미 시작된 지 오래다. 종말은 얼마 남지 않았고 메시아는 하나님 곁을 출발해서 자꾸 손목시계를 들여다보시면서 이 땅에의 도착시간을 저울질 하고 계시다. 박명재 시인은 이번에 발간하는 시집 『하늘 종소리』속에서 바로, 그 도착 시간을 탐색하기 위해서 세계 곳곳으로의 여정을 멈추지 않고 있다.

지금까지 박명재 시인의 두 번째 시집 『하늘 종소리』의 시 작품들을 제재, 방법, 그리고 사상적인 면에서 분석해서 그 시적 특징과 지향점을 분석하고자 했다. 그는 결코 화려한 수사법이나 고도의 기교적 장치를 사용하지 않고 일상의 소박한 시어와 평범한 소재, 그리고 시적 방법으로서는 서정성과 신앙성, 관념성과 경험성이 조화와 균형을 이룬 예술성 있는 기독교 신앙시를 창작하고 있다. 이념성이 두드러질 수밖에 없는 종교시로서의 기독교 신앙시의 한계를, 보편적인 서정과 현실 속의 구체적인 경험적 요소로 극복하고 있다. 독실한 기독교인으로서, 또 교회 장로로서 그가 들려주는 하나님의 사랑과 믿음에 대한 이야기는 추상적이거나 피상적으로 들리지 않고 생동감 있고 감동적으로 다가온다. 그래서 "믿음은 바라는 것들의 실상이요 보이지 않는 것의 증거"(히 11:1)라는 하나님의 말씀을, 우리가 보고 듣고 지각할 수 있도록 해주고 있다. 그러한 생생하고 확고한 믿음만이 유한적인 인생에 영원한 하나님의 생명과 사랑을 담보해 줄 수 있다고 시인은 확신하고 있다. 그러한 확신으로 그는 인생 자체를 마치 하나님의 거대한 창조계획 속에서, 진리를 탐구해 가는 하나의 여정으로 생각하고 오늘도 그 길을 믿음으로 가고 있다.

장태윤론

동양적 정신주의 시의 품격과 미학

1. 자아와 자연의 일체화

장태윤 시인의 시집 『난꽃 · 바람꽃 · 하늘꽃』에는 자연을 소재로 한 시 작품들이 상당수 실려 있다. 산, 꽃, 풀, 새, 구름 등 우리 주변에서 얼마든지 접할 수 있는 평범한 자연물이 중요한 시적 재료가 되고 있다. 어쩌면 우리 주위에 너무 많아서 일상적이고, 따라서 어떤 호기심이나 충격적인 이미지를 자극할 만한 소재가 될 수 없는 것처럼 보일 수도 있는 것들이다.

그러나 이렇게 소박하고 일상적인 자연이 장태윤 시인의 시에서는 전혀 새롭고 낯선 소재가 되어 참신한 이미지와 시적 정서를 불러일으키고 있다. 이것은 무엇보다도 평범하고 소박한 대상에서 특수하고 개성적인 느낌과 이미지를 찾아낼 줄 아는 시인의 감수성, 인식능력과 관계가 있다. 달리 말하자면 시인의 시정신(esprit) 혹은 시관(詩觀)과 긴밀하게 연결되어 있다.

그렇다면 장태윤 시인의 시정신 혹은 시관은 진정 무엇일까? 필자는 감히 그것을 동양정신(東洋精神)이라고 말하고 싶다. 합리성, 과학성, 논리성 등을 본질로 하는 서구의 현실주의, 물질주의, 실증주의의 대립개념이기도 한 동양정신은 신비성과 초월성, 비논리성과 불합리성을 본질로 하는 정신주의와 이상주의, 신비주의 등으로 일컬어지고 있다. 따라서 동양정신을 바탕으로 한 장태윤 시인의 자연에 대한 시적 인식이나 느낌은 동양적일 수밖에 없다. 이는 곧 시인의 자연인식이나 감수성이 동양적 자연관에 닿아 있음을 의미한다.

동양인들에게 자연은 서양에서와 같이 실용주의적인 이용후생(利用厚生)의 차원에서 항상 변형되고 가공되고 파괴되기보다는 사랑으로 감싸주고 신의 섭리를 가르쳐 주는 현자(賢者)로 인식되고 있다. 힌두교나 불교, 도교, 유교 등은 이러한 사상의 표현들이며 인간은 그와 같은 마음가짐으로 우주를 마치 자기 집처럼 느끼며 살고 있다. 인간은 자연을 이루는 한 구성요소이며 인간의 지혜는 다른 사물들과 동떨어진 하나의 정신이 아니고 다만 전체 속의 한 부분이다. 그러니까 삼라만상은 개별적이면서도 상호보완적이고 상호의존적이다.

궁극적으로 이 우주적인 질서와 자연 속에서 모든 것은 하나이다. 그래서 신과 인간, 그리고 자연은 따로 분리되어 있는 것이 아니고 하나로 통합되어 있는 것이다. 노장적(老壯的)인 자연관이나 유가적(儒家的) 자연관에서 추구되는 천지인합일(天地人合一)의 경지는 바로 이것을 의미한다. 장태윤 시인의 시 작품에서 소재로 동원된 자연은 바로 이러한 자연인식의 특징을 보여준다.

바람도
이슬 맺혀
떨어지는 산속

모진 세월 다스려

혈색 고운 한나절
팔 벌려
큰 몸짓 하면
가득 스며드는 하늘

잠들었던 이야기
소곤소곤 들리는
아늑한 숨결

땅속 깊이 꽃대 세워
뿜어내는 맑은 기운
밑창을 흔들어
생명을 일깨우는 춤사위여.

—「난(蘭) · II」, 전문

앞의 인용 시에서 제1연의 "바람도/이슬 맺혀"라는 시구는 바로 '천(天)'의 의미로 하늘에서의 자연현상을 묘사하고 있으며, 제2연의 "혈색 고운 한나절"은 '지(地)'의 의미로 시인이 처한 현실을 의미하여, 제3연의 "팔 벌려/큼 몸짓 하면"은 '인(人)'의 의미로 시인 자신을 상징하고 있다. 이와 같이 이 작품에는 '천(天) · 지(地) · 인(人)'이 각각 연을 달리 해서 묘사되고 있는데, 각 연들은 긴밀하게 구조화 되어 있다. 즉 '천 · 지 · 인'이 각각 따로 분리되어 설명되지 않고 하나로 통합되어 상호의존적인 의미의 관계망을 형성하고 있다.

마지막 연의 "땅속 깊이 꽃대 세워/ 뿜어내는 맑은 기운"은 바로 "땅속"(地)과 "꽃대"를 매개로 "기운"(天)으로 상승되어 "생명을 일깨우는 춤사위", 즉 人의 새로운 생명력으로 작용하게 된다. 이러한 '천 · 지 · 인' 간의 관계는 서양적 사고인 합리성이나 논리성 혹은 과학성으로는 해명이 되지 않는 비이성적이고 신비적, 형이상학적인 동양정신에 의해서만 설명이 가능하다. 장태윤 시인의 이러한 동양적 자연관은 다음 시 작품 속에서도 확인할 수 있다.

> 튼튼한 산기운 서리고
> 빛살의 음계를 밟고
>
> 돌담길 걸어가는 여인
> 청향은 영글어
> 하얗게 지는데
>
> 서럽도록
> 눈동자 깊이
> 촉촉한 새벽이 무성하여라.
>
> 티 하나 없이
> 수줍은 얼굴
>
> 세상 먼지 떠밀고
> 달빛 내려와
> 천길 뽑은 지하수
>
> 녹아내리는 사랑
> 올올이 물오른다
>
> ―「소심(素心)」, 전문

인용 시에서 다섯 번째 연은 제5연의 '천 · 지 · 인'이 통합되어 그 삼각관계가 빚어내는 역동적인 정서구조와 의미의 진폭이 예사롭지 않다. "달빛" 〔天〕과 "지하수" 〔地〕와 "사랑" 〔人〕은 각기 아무런 관계가 없는 듯 보이지만, 서로 대칭적인 위치에 있는 "달빛"과 "지하

수"의 만남에 의해서 기어코 "사랑"은 이뤄질 수 있는 것이다. 달빛과 지하수의 만남은 다시 말해 빛과 물의 만남으로 빛은 물 위에서 더욱 가시적(可視的)으로 반짝이고 물은 빛에 의해 더욱 투명해진다. 빛은 물 위에서, 물은 빛 속에서 더욱 황홀해지고 자신의 존재를 더욱 뚜렷하게 부각시킬 수 있다. 멀고 먼 하늘 끝과 땅 밑의 두 사물이 상호 침투해서 이렇게 하나로 통합될 때, 서로 극단적인 위치에서 갈등관계에 있던 사랑은 완성될 수 있다.

장태운 시인이 이러한 '천 · 지 · 인'의 합일에서 진정으로 보여주고자 하는 것은 화합과 조화 그리고 사랑이다. 그것은 바로 물질적, 과학적으로 사물의 인과율(因果律)을 분석하고 이해득실을 따지는 서양정신이 아닌 항상 덕(德)과 인(仁)으로 고통과 불화를 감싸 안으며 피안의 세계로 나아가고자 하는 마음을 비운 대아(大我)의 대승적 자세에서 비롯되는 것이다. 이는 곧 자신의 현실적 욕망을 버리고 우주질서와 자연섭리에 순응하는 삼라만상의 일부로 자신을 인식하고, 자연과 자아를 일체화하는 물아일체(物我一體)와 주객일체(主客一體)의 시정신을 뜻한다.

장태윤 시인의 이러한 모습은 다음 인용 시 「나무」에서 더욱 뚜렷하게 확인할 수 있다.

양지밭 과수원에는
끼리끼리 모여 사는데

체온을 비비어
겨울을 나기도 하고
팔 벌려 발돋움 친다.

홍건히 고인 아픔

스스로 치유하며
안개 낀 아침
새들과 노닥이고

해거름에는
별을 노래하는 마음
울너머 이웃과도
가슴을 열고
일어서는 햇볕을 키운다.

—「나무」, 전문

과수원의 나무들은 단순히 과일을 맺기 위해 인간에 의해 피동적으로 재배되는 객체적인 식물이 아니다. 나무는 자연의 일부로서 인간과 대등한 위치에서 생명의 기쁨을 나누는 존재이다. 제3연의 "홍건히 고인 아픔/스스로 치유하며"는 의인화된 나무 자신이 자각적인 생명의식을 갖고 있는 유기체임을 암시하고 있다. 그래서 나무는 인간과 마찬가지로 새들과 함께 놀고 별과 함께 노래하고 있다. 자연에 대한 이러한 투시는 시인의 마음이 현실을 초월한, 즉 동양정신의 실체에 닿아 있기 때문에 가능하다.

2. 극기(克己)로 도달한 달관(達觀)

지금까지 살펴본 것처럼 장태윤 시인은 이미 속세의 사람이 아니다. 그는 오욕칠정(五慾七情)과 희로애락(喜怒哀樂)의 사바세계(娑婆世界)를 떠나 초월의 세계에 존재하는 시인이다. 자연과 인간, 인관과 우주, 하늘과 땅, 현실과 이상, 선과 악, 빛과 어둠의 세계를 시작도 없고 끝도 없는 색즉시공(色卽是空)의 자연섭리 속에서 현실과 인생을 달관한 사람이다.

그가 현세적 욕망에서 벗어나 사랑과 화해, 덕과 인의 시선으로 자연을 바라볼 수 있는 것은 바로 이러한 달관(達觀)의 구체적인 모습이다. 그의 그러한 모습이 다음 인용 시 작품을 통해 생생히 드러나고 있다.

산딸기
흐드러진 고개

모든 시름 떠메고
꽃상여가 간다.

상주도 조객도 없이
올올이 흐르는 유데꾼의 노래
포드등
포드등
새끼꿩 나는 길섶

동전지
은전지 뿌리며
상여가 간다.

피워내지 못한 가슴
서럽게 쏟아
흔들어대는 요령소리

세상 돌아
구름같이

—「꽃상여」, 전문

삶과 죽음, 이승과 저승의 환상이 교직(交織)되어 울려나오는 파토스적인 정서야말로 세상을 달관한 장태윤 시인의 마음 그 자체이다. "상주도 조객도 없는" 가장 쓸쓸하고 슬픈 죽음을, 다만 "올올이 흐르는 유데꾼의 노래"로 애도하는 장면이 "포드등/포드등/새끼꿩 나는 길섶", 즉 깨어있는 현실의 장면과 병행적으로 묘사됨으로써 삶과 죽음, 이승과 저승이 따로 분리된 세계가 아니라 동반관계라는 사실을 환기시켜주고 있다. 휠라이트에 의하면 이것은 병치은유의 기법으로 죽음 속의 삶과 삶 속의 죽음을 효과적으로 표현하고 있다.

이러한 삶과 죽음, 이승과 저승의 동시적 파악은 장태윤 시인 같은 달관의 경지에서만 가능한 일이다. 그렇다고 해서 그는 작위적(作爲的)으로 현실을 외면하고 초월의 세계를 일방적으로 지향하지는 않는다. 그것은 현실에 대한 무관심 혹은 방기(放棄)로 무책임한 일로, 그는 어디까지나 현실을 포기하지 않고 그 위에서 그 이상의 세계를 지향하고 있다. 그의 이러한 모습이 「꽃상여」에서는 첫 연의 "산딸기/흐드러진 고개"와 마지막 연의 "세상돌아/구름같이"로 표현되어 있다. "산딸기"는 열반(涅槃)으로 "고개"의 현실개념과 반어적 짝을 이룬다. 또 "세상"과 "구름" 역시 서로 대립적 개념의 짝을 이루고 있다. 빛과 어둠이 숙명적인 짝을 이루듯이 시인에게 삶과 죽음, 현실과 초월은 경계를 상실한 반투명의 의식이다.

장태윤 시인은 시어의 구조에서부터 철저하게 삶과 죽음, 현실과 초월의 세계를 동반관계로 인식하고 있다. 그의 이러한 달관의 태도는 하루 이틀의 훈련이나 공부로 얻어진 것이 아니다. 추측컨대 이러한 그의 시정신이나 삶의 태도는 일생을 살아오면서 터득한 자의식적인 체험의 결과이다. 평생을 현실과 대결하면서 외롭지만 정정당당하게 터득한 삶의 교훈으로, 때로는 자기 자신과의 혹독한 싸움을 벌여야만 하기도 했다. 그의 그러한 자아극복의 모습을 일련의 "난"을 소재로 한 작품 속에서 발견할 수 있다.

파도소리 솟아 올라
하얗게 부서져 내리고

돌들은 천년 고뇌로
온몸이 뚫려
신열을 앓고 있는 섬

얼마나 슬픈 사연 지녔기에
파랗게 멍든 세월
검붉은 피를 토해내는가.

마디마디 한이 맺혀
수척해진 몸

따뜻한 언어들을 채집하여
가꾸고 다스려 묻어두고
뭍으로 떠날 날을 기다리는 마음

우뚝 솟은 꽃대
고고한 선비의 기개인다.

—「흑란」, 전문

더 이상 설명이 필요없이 자아극복의 치열한 과정이 감각적으로 묘사되어 있는 작품이다. 바다 가운데 떠 있는 섬에서 모진 파도와 고독을 견뎌내고 드디어 피워 올린 한 송이 흑란, 그것은 바로 온갖 세상풍파와 현실적 질곡을 견디어 온 시인 자신을 암시하는 "고고한 선비의 기개"이다.

비바람 소리 몰리어 오면

무릎 꿇고 기도하는 마음

피말려 뻐저린 아픔으로
추위를 덥힌다.

수평선 멀리 뭍으로 가는 뱃고동에
하얀 향기 흔들고
헹구어 보낸다. 헹구어 보낸다.

—「풍란」, 일부

「흑란」에서의 "고고한 선비의 기개"가 「풍란」에서는 "하얀 향기"로 변형된 은유로 나타나고 있다. "하얀 향기" 역시 "무릎 꿇은 기도"와 "피 말라 뻐저린 아픔" 끝에 얻은 시인 자신의 깨우침이다. 그래서 "하얀 향기"의 세계는 시인이 꿈꾸는 초월과 해탈의 세계이다. 혹독한 시련과 고통 속에서 자아와의 혹독한 대결 끝에 얻은 정신의 승리이다. 장태윤 시인의 달관의 경지는 바로 이 자기극복의 치열한 싸움 끝에 도달한 위대한 정신의 결과이다. 다음 시 역시 시인의 그러한 시정신을 "산국화"를 매개로 형상화하고 있다.

시설스러운 바람
밤새우더니
텅 빈 숲속
지키고 있는 산국화

지나온 나날
애잔한 사연 덮어두고
물기어린 계절
결 고운 마음 피워
가슴에 타는 노래

서리묻은 바람 끝
온몸에 파고 들어도
감감히 들리는 기러기 소리

영혼의 눈빛 북받쳐
떨리는 이파리마다
감도는 아늑한 하늘

가까이 마주하면
맑은 모습
갓 태어난 아기의 울음소리.

—「산국화」, 전문

「산국화」 역시 "시설스러운 바람"과 "물기어린 계절", "서리묻은 바람끝/ 온몸에 파고" 드는 대결과 극복의 치열한 과정을 거친 후, 마지막 연의 "맑은 모습/갓 태어난 아기의 울음소리"로 다시 태어나고 있다.

그런데 '갓 태어난 아기의 울음소리'는 "영혼의 눈빛 북받쳐/떨리는 이파리마다/감도는 아늑한 하늘"로부터 비롯되고 있다. 이는 바로 장시인이 산국화에 대한 달관의 경지에 이룬 오도(悟道)의 찰나가 현실계에서 육화(肉化, Incarnation)되어 나타나는 것을 의미한다. 스스로의 깨우침에서 비롯되는 달관의 시적 경지가 엄격하고 고고한 정적(靜的)인 상태의 정신으로만 존재하지 않고 새로운 부활의 동적(動的)인 에너지로 변화되고 있음을 보여주고 있다.

3. 정신주의와 부활의 에너지

이는 바람

귀 모아 잠기면
숲속의 숨은 이야기
도란도란 들리는데

가슴 펴 몸짓하면
마음놓고 파고들어
제 빛깔과 의미로
살아 숨쉬는 산

터뜨려
향긋한 내음
피어날 것 같은
봉오리의 높고 낮은 요동인데

열화같은 함성
자락 풀어
물소리 맑은 아침

눈 감아
다순 손 내미는
청아한 향기 속
쑥꾹새 우는 산정인가.

—「난실에서」, 전문

2연의 "살아 숨 쉬는 산"과 3연의 "봉오리의 높고 낮은 요동"은 바로 1연에서의 시인의 찰나적인 깨우침 속에 만난 "숲속의 숨은 이야기"가 육화(肉化)되는 역동적 이미지를 보여주고 있다. 마치 출산에 임박한 산부(産婦)의 몸짓과 고통의 이미지를 떠올리게 하는 이러한 산과 봉오리의 역동성은, 마침내 "다순 손 내미는/청아한 향기 속/쑥꾹새 우는 산정"의 모습으로 다시 태어나는 모티브로 작용하고 있다.

"산정"이란 시어가 암시하듯 시인의 치열한 시 정신 속에서 현실은 한 차원 높은 곳으로 견인되어 고고하고도 사랑과 화해가 넘치는 이상세계로 변화되고 있다.

그런데 장태윤 시인의 이러한 시정신의 육화과정, 즉 새로운 부활의 과정은 여성적 이미지와 결합되어 그 확신을 더해 주고 있다.

산기운 밟아
깊은 산골 들어서면

빈 산자락에 쑥꾹새 소리
어머님 젖내음으로 젖어 퍼지고

— 「방울새란」, 일부

잃었던 지난날
삭신이 쑤셔와도

끈끈히 배어드는 빛깔이
너무나도 고와서

눈물 글썽 들어보이며
잔잔히 웃음 짓는 아내

애련한 속마음
손 끝에 물들여
밝히는 촛불이여.

— 「아내」, 일부

「방울새란」에서의 "어머니 젖내음"과 「아내」에서의 "잔잔히 웃음 짓는 아내"는 모두 여성들로서 시적 주인공이자, 정신의 육화를 이룩해 주는 매개가 되고 있다. 다시 말해 여성의 출산력에서 새로이 인간의 생명이 비롯되듯이 장태윤 시인의 시정신 또한 그러한 여성적 이미지를 통해 현실화되고 있다. 시인 자신의 정서적 느낌이나 정신적 자각이 단지 시인 자신의 내면에 정적인 상태로 머물기를 거부하고, 산모가 아이를 잉태하고 낳듯이 현실을 새롭게 변화시키고 창조시키는 역동적인 생명력으로 작용하길 시인은 의도하고 있다.

이와 같은 장태윤 시인의 시정신과 시적 의지는 이성과 합리성을 바탕으로 한 서양정신에 뿌리를 둔, 현대산업문명이 야기하고 있는 새로운 갈등과 모순을 극복하고 신비적이고 초월적인 이상세계와 미래가 보장되는, 그래서 삶이 더욱 사랑과 화해, 진리로 충만 되는 나날이 되기 바라고 있다.

최규창론

기독교 신앙을 통한 인간과 문명의 화해

1. 프롤로그

최규창 시인은 전남 나주 출생으로 1982년 『현대문학』으로 등단한 이후에, 『어둠이후』, 『행방불명』, 『영산강 비가』, 『강물』, 『환상변주곡』 등 5권의 시집과 시론집 『한국기독교시인론』을 출간했으며, 한국기독교문학상, 노산문학상 등을 수상하고, 현재는 언론인으로서, 교회 장로로서 또 한국기독교문인협회 회장으로 활동하고 있는 중진 시인이다. 이러한 간략한 전기에서도 확인할 수 있는 바와 같이, 그는 독실한 교회 장로로서 예수님의 희생과 봉사 정신과 언론인으로서 하나님의 공의의 사회적 실현은 물론이지만, 시인으로서 "하나님 보시기에 좋았더라"는 말씀의 아름다움을 시 작품으로 실현시키고 있다. 그는 한 마디로 감성과 영성, 믿음과 실천, 말씀과 시를 함께 아우르는 이 시대의 보기 드문 기독교 시인으로서, 그를 직접 대하는 사람은 누구든지 천성적으로 우러나는 그의 따뜻한 인간미나 소박함, 세심한 배려와 관심 등에서 이러한 그의 모습을 어렵지 않게 느낄 수 있다.

2. 절대 신앙의 일상적 형상화

첫 시집『어둠이후』를 출간한 이후 꾸준히 기독교 신앙을 바탕으로 자연과 인간에 대한 사랑을 노래해 오고 있지만, 그의 시적 주류는 기독교 신앙시라고 평가받고 있다. 그의 첫 시집이기도 한『어둠以後』의「시인의 말」을 보면 그는 "… 청지기처럼 역사 앞에서나 하나님, 모두 앞에서 늘 깨어있는 듯한 자세로 창작했다"고 말하고 있다. 한마디로 그는 기독교 신앙을 바탕으로 한 기독교 시인이라고 할 수 있다. 그러나 그가 기본적으로 기독교 시인임에도 불구하구 하고 그의 시적 성과는 기독교시의 영역에만 머무르지 않는다는 데 또한 그의 시적 특징이 있다. 그만큼 그의 시는 지금까지 우리가 접해온 종교시, 특히 기독교 신앙시와는 다른 모습을 보여주고 있다.

우리는 대개 기독교 신앙시가 일반 시와는 달리 내용과 방법이 제한되어 있어서 절대자 즉, 하나님에 대한 찬미와 칭송과 간구로 끝나고 있는 것을 보아왔다. 그러한 신앙시들은 사상이나 정서의 형상화를 통한 예술적 감동보다는, 차라리 성경이나 찬송가의 일부이고, 예술이라기보다는 도덕과 윤리라고 해야 타당한 것처럼 보이는 것이 사실이었다. 말하자면, 그러한 신앙시들에는 개성과 리얼리티가 존재하기 보다는 보편성과 선험적 진리가 작품을 지배하고, 또 여타의 많은 기독교 시 작품들의 실제가 그러한 현상으로 나타나고 있다. 이것은 크게 보아 신앙시가 뿌리박고 있는 기독교적 진리가 인본주의보다는 신본주의를 바탕으로 하기 때문이다.

신본주의를 바탕으로 할 때 기독교적 진리는 선과 악, 사랑과 증오, 빛과 어둠 등이 확실히 구분되고 있으며 자연히 진리는 한 쪽에만 존재하고 다른 한쪽은 항상 금단의 영역이 아닐 수 없다. 이러한 현상은 종교에서는 어쩌면 당연한 일일 수 있지만, 그러나 문학에서는 받아들여질 수 없는 논리이다. 문학은 인간의 어느 한 면만을 보여주는 부분적이고 배제적인 것이 아니고 전체적이고 포괄적이기 때문이다. 종교에서는 절대적 진리를 추구하지만 문학에서는 상대적 진실을 추구하기 때문이다. 이것은 바로 문학이 결국 인생의 탐구라는 정의처럼이나 인간의 현실적인 모습을 그대로 보여주는 인본주의를 지향하는 이유이기도 할 것이다.

최규창 시인의 시편들은 기독교 신앙을 바탕으로 하면서도 단지 신본주의에 경도(傾到)되지 않고 오히려 인본주의 입장에서 쓰여졌다고 할 수 있다. 그래서 그의 시는 여타의 신앙시와 같은 하나님에 대한 단순한 찬미와 칭송과 희구로 끝나는 관념과 추상적 이념의 나열이 아니다. 그의 시는 신앙시로서는 보기 드물게 구체성과 경험성을 가지고 있어서, 보편적 진리의 전달이 아닌 개인적 정서를, 현실 속의 구체적인 매개 항을 동원해서 여러 가지 표현 방법으로 형상화하고 있다. 그래서 그의 시는 생경한 성경구절이나 찬송가 구절의 연장이 아닌, 평범한 일상생활에서 우러나는 주관적 감정을 감각적으로 형상화해서 하나님의 모습을 리얼하게 보여주고 있다. 말하자면, 그의 시에서 하나님은 저 먼 나라에 존재해서 항상 찬미와 칭송과 희구의 대상으로만 머무는 것이 아니라, 지금 이 땅의 여기에 존재해서 항상 사람들과 함께 희로애락을 느끼게 하고 있는 것이다. 그러니까 그에게 하나님은 하늘이 아닌 지상에, 내세가 아닌 현재, 진리가 아닌 진실, 사상이 아닌 감성으로 존재하는 것이다.

기도는
소돔성의 유황불처럼
세상의 언어를 불태우시다

기도는

얼음처럼
세상의 언어를
결빙하시다

기도는
모세의 지팡이처럼
멀리서
파아란 언어를
불러오시다

기도는
바울의 방언처럼
잃어버린 언어를
찾아 주시다.

—「기도와 말씀」, 전문

인용 시는 최규창 시인의 시적 특징을 극명하게 보여주고 있는 작품이라고 할 수 있다. 시적 구성이나 톤, 서정성을 내포하고 있는 소재, 심미주의적인 기도의 모습 등이 두드러진 작품이다. 하나님에 대한 '기도'임에도 불구하구 단지 하나님에 대한 일방적인 찬미와 희구의 미사여구의 나열이 아니다. 기도를 할 때 느끼게 되는 고양된 감정이 절제되어 있음은 물론, 기승전결의 시적 구조 속에 "소돔성과 유황불", "모세의 지팡이", "바울의 방언" 등과 같은 성경적 소재를 통해서 추상적 개념인 '기도'를 구체적으로 형상화 하고 있다. 말씀으로 상징되는 성경적 진리가 단지 고고한 추상적 개념으로만 머무르지 않고, 일상화된 기도생활을 통해 현실의 나약하고 좌절된 '언어'를 새롭게 하고, 또 잃어버린 '언어'를 소생시키고자한다.

여기서 '언어'는 두 말할 것도 없이 시인 자신을 비롯한 우리들 모두의 정체성 아니, 좌절과 절망의 묵시록의 이 시대를 구원하는 메시아를 의미하기도 할 것이다. 궁극적으로는 태초에 천지를 창조하신 하나님의 그 말씀으로, 원죄로 인해 에덴동산에서 추방당한 이후의 인간이 항상 지향하고 있는 진리와 유토피아일 것이다. 종교적, 관념적인 넋두리에 빠져 버리기 쉬운 '기도'가 문학적 형식과 기교를 통해 '감동적 사상(affecting thought)'으로 승화되고 있다. 이러한 사실은 그가 기도라는 초월적, 종교적 행위를 언어적, 미학적인 현실적 제재를 매개로 해서 최종적으로는 태초의 하나님을 발견하고자 하는 시인의 의도를 나타내는 것이다. 말하자면, 기도를 통한 초월적인 힘으로 현실을 건너 뛰어 낙원으로 나아가고자 하는 것이 아니고, 기도를 통한 현실의 극복과 승화를 통해 낙원으로 나아가고자 하는 의지적, 인간적인 모습이다.

3. 현실인식과 낙원의 상실

앞에서도 살펴봤지만, 무엇보다도 최규창 시인이 신앙시인으로서 주목되는 점은 그의 시가 절대적 신앙을 노래하면서도 그것이 현실을 초월해서 이뤄지는 것이 아니라 어디까지나 현실을 아우르며 미래와 내세로까지 이어지고 있다는 사실이다. 그래서 그의 시는 한 층 더 절박한 서정과 깊은 신앙의식을 느끼게 한다. 현실인식에서 비롯되는 시인 자신의 신앙적 체험을 노래하는가 하면, 또 일상생활의 단순한 체험을 통해서 신앙심을 확대하기도 한다. 신앙을 통한 체험이든지 체험을 통한 신앙의 확대이든지, 그의 시는 궁극적으로 현실에 그 뿌리를 깊이 내리고 있다. 그러면 그의 현실에 대한 인식은 무엇이고 현실은 또 그에게 어떻게 작용되고 있는 것일까?

너는
싸늘한 버스정류장에서
또 하루를 기다리고
화장기 짙은 구두소리를 듣고 있다.

멀지 않아 거리에는
네온이 켜지고
산동네의 十字架에도
네온이 켜지고
너의 예수를 가두기 위하여
어둠이 몰려오고 있다.

—「서울의 黃昏」, 일부

원양선박(遠洋船舶)에서
잡아온
삼치덩이처럼
멀쩡히 누워서
인생도 시간도
얼어붙은 것은
언제부터지

—「언제부터지」, 일부

침묵으로 솟은 바벨탑의 가지랭이를 가다 계단은 하늘을 향하여 뻗어 오르기도 했다. 이웃과 이웃, 방과 방들은 한결같이 문이 닫히고 그들만이 말을 지꺼린다. 그래서 가슴은 답답한 스스로에 갇히고 째꺽째꺽 계산기 소리가 난다. 침묵으로 솟은 바벨탑의 사이 무수한 말씨가 유리 속에 피었다. 모두 유리 속에 갇히어 활짝 웃는다. 활짝 웃는 얼굴들이 바벨탑을 안내한다. 그러나 유리 속에 갇히고 스스로도 갇히었다.

—「빌딩 아래 百貨店」, 전문

앞의 인용 시편들에서 우리는 최규창 시인이 현실을 어떻게 인식하고 있는가를 엿볼 수 있는 데, 그것은 주로 시인의 도시체험이라고 할 수 있다. "예수를 가두기 위하여/몰려오는 어둠이나", "삼치덩이처럼/인생도 시간도/얼어붙은", "침묵으로 솟은 바벨탑" 등의 시구에서 알 수 있듯이, 그 체험은 또한 시인에게 주로 부정적으로 인식되어지고 있는 것을 볼 수 있다. 20세기의 찬란한 문명이 활짝 핀 도시, 그 도시 속에서도 문명이 가장 눈부신 빌딩 아래 백화점에서 시인은 기쁨과 행복보다는 슬픔과 좌절을 느끼고 있다. 극도로 팽창, 발전해가는 현대문명을 "바벨탑"으로 비유하고 있는데, 이 탑이 하늘을 향해서 높이 올라가면 올라갈수록 "이웃과 이웃, 방과 방들은 한결같이 문이 닫히고", "그들만의 말을 지저린다"고 시인은 지적하고 있다. 이는 소통의 단절로 이기주의화 되고 편린화 되는 우리 사회의 모습을 형상화 하고 있다.

> 게딱지같은 집들이 헐리고 길목마다 빌딩이 들어서면서 저녁상에는 된장국이 오르지 않는다.
>
> 사무실에는 여인의 핸드백에서 피어나는 화장품의 향기가 자욱하고 그대의 입술에서도 GNP는 TV아나운서의 뉴스보도처럼 흘러나온다 그러나 사무실에는 K가 '최규창' 씨라고 불렀을 때 내가 아찔한 것은 어인 일일까
>
> —「행방불명」, 일부

> 새벽 잠결에 쫓기는 놈을 보았다
> 오늘 아침 쫓기는 놈을 보고 있다
> 바퀴 헌터 앞을 날쌔게 기어 다니는
> 바퀴 놈을 보고 있다
> 오늘 아침 달력 속의 그 놈을 보고 있다

빨간 월요일에서 빨간 일요일까지
쫓기는 놈을 보고 있다

— 「거울의 오늘 아침」, 일부

「행방불명」에서 시인은 우리나라의 급격한 경제 발전과 그에 따른 전통적 가치의 붕괴와 반인간적인 물질주의가 만연하는 가운데, 급기야는 자아분열 양상의 정신적 고갈 상태에 이르게 되는 비극적인 모습을 보여 주고 있다. 우선 1연에서 대도시에서 기존의 낡은 집들이 무차별적으로 헐리어 재개발되고, 이에 따라서 전통적인 대가족제도가 해체되고 있음을 보여주고 있다. 또 "핸드백에서 피어나는 화장품향기", "GNP", "TV" 등의 시구나 시어에서 우리 사회가 서구화되면서 진정한 자아와 순수성이 왜곡 · 이질화 되는 모습을 확인하게 되는데, 이는 결국 "최규창"의 그림자로 표현되는 자아분열로 이어지게 된다. 그러한 자아분열 양상은 세 번째 인용 시 「거울의 오늘 아침」에서도 볼 수 있다. 거울 속에 비치는 나의 모습은 진정한 '나'가 아니고, 사이비 자아로서 숨 돌릴 틈 없이 바쁜 도시의 일상생활 속에서 진정한 삶의 가치와 방향을 상실하고 아노미 상태에 빠져 방황하는 시인 자신의 모습을 그리고 있다. 외면적인 문명의 성장이 그만큼의 반문명적인 부정적 측면을 내포하고 있음을 보여주고 있다. 그런데 이러한 시대, 사회적인 상황은 이제 피상적인 수준에 머물지 않고, 사회 구성원인 각 개인과 가정에 직접적으로 작용해서 영향을 끼치고 있음을 볼 수 있다.

새벽 잠결에는
세계전쟁학회에서 발표한 승리의 비결이
달덩이 같은 부용꽃이 되어
우리집 식탁을 폭파시켰다

스산한 초겨울 낙엽처럼
집안을 떠다니다가
부엌으로 도망간 아내를 덮치고
화장실에 숨은 나의 목을 졸랐다.

—「환상변주곡」, 일부

현대문명의 이기주의와 탐욕이 빚어낸 개인과 개인, 집단과 집단, 민족과 민족, 국가와 국가 간의 갈등은 결국 "전쟁"으로 확대 은유화되고, 그 비인간적인 시대적 위기의 참화는 가장 행복해야 할 "우리 집 아침 식탁"을 폭파시킨다. 폭파된 우리 가정의 단란한 꿈(꽃 이파리)은 "스산한 초겨울 낙엽"으로 비유되는 바와 같이 좌절되고, 그 위기적 상황은 "부엌으로 도망간 아내를 덮치"거나 "화장실" 등 집안에는 어느 곳도 안전한 곳이 없는데, 이는 시대 · 사회적으로도 마찬가지이다. 암울한 절망과 좌절의 시대 앞에 자신을 보호하기 위해서 우리가 도피하고 숨을 만한 곳은 진정 어느 곳인가?

시인은 왜 20세기가 이룩한 황홀한 산업문명의 중심에 위치한 도시 한복판에서 기쁨과 행복보다 슬픔과 절망감을 느껴야만 하는 것일까? 그에 대한 해답의 실마리를 찾기 위해 다음의 인용 시 한 편을 보자.

잠이 든 당신의 어린 아이를
당신의 오늘은
생각할 겨를이 없다
당신은
당신의 어린 아이를 내버렸다

오늘은
다만

오늘에 쫓기고 있다

뼈만 앙상한
가로수와 가로수 사이에는
이미 어린 아이의 숨결이
들리지 않는다

—「당신의 어린 아이는」, 일부

잠이 든 어린 아이를 생각할 겨를도 없이 쫓기듯 바쁘게 살아가는 사람들의 모습이다. 그것이 20세기의 찬란한 문명이 만개한 도시에 존재하는 현대인의 참모습이라면, 그 속에 바로 최규창 시인의 슬퍼하고 절망했던 원인의 일단이 존재하고 있다. 인간의 가장 소중하고 본능적인 자식에 대한 사랑과 인연까지 포기할 정도로 바쁘게 살면서 이룩해 놓은 오늘날의 도시문명으로 상징되는 인간의 물질적인 풍요와 행복이 바로 그것이다. "어린 아이"의 함축적 의미에서와 같이 인간으로서의 가장 소중한 사랑의 포기와, 설령 희생의 반사급부로 그러한 것들이 성취된 것이라면 과연 그것을 마냥 누리며 즐거워하고 행복을 구가할 수 있는 것일까? 시인의 슬픔과 절망은 바로 그런 것으로부터 연유하고 있다. 비단 여기서 당신의 "어린 아이"는 인간의 본능적인 사랑의 의미만을 내포하지 않는다. 어린 아이는 우리의 상상력 속에 환기할 수 있는 모든 것을 뜻한다. 말하자면, 인간의 정신의 순수성이라든가 영혼의 아름다움과 영원성, 더 나아가서 절대자에 대한 믿음과 소망 등을 동시에 의미하고 있다. 간단히 말해서, 인간의 본능적인 사랑과 순수한 정신, 신에 대한 강력한 믿음이 상실된 문명의 발전과, 그 문명의 집적체로서의 도시는 인간에게 아무런 행복과 비전을 주지 못한다는 것을 최규창 시인은 지적하고 있으며, 또 시인 자신이 그것을 슬퍼하고 절망하기도 하는 것이다.

결국, 이러한 인간의 소중한 것들을 외면하고 물질문명이 급속도로 발전하는 모습에서, 현대문명은 낙원으로부터 더욱 멀어져 가고 있음을 시인은 또한 경고하고 있는 것이다.

주여 어디로 가시나이까
이 들뜬 세월의 어디로 가고 있나이까
저희들 어디로 가고 있나이까
산 너머에는 음산한 바람
바람과 바람과 바람과 바람과
주여, 어디로 가시나이까
우리를 놓아두고
어디로 가시나이까.

— 「주여, 어디로 가시나이까」, 전문

시인은 온 마음을 다해 절대자 하나님 앞에서 절규하고 있다. 절체절명의 이 시대에 해결의 단서가 보이지 않는 현대문명의 위기는 이제 인간의 손을 떠나서 하나님만이 해결할 수 있기 때문이다.

너는 아침마다
創世記의 첫 장을 연다

감미로운 바람결에
아담과 이브의
숨소리를 듣다

……

또 뜨거운 시절이 오리라
너의 모든 것이

屍身처럼 굳어지는
운명을 안고

— 「봄의 사과밭에서」, 일부

인용 시의 마지막 연에서 우리는 원죄의식 속에 살아가는 인간이 끝내 그것을 극복하지 못한 채, 다시 낙원으로부터의 추방이 강렬하게 암시되고 있으며 또 경고되고 있다. 그 마지막 낙원으로부터의 추방은 기독교인들이 흔히 말하고 있는 심판의 날을 의미한다고도 할 수 있다. 이제 정녕 인간에게 구원은 영원히 불가능한 것인가?

4. 신화적 공간으로서의 영산강

지금까지 살펴본 것처럼 현대 산업사회의 물질문명과 그 물질문명의 상징으로서의 도시에 대한 최규창 시인의 인식은 부정적이다. 그러한 물질문명의 발전은 인간에게 꿈과 행복을 보장하기 보다는 그 반사적 부작용으로 마침내 인간을 더욱 깊은 낙원상실의 절망 속에 빠뜨리고 있다고 시인은 믿고 있다. 시인은 항상 사랑과 믿음과 소망으로 순수하고 영원한 에덴동산으로 돌아가고자 소망하고 있다. 그러나 발전하는 과학문명은 그러한 시인의 소망을 성취시키기보다는 더욱 멀고 어렵게 하고 있다. 성경에 의하면 그곳으로 돌아가기 위해서는 아담과 이브 이후 인간의 숙명적인 원죄의식을 벗어나야 함에도 불구하고 극심한 물질주의의 폐해로 인해 죄는 더욱 크고 깊어지기 때문이다.

하지만, 최규창 시인은 낙원으로 들어가고자 하는 그러한 희망을 결코 포기할 수 없다. 그가 그러한 희망을 성취하기 위해서는 무엇보다도 인간의 원죄를 깨끗이 씻어내야만 한다는 것을 모를 리 없다. 그러기 위해서는 죄를 범할 수 있는 동기와 욕망을 내포하고 있는 풍요로운 물질문명을 벗어나야만 하고, 그 문명의 상징인 도시를 벗어나야만 한다. 그러나 실존하는 인간에게 이것은 현실적으로 불가능한 일이다. 그러나 희망을 포기할 수도 없다. 시인은 항상 그것을 염원하고 마음속으로 지향하고 있다. 비록 육신은 현실계에 있어도 마음은 항상 낙원으로 향하고 있다. 시인에게 이러한 지향적 의식은 관습화 되어 어느새 무의식적 체험으로 전이되어, 하나의 정신적인 원형(原型)으로 고착 되고 있다.

최규창 시인에게 그러한 정신의 원형은 바로 영산강으로 나타난다. 영산강은 시인이 나서 자란 전라도 나주 땅을 지나 서해로 흘러드는 한반도 남녘의 최대의 강으로, 그곳 사람들의 삶의 터전이고 생명의 젖줄이다. 한마디로 영산강은 전라도 남녘의 유구한 역사와, 강 유역에 살아왔던 수많은 사람들의 삶의 애환을 고스란히 간직하고 있는 곳이다. 바로 그 강 유역의 나주 땅을 고향으로 하고 있는 최규창 시인 역시, 그러한 역사적 전통과 삶의 애환을 공유하고 있는 한 사람으로서 그 강에 대해서 남다른 애착을 가지고 또, 그것을 시적 제재로 사용하는 것은 당연한 일이다. 더 나아가 그에게 영산강은 단지 시적 제재의 차원이 아니라 그의 시적 원형과 뿌리를 이루고 있다고 해도 과언이 아니다. 그런 일단의 모습을 다음 시에서 확인할 수 있다.

푸른 바람에
굽이치는 물살을 보아라
보아라 백사장
세월의 무늬
사금파리 얼굴도 기웃 거린다
토라지는 입술이 곱지 않으냐

영산강 상류에 가서
우리 엄니 빨래터에 앉아 보아라
물속에는 송사리 떼 몰려가고
그 사이사이 미소 띤 우리 엄니가
세상살이 그을은
귀신같은 네 얼굴은 맞이하더라.

영산강 상류에 가 보아라
천년에 한 번
백마 타고 오시는 님
님의 모습
가 보아라
천년에 한번
백마 타고 오시는 님

일몰의 영산강
강가에 서 보아라
천년에 한번
울먹이는 소리
들어 보아라
천년에 한 번
울먹이는 역사
들어 보아라

아배의 말씀은
두만강에 서성이고
엄니의 말씀은
영산강에 떠돌고
노기 띤 아배의 말씀은
문 밖에 서성이고

오늘도 아프게 영산강은 흐르더라

—「영산강」, 전문

일종의 서사적 서정시로 영산강에 대한 시인의 주관적 서정이, 디테일이 생략된 서사적 시 · 공간 구조 속에 녹아들어 있다. 일반적으로 서사시의 경우 확실한 시적 주인공과 완결된 스토리가 있어야 한다. 이 작품의 경우 "아배", "엄니", "님" 등의 등장인물이 있지만 특정한 시적 주인공은 따로 존재하지 않으며, 처음 중간 끝이 있는 완전한 서사적 스토리도 없다. 그럼에도 불구하고 이 작품은 구성상으로 볼 때, 축소된 혹은 변형된 서정적 서사시로 볼 수 있다. 그것은 무엇보다도 이 시의 무대가 영산강이라는 실제의 강과 그 강을 중심으로 어떤 이야기가 역사적으로 형성돼 있기 때문이다. 아무튼 시인은 이러한 시적 양식을 통해서 시의 서사성을 서정적으로 훌륭하게 표현해 내고 있다.

1연에서 시인은 작품의 배경이되는 영산강의 "물살"과 강변에 펼쳐져 있는 "백사장"을 장면으로 제시하고 그에 대한 시인의 생각을 덧붙이고 있다. 2연에서는 "영산강 상류"라는 강의 지리적인 출발지로써의 공간과, 먼 과거로의 회귀라는 시간적 의미와 함께 주요 등장인물의 하나인 "우리 엄니"를 그 시 · 공간 속에 등장 시키고 있다. 그 속에 있는 "엄니"는 빨래터에 앉아 있는 소박한 모습이지만, 그 곳은 "물속에는 송사리 떼 몰려" 다니며 노는 맑고 순수하고 투명한 공간으로 보이는 자연이기도 하다. 그런 곳에서 "우리 엄니"는 미소를 띠고 "세상살이 그을은/귀신같은 네 얼굴을" 기꺼이 사랑으로 맞이하고 있다. 마치 돌아온 탕자를 맞이하듯이 녹녹치 않은 세상살이, 즉 반문명적 · 비인간적인 도시문명에 육신이 황폐화된 시인(우리)을 따뜻하게 맞이해 주고 있다. 3연에 오면, 영산강의 지형도는 한층 더 신비화(神秘化), 신화화(神話化) 되고 있는 모습을 보여주고 있다. “천년에 한 번”이라는 시간적인 고대성과 “백마 타고 오시는 님”으로 추상화된 “님” 이 바로 그러하다. 역사적 경험상 “백마 타고 오시는 님”은 영웅의 등장을 의미한다. 이제 영산강은 단순히 고향땅을 가로지르는 자연의 강이 아니고, 먼 역사의 신화 속에 존재하는 신화화 된 강이 되고 있다. 4연과 5연에서는 그러한 신화적 공간으로써의 영산강에 함축된 역사의 의미를 강조하고 있다. “엄니의 말씀”과 “영산강”으로 신화화 된 개인적인 체험과 상상의 공간이, 이제 5연에서 “아배”와 “두만강”으로 상징되는 대륙에의 민족적 · 낭만적 기상으로 확대 상승되고 있음을 볼 수 있다. 그래서 그는 지금 그 신화적 공간 속으로 돌아가 신화적인 삶을 살기를 원한다.

아이야 영산강 가자
잎 새에 맺혔다 떨어지는
빗방울처럼
아이야 영산강 가자
거기에 가면
너의 눈꼽 낀 얼굴을 씻으리라
어디 눈물고일 겨를이나 있는가
강가에 무지개 피고
사금파리 놀던 눈망울이
보고 싶지 않는가
아이야 영산강 가자

— 「아이야 영산강 가자」, 전문

신화적 공간으로써의 영산강은 순수하고 절대적인 신성화된 곳이다. 그래서 거기에는 아무나 들어갈 수 없다. “눈꼽 낀 얼굴”과 “눈물 고인 얼굴” 로 은유화 된 물질문명사회의 삶에 찌든 사람은 누구도

갈 수 없는 영원하고 완전한 곳이다. 다만 때 묻지 않은 천진난만한 "아이" 만이 거기로 들어갈 자격을 갖추고 있다. "아이야 영산강 가자"에는 이러한 시인의 원망(願望)이 투사되고 있다. 시인은 한낮 신화를 상실한 도시문명 속에서 실존적인 삶을 살아가는 소시민으로서, 신화적 공간인 영산강에서만 온갖 문명의 때와 얼룩진 죄를 씻어내고 마침내 구원을 얻을 수 있는 것이다.

멀리 멀리에서
멀리 멀리까지
메아리치는 소리
나를 부르는 소리

어머니의 목소리
銀빛으로 부서진다

대야에 차오르는 하늘
하늘 가득
가이없는 어머니의 미소
聖水의 빛살로 투명하다.

— 「아침에」, 일부

최규창 시인의 시 작품 곳곳에서 어머니의 이미지가 형상화되고 있는데, 이는 바로 앞의 시에서 살펴본 "아이" 이미지의 맥락 위에 있다고 볼 수 있다. 아침 햇살에 산이 깊은 어둠으로부터의 깨어나는 모습과, 어머니의 모습이 담긴 "성수(聖水)"의 이미지가 등가적으로 나타나는 이 시에서 우리는 시인의 어머니가 단지 사사로운 인연 속의 어머니가 아니라는 것을 알 수 있다. 아침 햇살로 인해 어둠 속에서 깨어나는 산과 인간을 잉태하고 탄생시키는 모성과 영원히 썩지 않는 성수는 모두 부활과 생명과 영원한 사랑을 의미하고 있다. 마치 에덴동산에서의 인간과 자연과 하나님이 일체를 이루어서 어떠한 대립과 모순 갈등도 없던 완전하고 영원했던 시대를 의미하는 것과 같은 맥락이다.

냇물의 잔물결은
스스로 여울을 일어내며
축제이듯
하늘의 은총이 반짝이고
세상의 사나운 표정들이
가루가루 부서져
꽃 비늘처럼 피어 오른다

10년 20년이 겨울이듯
풀래카드에 나부끼던 바람이
불그레 웃음 지으며
나뭇가지에 자고 있다

—「봄 냇가에 서면」, 2,3연

"냇물의 잔물결"이 "스스로 여울을 일어" 내고, "세상의 사나운 표정들이/가루가루 부서져/꽃 비늘처럼 피어오르는" 자연의 신비들은 모두 '하늘의 은총' 즉, 하나님의 인간과 세상에 대한 사랑의 섭리에 의해서 이뤄지고 있다고 시인은 믿고 있다. 또한 하나님의 그러하신 사랑은 "10년 20년이 겨울이듯" 나뭇가지 사이에 걸어놓았던 온갖 종류의 이념 대립적인 선전구호들을 녹아내서서 "불그레 웃음 지으며/나무 가지에 자고" 있는 평화와 화해의 미소로 승화시키고 계시다. 평화와 화해의 그 곳은 순수함과 영원함, 완전함이 있는 "푸른 초장" 즉, 신화적인 공간이다. 기독교적인 의미로 이곳은 신앙과 실존적 삶의 원형으로써 "영산강"이 만나는 곳이기도 하다.

결국 시인은 하나님의 섭리와 말씀만이 종말적 상황에 처해 있는 인간과 세계를 구할 수 있다고 확신하고 있다. 철학자도, 정치인도, 경제인도, 경찰이나 군대나, 민주주의나 사회주의, 시장경제와 자본주의도 아니고 오직 하나님만이 이 일을 하실 수 있다고 믿고 그 실현을 간구하고 있다.

5. 에필로그

인류문명사상 그 어느 때보다도 초속적(超速的)인 과학 기술의 눈부신 발달로 인해 인간의 삶의 수준은 비약적으로 향상되었고, 그러한 발전은 지금도 진행 중이다. 일견(一見) 사람의 외양적인 삶의 모습만을 볼 때 이러한 사실은 이론의 여지가 없이 당연한 것이지만, 그 내면적인 모습을 바라볼 때 우리는 그러한 의견에 선뜻 동의할 수 없다. 왜냐하면, 외양적인 물질문명이 풍요로워지고 하루가 멀다 하게 기술이 발전해 나간다 해도, 인간의 내면적인 행복이나 만족은 결코 그러한 외적(外的), 물적(物的) 발전과 비례적으로 향상되는 것이 아니라는 것을 바로 알고 있기 때문이다. 오히려 그것이 반비례적이라는 사실이 우리 삶의 현실이고 진실이기조차도 하다는 것을 알게 될 때, 우리는 또한 그 어느 때보다도 절망과 슬픔에 빠지게 된다. 그러나 불행하게도 이러한 사실은 우리 앞에 현실이 되었고, 우리는 그것을 고통스럽게 직시하면서 슬픔과 절망을 감내하고 있다. 이것은 동시대인들의 집단적 좌절이고 고통이다. 그러나 이러한 좌절과 고통은 허울뿐인 표면적인 행복과 안락함 속에 묻혀 겉으로 드러나지 않고 있을 뿐, 대부분의 현대 소시민들은 깊은 내상(內傷)을 앓고 있다.

독실한 기독교 시인으로서 최규창 시인은 누구보다도 이런 현대문명과 현대인의 모습을 먼저 알아차리고, 그것을 자아화 시키고 내면화 시켜서 시 작품으로 빚어내고 있다. 기독교적인 관점에서 그러한 모습들을 날카롭게 바라보고 그 원인과 대책 등을 함께 제시하고 있다. 시인은 그러한 비인간적이고 반문명적인 현상들과 그로부터 파생되는 인간의 고통과 절망은, 근본적으로 하나님의 말씀을 거부하고 반대하는 인간 자신의 불신앙으로부터 비롯되고 있음을 지적하고 있다. 믿음과 약속을 상실한 기술과 문명의 발전은 결국 인간을 에덴으로부터 더욱 더 멀어지게 할 뿐이다. 상실한 유토피아를 회복하는 길은 무엇보다도 처절하게 기도하면서 인간 자신을 스스로 되돌아보고, 회개하고 새로워져야만 한다. 최규창 시인은 그것을 설교하는 것처럼 설명하거나 어떤 교리적 구호로도 강요하지 않는다. 절제된 시 형식과 기교를 사용한 작품을 통해서 미학적으로 승화 시킨 구체적인 감각과 이미지로 보여 주고 있다. 기독교 사상과 말씀을 시적 정서로 녹여내서 그 주제적, 심미적 맛과 멋이 더하다. 지금까지 살펴보았듯이 일련의 영산강 등 자연을 제재로 한 작품들에서 그러한 시적 특징의 한 면모를 보고도 남음이 있다.

권상기론

생(生)의 원류(原流) 추구와 사랑의 회복

1. 시인의 인간적 면모

이 시집의 저자 권상기 시인은 '시인의 말'이나 시인의 이력에서 알 수 있듯이 천안에서 태어나고 성장해서 지금까지 그곳에서 시인으로서, 또 교육자로서 고향을 지키며 살아오고 있다. 이제 그런 그가 학교장으로 재직하고 있는 초등학교에서 정년퇴임을 바로 눈앞에 두고 있다. 사람이 평생 한 가지 일을 제대로 하기도 어려운데, 그는 시인으로서, 교육자로서, 또 지역문화 발전의 기수로서 어느 한 가지에도 소홀함이 없이 평생을 문학과 교육, 지역문화 향상에 몸과 마음을 바쳐왔다. 한때, 문학청년으로서 그와 함께 동병상린의 꿈을 안고 살아왔던 필자는, 권상기 시인이 이미 『조약돌』, 『침묵으로 남는 소리』 등의 시집을 출간하고 천안문인협회 회장과 천안시인회 회장 등으로, 공사간(公私間)의 문학 활동에 많은 기여와 업적을 남긴 것을 익히 알고 있다. 그런가 하면, 교육자로서 문학을 통해 학생들의 정서발달과 바른 인성(人性)확립을 위해서 충남초등국어교육연구회 회장과 '지(知) · 호(好) · 락(樂)' 독서교육연구회 등을 운영해 오고 있다는 사실도 알고 있다. 어찌 보면 이러한 다양한 일들을 그는 누구보다도 앞장서서 적극적으로 행한, 참으로 유능한 시인이며 사명감과 책임감 있는 교육자요 지역의 일꾼이라 할 수 있다. 이 모든 면면들이 모두 찬사를 받을 일이지만, 우리는 무엇보다도 그에게 이 모든 일의 중심에는 항상 시가 있었음을 잊어서는 안 된다. 그러니까 시는 권상기 시인이 이러한 1인 2역, 3역의 어려운 일들을 이끌어 나가는 원동력이 되고 있는 것이다. 그렇다면 이러한 그의 시적 에너지의 구체적인 모습은 어떠하고, 그 특징들은 무엇인가? 또 그것은 어디로부터 비롯되며, 그 지향점은 어디인가?

2. 시의 기초적 서정과 제재

이번에 발간되는 권상기 시인의 세 번째 시집인 『초록빛 그리움』에 실려 있는 시집에는 시집의 타이틀에서부터 '그리움'이라는 단어가 넘쳐난다. 시집의 제4부에는 "초록빛 그리움"이라는 소제목 아래 "그리움"을 직접 시의 제목으로 한 20편의 연작시 작품 외에도, 시집의 전체 80편에 육박하는 다른 시 작품들에도 "그리움"이라는 단어는 수없이 등장하고 있다. "그리움"은 '그리워하다'의 명사형으로, '보고 싶어 그리는 마음', '사모(思慕)의 정(情)'이 그 사전적인 설명이다. 즉, 어떤 주체가 자기 눈앞에서 볼 수 없는 어떤 대상을 마음속으로 생각하는 것이다. 여기에는 그리워하는 주체와 그리움의 대상 간에 시 · 공간적으로 일정한 거리유지가 필수적이다. 이러한 모습의 대표적인 예는, 우리의 전통서정시에서 별리(別離)의 한(恨)을 노래하고 있는 대부분의 시에서, 화자가 지금은 여기에 없는 연인이나 부모형제와 친구를 그리워하는 노래에서 어렵지 않게 볼 수 있다. 우리 한국시의 원형이라고도 할 수 있는 '한'도 결국은 이러한 그리움의 반복과 누적으로부터 비롯된다고 할 수 있다. 그렇다고 볼 때 '그리움'은 '기다림', '사랑' 등과 함께 우리 전통 서정시의 원류(原流)라고 할 수 있을 것이다. 이런 맥락에서 권상기 시인의 "그리움" 또한 그러한 전통 서정성 위에 있음을 확인할 수 있다.

상처 없이 핀 꽃이 어디에 있으랴
두 손 잡아 주던
그 모습으로 내 영혼에
속삭이고 있습니다.
어머니 손바닥 손금처럼 핀 꽃이
하늘을 봅니다.
어머니 발바닥 군살처럼 핀 꽃이
버리고 떠날 시간을 봅니다
꽃을 꽃으로 볼 수 없는
살아온 날이 부끄러워
꽃대 궁 끝자락에서 맴돌다가
"어머니" 하고 나직한 목소리로
불러봅니다.

— 「씀바귀 꽃」, 전문

시적 화자의 어머니에 대한 그리움을 씀바귀 꽃을 매개로 해서 노래한 시 작품으로, 지금 이 자리에는 없는 어머니에 대한 그리움을 애절하게 표현하고 있다. 시의 맨 첫 행에서 볼 수 있듯이 시인에게 "어머니"는 살아가면서 많은 상처를 받은 여인으로 인식되고 있다. 이러한 시인의 어머니에 대한 모습은 희생적이고 모성애적인 우리 한국의 대부분의 어머니상(像)이라고 볼 때 권상기 시인의 어머니에 대한 그리움은 전통서정시의 그것과 동질적이다. 약간의 편차는 있지만, 권상기 시인의 시집 『초록빛 그리움』에 실려 있는 대부분의 시

작품들은 어머니와 고향, 그리고 만나고 헤어진 수많은 사람들에 대한 '그리움', '기다림', '사랑' 등과 같은 전통 서정을 풀과 나무, 강과 산 등의 자연을 매개로 해서 감각적으로 표현하고 있다.

권상기 시인이 한국인으로서, 또 도시가 아닌 시골의 자연 환경 속에서 태어나서 성장해온 사람으로서 이렇게 우리의 전통적인 정한(情恨)을 자연적 소재를 통해서 노래하는 것은 너무도 당연하다. 그럼에도 불구하고 어떤 사람들은 요즘과 같이 첨단화된 과학기술이 우리의 일상적인 삶의 환경을 이루고 있는 정보화 시대에, 과연 이러한 1차 농경사회 환경 속에 살았던 우리의 조상들과 동질적인 전통적 서정성이 타당하고 유효한 것일까 하는 의문을 제기 하기도 한다. 일견(一見) 당연한 듯이 들리기도 한 이러한 문제제기에 대해서 반론을 제기할 수 있는 근거를 우리는 권상기 시인의 "그리움"의 서정을 좀 더 깊이 살펴봄으로써 마련할 수 있을 것이다.

3. 생의 원류로서의 "초록빛 그리움"

앞에서도 언급한 바 있지만, 지금 우리나라는 세계적인 고도(高度) 정보화(情報化) 사회에 진입해 있다. 그러한 정보화 사회의 구체적인 모습을 우리는 일상생활 속에서 얼마든지 확인할 수 있으며, 실제로 우리는 매 순간 그러한 체험을 하며 살아가고 있다. 정말로 우리는 스마트폰으로 상징되는 정보화 사회의 코페르니쿠스적인 시대・사회적 변화를 누구든지 실감하고 있다. 권상기 시인 역시 현대인으로서 그러한 변화 속에 살고 있으며, 또 그것을 온몸으로 체험하고 있을 것이다. 그러나 그의 마음은 여전히 정보화라는 말이 생기기 이전, 아니 문명이란 말이 회자되기 이전 우리의 선배 시인들이 노래했던 그리움 속에 있고, 또 그것을 시 작품으로 노래하고 있다. 그러나 그에게 있어서 그러한 그리움은 아무리 세월이 흘러 시대가 바뀌고 사회가 새롭게 변화해도, 영원히 고정 불변하는 生에너지의 저수지이다.

광활한 우주의
문을 열어 봅니다.
생명이 있는 모든 것이
숨죽여 바라보며
축복의 박수를 보낼 때
초록빛 그리움이여,
얼마만큼 걷고 걸어야
당신을 만날 수 있습니까
생명의 무늬가 내는
처음의 소리를 생각하며
당신이 잉태한
산고에 대하여
함께 기도하겠습니다
당신이 빛으로 언약하면
우리들의 별들은
모든 어둠을 끄고
저마다 꽃 초롱 하나씩 들고 나와
당신을 맞이합니다.

—「生命을 위한 그리움의 序曲」, 일부

우리는 인용 시 작품의 제목에서부터 권상기 시인에게 있어서 "그리움"은 단순히 전통서정적인 일과성(一過性)의 인간적인 것이 아니라, 우주적이고 근본적이며 살아있는 모든 것의 영원한 '생명성'과 관련되고 있다는 것을 느낄 수 있다. 그래서 여기에서의 그리움은 심미적 차원이 아닌 신화적, 종교적인 차원으로 그 어조나 분위기가 자못

엄숙하고 비장감마저 든다. 권상기 시인이 교회에 출석하거나 기독교인이라는 말은 아직 들어 본 적이 없지만, 이 시 작품 속에는 기독교적인 의미가 내포되어 있음을 볼 수 있다. 1,2행의 "광활한 우주의/문을 열어 봅니다"라든가, 9,10행의 "생명의 무늬가 내는/처음의 소리를 생각하며", 또 14,15행의 "당신이 빛으로 언약하면/우리들의 별들은/모든 어둠을 끄고"의 시구들이 그러하다. 1,2행의 "광활한 우주의/문을 열어 봅니다"는 성경의 창세기 1장 1절의 "태초에 하나님이 천지를 창조하시니라"에 대응하고, 9,10행의 "생명의 무늬가 내는/처음의 소리를 생각하며"는 창세기 1장 2절, "땅이 혼돈하고 공허하며 흑암이 깊음 위에 있고 하나님의 신은 수면에 운행하시니라"의 의미에 닿아 있다. 또 14,15행의 "당신이 빛으로 언약하면/우리들의 별들은/모든 어둠을 끄고"는, 창세기 1장 3절의 "하나님이 가라사대 빛이 있으라 하시매 빛이 있었고"와 동의적 대구(同意的 對句, synonymous parallelism)을 이루고 있다.

이러한 모습들에서 우리는 권상기 시인 자신이 알고 있든 모르고 있든, 그의 시 작품들은 일정부분 기독교의 자장권에 있음을 확인할 수 있다. 따라서 권상기 시인의 「생명(生命)을 위한 그리움의 서곡(序曲)」에서의 "초록빛 그리움"은 성경의 맨 처음에 등장하는 천지창조 이야기의 맨 첫 부분 즉, 인간을 비롯한 모든 생명체와 모든 별들의 고향인 우주를 창조한 절대자에 대한 그리움이다. 보이지도 만져지지도, 들을 수도 없는 절대자는 모든 존재의 뿌리이자 출발점으로, 시인은 시인 자신의 원초적 생명의 고향이기도 한 그러한 영원불변한 절대자에 대한 그리움을, 일상적이고 관습화된 전통서정의 그리움과 차별화해서 "초록빛 그리움"으로 표현하고 있다. 그러니까 "초록빛 그리움"은 마르지도 썩지도 않는 에너지로 충만한 원초적인 생명의 원류가 되고 있다. 그러나 다소 추상적이고 신념적 수준에 머물렀던 시인의 “초록빛 그리움”은 다음의 인용 시에 오면 좀 더 구체적이고 경험적으로 나타난다.

그곳에 가보면
이름이 있는 것과
없는 것을 구분할 수가 없네
그곳에 가보면
당신의 눈으로
볼 수 없는 것이 있네
그곳에 가보면
살아있음이 숙연해 지고
제 몸조차 없는 갯벌이
어떤 사랑을 주면서
무엇을 그리워하는지
수많은 생명이
어떻게 잉태하고
회귀(回歸)하는지
…
…
네 것과 내 것으로
풀리지 않는 말들을
그곳에 가보면
질펀한 갯벌의 목숨만큼
모든 것을 용서하니
시작과 끝이 없는
또 다른 그리움이 된다.

— 「순천만에서」, 일부

아마도 시인이 순천만을 여행하면서 현장을 직접 보고 느낀 체험을 형상화한 것으로 보이는 시 작품으로 생각된다. 마치 앞의 「生命

을 위한 그리움의 序曲」에서의 "광활한 우주"처럼 수십 년 혹은 수백 년, 수만 년에 걸쳐 형성되어온 광활한 갯벌과, 그 갯벌 위에 이리저리 제 맘대로 이어지는 물고랑과, 온갖 종류의 바다생명체들이 어떠한 제재나 방해도 없이 자유자재로 갯벌을 마음껏 누비면서 평화롭게 공존 공생하는 모습에서, 시인은 그가 그토록 마음속으로 꿈꿔 왔던 원시적인 생명력을 만나게 된다. 그곳에는 "이름이 있는 것과/없는 것을 구분할 수가 없고", "네 것과 내 것으로/풀리지 않는 말들"이 없는 평화와 상생의 공간이다. 9행의 "제 몸조차 없는 갯벌"과, 끝에서 4번째 행의 "질펀한 갯벌의 목숨만큼"이라는 표현에서 우리는 「生命을 위한 그리움의 序曲」의 시적 배경이자 창세기 1장2절의 "땅이 혼돈하고 공허하며 흑암이 깊음 위에 있고"라는 성경구절에서와 같은, 형태화되거나 분화되기 이전의 생명의 배아(胚芽)로써의 어둠과 혼돈, 그리고 공허를 볼 수 있다.

그러나 이러한 원시 생명의 배아는 창세기에서는 하나님의 명령이신 '빛'으로 해서 드디어 공허와 혼돈의 흑암은 각기 형체와 질서를 형성해 나가기 시작하고 모든 생명체가 제 모습으로 태어나게 된다. 권상기 시인의 「순천만에서」에서는 그러한 분화와 형태화 작업 즉, 어떤 차별과 제한이나 억압과 소외도 없는 원시적인 생명공동체의 실현이 '사랑'과 '용서'로 이뤄지고 있다. 10행의 "어떤 사랑을 주면서"와 끝에서 세 번째 행의 "모든 것을 용서하니"라는 시구에서 시인의 그러한 모습을 확인할 수 있다. 그러니까 권상기 시인의 '사랑'과 '용서'는 천지창조 이야기에서의 '빛'과 등가(等價) 관계임을 볼 수 있다. 시인은 자연으로서의 '순천만'의 갯벌을 통해서 추상적, 이념적인 절대적 생명을 상징하는 "초록빛 그리움"을 경험적으로 만나는가 하면, 삶 속에서의 실천적 방법론으로서의 사랑과 용서와 화해의 "초록빛 그리움"을, "또 다른 그리움(마지막 행)"으로 만나게 된다.

4. "초록빛 그리움"의 마중물로서의 '사랑'의 속성

앞에서 살펴본 것처럼 권상기 시인은 유한적(有限的) · 지상적(地上的)인 존재로서의 불완전한 삶을 살아가면서, 그 실존적 · 숙명적인 한계를 뛰어넘어 완전하고 영원한 생명의 세계로 나아가고자 한다. 그래서 시인은 생명수 즉, 초록빛 그리움이 흘러넘치는 생명의 시원(始原)에 파이프를 연결해서 현실 속에서 고갈된 몸과 마음의 에너지를 다시 채우고자 한다. 그러나 너무도 큰 현실적 장애와 마음의 상처 때문일까? 생명의 원류에서 길어 올린 그 생명수는 시인의 몸과 마음 구석구석에 펼쳐져 있는 실핏줄에까지는 도달하지 못하고 있다.

늘 푸르게 살고 싶어
더 이상은 너에게
매달리고 싶지 않아
지구의 끝 날에
이마를 부딪쳐
더 푸르게 멍들고
세상의 그리운 것들
더 그리워하다 보니
가슴에 지구가 매달려 있네.

— 「초록빛 그리움 · 16 -땡감-」, 전문

우선, 위 시 작품의 1행, "늘 푸르게 살고 싶어"에서 우리는 생명의 발원지를 향한 시인의 의지를 읽을 수 있다. 그러나 어떤 연유로 인해서인지 모르지만, 시에서 "너"로 의인화 되어 현실적 삶의 녹슨 프레임을 은유화 하고 있는 감나무 가지에 의지하고 싶지 않다고 선언한다. 그 구체적인 이유는 알 수 없지만 시인이 현실 속에서 느끼는 어떤 모순이나 갈등일 것이라는 것을 추측할 수 있다. 그러나 그러한 모순과 갈등과 끝내 화해하지 못한 시인은 마침내, "지구의 끝 날에/이마를 부딪쳐/더 푸르게 멍들고"라는 시구에서 볼 수 있듯이 어떤 체념 상태에 이르게 된다. 이는 땡감이 가지에서 잘 익어 맛과 빛깔이 제 모습대로 완성되지 못한 채, 불완전한 모습으로 땅에 떨어지는 모습을 비유적으로 표현한 것이다. 그렇게 땅에 떨어진 땡감은 땅바닥으로 낙하는 충격으로 인해 "더 푸른 멍"이 들게 되는데, 이는 바로 시인의 현실과 불화가 깊어지고 거기서 비롯되는 마음의 상처가 깊어짐을 은유적으로 표현한 것이다. 그러나 이러한 절망적인 상태 속에서도 시인은 마음속에 간직하고 있는 "세상의 그리운 것들"을 포기하지 못하고 오히려 "더 그리워" 하고 있다. 다시 말해서 시인은 더 상처받고 절망에 빠질수록 "초록빛 그리움"에로의 열망은 더욱 강해지고 있다.

프로이드는 그의 무의식 이론에서 이러한 인간의 원초적인 욕망은 죽음의 본능이 강해질수록 생에의 본능도 강해진다고 말하고 있다. 이는 하나의 역설(paradox)의 미학으로 마지막 행의 "가슴에 지구가 매달려 있네"라는 시구가 바로 그런 의미를 함축하고 있다. 이미 시인은 시 작품의 4행에서 "지구의 끝 날" 즉, 체념상태를 선언한 바 있지만, 마지막 행에 오면 그런 지구가 다시 가슴에 매달려 있다고 앞의 선언을 번복하고 있다. 여기서 "가슴"은 물론 시인의 '마음'의 다른 표현으로, 그는 아직도 "지구의 끝"이 아닌 새로운 희망과 출발에의 의지 즉, "초록빛 그리움"를 내보이고 있다. 이렇게 권상기 시인은 '끝날'에서 '새날'을, '절망'에서 '희망'을, '고통'에서 '환희'를, '어둠'에서 '빛'을 건져 올리고 있다. 그렇다면 그에게 "초록빛 그리움"을 향한 이러한 열정과 의지를 추동(推動)하는 힘의 정체는 도대체 무엇인가? 그것은 바로 추상적, 이념적 차원의 "초록빛 그리움"의 실천적 방법론이기도 한 '사랑'이다.

어떤 사랑을 주었기에
나도 모르고 너도 모르는
연두 빛 실핏줄 그리움을
계절의 줄기 끝으로 몰고 와
순간순간 곡선의 의미를 묻는가
현실과 타협을 못하는
자연의 계율이
또 다른 계절 앞에서 서성거리고
생명을 잇는 곡선의 의미를 찾다가
단호한 계절의 사랑 앞에 서 있다.

—「곡선」, 전문

시집의 대부분의 서정적인 시 작품들과 달리 위 인용 시는 경험적인 구체성보다는 추상적 관념시로써 언뜻 가슴에 와 닿는 서정적 울림은 없으나, 그 시적 의미의 폭과 깊이가 큰 작품이다. 이 작품을 감상하기 위해서는 일단, 초봄의 작은 나뭇가지에 솟아오르기 시작하는 새순을 떠올리고 꽃샘추위나 봄바람 등으로 금방 새잎을 터트리지 못하고 망설이는 나뭇가지를 상상할 필요가 있다. 우선 시의 전반부에서 우리는 그러한 모습을 볼 수 있는데, 3연의 "연두 빛 실핏줄"과 4연의 "계절의 줄기 끝"에서 그것을 확인할 수 있다. 그런데 여기서 눈여겨 볼 대목은, 그 나뭇가지가 1,2연에서 드러나듯이 "나도 모르고 너도 모르는/어떤 사랑"을 받고 새순을 틔우고 있다는 점이다. 문맥상 이 시에서 우리는 "나도 모르고 너도 모르는/ 연두 빛 실핏줄 그리움"은 곧 원시적 생명의 원류 즉, "초록빛 그리움"을 의미하고 있다. 그런데 그것을 "계절의 줄기 끝으로 몰고" 온 것은 1연의 "어떤 사랑"에 의해서 이뤄지고 있음을 볼 수 있다. 그 사랑은 에덴동산에

넘쳐흐르는 생명수인 “초록빛 그리움”을, “계절의 줄기 끝으로 몰고 와”로 은유화 된 시인의 삶의 공간인 현실 속으로 가져오는 물줄기 역할을 하고 있다.

그럼에도 불구하고 “초록빛 그리움”은 기대처럼 잎으로 활짝 피어나지 못하고 “순간순간 곡선의 의미”를 묻고 있다. 추측컨대 “곡선”은 나뭇가지에게는 꽃샘추위나 봄바람 등 현실적 장애를 의미하고 있는 것으로, 이어지는 시행의 “현실과 타협을 못하는/자연의 계율”에서 그것을 확인할 수 있다. 때가 되고 계절이 바뀌면 새순이 트이는 것이 자연의 순리이거늘 인용 시에서의 새순 즉, “초록빛 그리움”은 여의치 않은 현실의 기후여건 등에 따라서 고뇌하며 말 못 할 내상(內傷)을 겪고 있다. 8행의 “서성거리며”라는 시구에서 우리는 이런 모습을 확인할 수 있다. 시적 주체는 여전히 갈등하고 있지만, 끝내 자연의 질서를 저버리는 “현실과의 타협”을 거부하고, “단호한 계절의 사랑 앞에 서 있다”고 선언한다. “단호한 계절의 사랑”은 “자연의 계율”를 따르는 순수하고 영원불변한 절대적인 사랑으로, 이것은 또한 1행의 “어떤 사랑”이기도 하다. 그 사랑은 참으로 위대하고 고귀하고 아름다운 것으로, 유토피아에 존재하는 “초록빛 그리움”을 온갖 모순과 갈등, 불확실성과 불완전성의 지상공간으로 이끌어 내는 마중물이다. 어떠한 고통과 슬픔, 절망과 좌절, 소외와 핍박도 한데 녹여내서 자유와 평등과 평화, 용서와 화해로 빚어낸다. 그것은 단순한 감정의 경지를 넘어서 자신을 모두 바치는 헌신적인 것이며 마침내는 목숨까지 걸어야하는 생에의 열정(passion)이다. 열정은 사랑의 최고 경지로, 열정의 어원은 고통 받는다는 뜻의 ‘passion’이다. 패션의 그러한 의미는 지금도 그리스도의 수난((The passion)과 그리스도 수난극(Passion Paly) 속에 남아 있다. 우리는 권상기 시인의 생에의 이러한 열정과 의지를 이미 앞의 인용 시 「초록빛 그리움 · 16 -땡감-

」에서도 살펴본 바 있지만, 그러한 사랑으로 시인 자신의 삶은 물론이지만, 그가 항상 함께 살아가는 자연과 현실, 고향과 이웃들을 따뜻한 인내와 용서, 그리고 화해와 긍정으로 감싸 안고자 한다.

5. 사랑이 상실된 시대와 "초록빛 그리움"에의 지향

세월은 예나 지금이나 변함없이 흘러가고, 세월의 흐름에 따라 인간을 비롯한 세상의 모든 것들 역시 변화하고 있다. 그것은 영원불변한 진리이며 자연의 이치이기도 하다. 따라서 어제와 오늘이 같을 수 없고, 오늘이 내일과 같을 수 없다. 변화는 너무 자연스럽고, 또 그에 따른 시대 · 사회적인 변화는 필연적이다. 그래서 인간을 비롯한 모든 존재는 그러한 변화를 당연한 것으로 받아들이고 변화된 환경에 적응해서 살아가려고 한다. 그러나 그러한 변화가 기대수준을 훨씬 초월하거나 충격적으로 다가올 때, 모든 존재는 변화된 환경에 적응해서 사는 것이 어려워지고 끝내는 도태될 수도 있다.

우리는 인류역사문명을 통해서 그러한 모습을 어렵지 않게 확인할 수 있으며, 어쩌면 지금도 그러한 과정이 진행되고 있고, 또 그러한 과정 속에 살아가고 있다고 할 수도 있다. 요즘 들어서 지구촌 곳곳에서 더욱 잦아지고 대형화 되고 있는 기후변화로 인한 각종 자연재해가 그 대표적인 예이다. 그러나 어찌 보면 그러한 외적인 자연환경보다 더욱 근본적이고 심각할 지도 모르는 변화는, 첨단과학기술의 발전으로 인한 각종 전자기기와 인터넷과 통신수단의 발달로 인한 인간의 일상생활의 혁명적인 변화이다.

남녀노소를 불문하고 현대인들은, 스마트폰으로 상징되는 그러한 생활의 변화를 매순간 실제로 체험하며 살고 있다. 손바닥만 한 스마트폰을 통해서 우리는 전화통화는 물론이지만, TV나 영화를 볼 수 있고, 신문이나 신간서적을 다운받아볼 수 있으며, 인터넷뱅킹, 열차나 항공권 구입, 온라인 수강 등을 할 수 있다. 가히 인류문명과 인간의 삶은 지금 이 순간도 초속적(超速的)으로 변화하고 있다. 특히 세계사에서 유례가 없을 정도로 단기간에 경제, 사회적으로 압축 성장해온 우리나라는 그야말로 상전벽해(桑田碧海)의 변화가 이뤄지고 있다.

그러나 한편으로 우려되는 바는, 이러한 급격한 변화가 항상 긍정적이고 발전으로만 이뤄지고 있지 않다는 점이다. 이는 일종의 문명의 반사급부로써 변화의 질량만큼 인간의 생활환경과 행복지수가 비례적으로 향상되지 않고 오히려 부작용이 더 크게 나타나는 경우도 많다는 점이다. 그러한 사실을 우리는, 하루가 멀다 하고 발생하는 각종 반인륜적이고 반문명적인 사건, 사고들에서 확인할 수 있다. 비단 그러한 사건 · 사고에 직접 연루되지 않았다 하더라도, 우리들 대분은 초조와 불안, 더 나아가서는 원인모를 불확실성과 불안감으로 인한 어떤 공포감에 휩싸이는 긴장 속에서 살아가고 있다. 그야말로 먹잇감을 눈앞에 두고 달려가는 황야의 맹수들처럼, 무한 생존경쟁의 각박한 현실 속에서 목숨을 건 투쟁을 하고 있는 것이다. 처절한 생존경쟁의 전장에 홀로 내던지진 우리는 두렵고, 때로는 고독하고 누군가가 그리워지기도 하고 또 위로받고 싶어지기도 한다. 진정 상처뿐인 우리의 마음을 어루만져줄 손길은 어디 있으며, 만일 있다면 그 손길의 정체는 무엇일까?

오늘,
따사한 당신의 등을
그리워했습니다

당신의 체온으로

그토록 춥던 겨울밤도
따뜻했고,
허기진 배고픔도
참을 수 있었습니다

당신의 손끝에서
영혼은
늘
영혼으로 번득였고,
당신의 체온으로
육신은
육신으로 있을 줄 알았습니다

오늘,
당신의 등
당신의 손끝을
그리워하는 것은
겨울밤이 추워서도
허기진 배고픔이 있어서가 아니라
당신의 아릿한 손끝을
덮어주던 골무가
어디에 있는지 알지 못하고,
바람 앞에 서 있습니다
하늘을 봅니다.

— 「골무」, 전문

우리는 이 작품을 읽으면서 시 작품 어디에도 어머니라는 단어는 등장하지 않지만, 우리 각자의 어머니는 물론 이 시대를 살아가는 모든 사람들의 원형(原型)으로써의 어머니의 이미지를 어렵지 않게 떠올릴 수 있다. 그러니까 이 시에서의 "당신"은 자연히 어머니를 지칭하는 2인칭 대명사가 된다. 따라서 "당신의 등", "당신의 체온", "당신의 손끝" 등의 시구들은 모두 어머니 이미지에 대한 디테일이라고 할 수 있다. 어머니에 대한 이러한 디테일을 통해서 우리는 원형의 어머니를 구체적이고 경험적으로 만날 수 있다. 그것은 어머니와 나와의 체험적인 관계형성으로, 어머니의 등과, 체온, 손끝 등의 시어가 그 관계망의 주요소가 되고 있다. 그런 의미망 속의 어머니는 추위와 배고픔으로 상징되는, 세상의 어떤 환경 속에서도 내가 쓰러지지 않고 오늘 이 자리에 우뚝 설 수 있는 원동력이 되고 있다.

지금도 마찬가지이지만 특히, 산업화나 더더구나 정보화 세대가 아닌 권상기 시인 연배들의 어머니들은 자식들의 추위와 배고픔을 덜어주기 위해서 온갖 역경을 헤쳐 온 자기희생의 여인들이 대부분이다. 추위와 허기로부터 나를 살리고 지금의 나로 키워낸 어머니에 대한 그러한 기억은 항상 가슴이 아릿한 그리움으로 다가온다. 시인 역시 지금, 그런 어머니에 대한 그리움을 "골무"를 매개로 해서 서정적으로 그려내고 있다. "골무"는 어머니들이 바느질을 할 때 바늘귀에 손가락이 상하지 않도록 엄지손가락에 끼웠던 일종의 보호구이다. 지금은 그런 일이 없지만, 옛날에는 온 식구들이 입고 덮는 옷과 이불 등을 손수 빨고 말려서 바느질을 해야만 했기 때문에 손이 상하는 일이 비일비재했다. 지금은 그것을 볼 수도 또 사용하지도 않지만, 권상기 시인은 기억 속에서 그것을 끄집어내어 그 지난했던 시절에 어머니들이 걸어갔던 고통과 인내의 삶과 자식들에 대한 무한한 사랑을 노래하고 있다.

이런 사랑의 모습은 일반적인 윤리적 차원의 사랑이 아니고, 앞서 살펴본 바 있는 자기의 목숨까지 바치는 열정(passion)적 사랑 즉, 기독교적인 사랑이다. 그런데 여기서 우리가 눈여겨보아야 할 것은 그러한 어머니의 사랑을 1연과 4연에서처럼 하필이면 "오늘", 떠올리고 그리워하는가 하는 것이다. 더구나 4연에서는 "오늘" 어머니를 그리워하는 것은, "겨울밤이 추워서도/ 허기진 배고픔이 있어서가 아니라"고, 애써 시의 앞부분에서의 진술내용을 번복하고 있다. 그러나 이에 대한 연유를 우리는 이어지는 시행에서 확인할 수 있다. "당신의 아릿한 손끝을/덮어주던 골무가/어디에 있는지 알지 못하고/바람 앞에 서 있습니다/하늘을 봅니다"라는 시구에서, 우리는 어머니의 사랑의 대치물인 "골무"가 지금, 어디에 있는지 그 소재나 행방이 묘연해진 데 그 연유가 있음을 확인할 수 있다. 이는 다시 말해서 "골무"가 무용지물이 되게 변화한 시대 · 사회적인 모습과, 그 변화 속에 쉽게 적응하지 못하고 아노미 상태에 빠져있는 현대문명과 현대인을 의미한다.

정보화 시대로 일컬어지는 오늘날, 우리가 처한 이러한 현대문명의 반작용 혹은 부작용은 바로 앞서 살펴본 바와 같다. 권상기 시인은 특유의 예리한 정서적 감수성으로 지금의 이러한 상황을 현대문명과 또 그 속에서 살아가고 있는 현대인이 처한 위기상황으로 파악하고 있다. 그렇지만 권상기 시인은 그의 시적 비전을 통해 그 위기상황에 대해서 단지 문제를 제기하는 것으로 끝내지 않고, 그에 대한 근본적인 대안을 제시하고 있다. 그것은 바로 이 시집의 대주제이기도 하고 또 지금까지 살펴온 "초록빛 그리움"의 회복을 통해서이다. 이런 맥락에서 「골무」에서의 어머니의 사랑은 자연히 "초록빛 그리움"에서의 온전한 절대적 그리움의 의미에 닿게 된다. 특히, 이 시에서 3연의 "당신의 손끝에서/영혼은/ 늘/영혼으로 번득였고/당신의 체온으로/육신은/육신으로 있을 줄 알았습니다"의 시행은 지상적, 육친적인 어머니의 사랑이 영원불변한 생명에의 절대적 "초록빛 그리움" 즉, 유토피아에로의 상승을 견인해 주는 매개항이라고 볼 수 있다. 결론적으로 방향성을 상실한 오늘날 정보화 시대의 화려한 얼굴 뒤에 숨어있는 인간적 · 문명적 위기 상황을 구원할 수 있는 메시아로서, 권상기 시인은 항상 생명의 원류인 "초록빛 그리움"에로의 꿈을 버리지 않고 또 그곳을 향해서 전력투구하고 있다.

지금까지 살펴본 바와 같이 권상기 시인의 『초록빛 그리움』속의 시 작품들은 기본적으로 전통서정성을 자연과 현실 속의 여러 가지 제재를 통해서 구체적이고 경험적인 이미지로 그려내고 있다. "그리움"을 비롯한 그러한 전통서정들은 언뜻 보아서 진부하고 퇴행적인 것처럼 느껴질 수도 있다. 그러나 권상기 시인은 시적 작업을 통해서 전통서정의 하나인 그리움을 좀 더 우주적이고 근원적인 생명의 원류로서의 "초록빛 그리움"으로 상승시키고 있다. 시인은 또 그것의 구체적인 실현을 위해서 자기희생적인 열정적인 사랑으로 인간과 현실 그리고 자연을 감싸 안으며, 정보화 시대의 생존경쟁의 전장에 내던져진 비인간적이고 반문명적인 현대인들의 정신적 위기를 극복하고자 한다. 이렇게 볼 때 그의 시편들은, 능히 문명의 이율배반적인 모순과 갈등을 극복하여 진정한 인간의 행복을 담보할 수 있는 메시아가 될 수도 있으리라고 생각한다.

한정찬론

삶에 대한 경외(敬畏)와 진실성 추구

―시집 『탑(塔)의 언어(言語)』를 중심으로

1. 구조(救助) 출동의 리얼리티와 휴머니즘의 미학(美學)

이 시집 『탑(塔)의 언어(言語)』는 한정찬 시인의 아홉 번째 시집이다. 어렵게 등단을 하고도 경제적, 시간적인 이유 등으로 평생 한두 권의 시집을 발간하기도-한 권의 시집도 갖고 있지 못한 시인도 허다하다-어려운 게 현실임에도 불구하고 한정찬 시인은 지금 아홉 번째의 시집을 상재(上梓)하고 있다. 그의 시에 대한 남다른 열정과 그동안의 창작성과가 감동적이고 또, 필자 역시 시를 쓰는 사람으로서 한없이 부러울 뿐이다. 더구나 그의 이러한 업적이 항상 긴장과 위험 속에서 생활해야 하는 소방서의 119구조대에서 업무를 수행하면서 쌓아 올린 것이어서 더욱 그 의미가 크다.

소방서의 119구조대의 임무라든지 활동상에 대해서는 매스컴을 통해서 이미 누구든지 다 알고 있다. 현대사회의 메카니즘이 복잡 다양해질수록 거기서 파생되는 돌발적인 사고의 위험성도 그만큼 증가하게 된다. 소방서의 119구조대원들은 바로 그러한 위험성과 직면해서 화재를 진압하거나 인명을 구조하는 일을 한다. 고도의 정신적인 집중과 육체적인 긴장이 요구되는 일임을 시인 스스로 밝힌 적이 있다.

이 시집에 실려 있는 89편의 시 작품들 중에는 이러한 그의 직업체험에서 우러나온 시 작품들이 상당수에 달한다. 시집의 초반부에 실려 있는 일련의 '구조출동'의 연작시가 바로 그것이다. 적지 않은 수의 이 시편들에는 시인이 소방서 119구조대에서 직접 화재나 차량사고 현장의 화재진압이나 인명구조 활동에 참여해서 겪은 체험을 생동감 있게 노래하고 있다. 위기일발의 절박하고 숨 가쁜 사고현장의 모습을 너무나 생생하고 구체적으로 묘사하고 있어서 한 편의 스릴 넘치는 드라마를 보는 착각에 빠지게 한다. 그렇다고 한정찬 시인이 사고현장이나 구조활동의 모습을 스토리처럼 시간 순서에 따라 전개되는 상황을 상세하고도 전체적으로 묘사하고 있다는 얘기는 아니다.

그럴 경우 시 작품이라기보다는 한 편의 르포가 될 개연성이 농후하지만, 한정찬 시인은 현장의 모습이나 상황의 한 단면만을 예리하게 포착해서 극적으로 표현하고 있다. 그래서 그의 시 작품들이 '이야기' 요소를 중심으로 구성되어 있지만 단순한 서사시로 전락하지 않고 서정시의 카테고리에 남아있게 된다. 그러니까 그의 시에서 '이야기'는 플롯이라기 보다는 스토리로써 서정성을 유발하는 하나의 화소(話素)로써 작용하고 있다. 이런 시적방법은 정상적인 이성과 감성이 작용할 수 없는 돌발적이고 충격적인 사건이나 사고를 즉시적이고도 현장감 있게 표현하는데 유효하다. 화재발생이나 차량사고 등 논리적인 사고나 시적 정서와 상상력의 과정이 작동할 시간적인 여유가 없을 때 효과적으로 사용될 수 있는 표현 방법으로, 단순한 사고기사가 아닌 인간의 생명에 대한 고귀함이라든지, 휴머니즘, 사랑과 봉사의 아름다움을 미학적으로 그려내고 있다.

나지막한 황토밭 둔덕에 언제라도
사그라질 듯한 낡은
아산시 신창면 남산리 왕산목장에서
겨우내 얼었다 녹아지는
삼한사온의 반복된 일기라도
아주 극명하게 대변할 듯한
그런 왕산목장에서 화재가 났다

〈중략〉

축사 안에는 불길에 등가죽이 타
진물 같은 피가 흘러내리는
젖소 한 마리

두 눈에 눈물 주르륵 흘리며
네다리를 파르르 떨고 있었다
한기가 들어 그런가 보다

귀대하는 긴급구조차 유리창에
아침햇살에 깨어난 온기를 바탕으로
지난 해 무값 폭락으로
사람 손 한번 거치지 않은 무들이
머리가 부서진 채 도열하고 있었다

언듯 언듯 보이는 밭고랑에
축사를 잃고 시름할 농부의 근심이
마치 해일로 일어날 것만 같아
정월 햇살은 아롱이며
한 점 따뜻한 사랑 키우려
왕산목장을 떠나지 못하고
맴맴 돌고 있었다

(1997.1.29 09:35/아산시 신창면 남성리 왕산목장화재. 쌓아 놓은 볏짚 북데기 등이 타고 있어 완진까지 시간이 꽤 오래 걸렸음)

—「구조출동 · 1~4」, 일부

이 작품은 작품 말미의 메모에서 시인이 밝혔듯이 그의 소방서 관내에 있는 어느 목장의 화재사고 현장을 소재로 하고 있다. 목장의 모습이라든지 화재진압을 위한 소방대의 출동 모습, 화재현장의 모습, 화재진압 완료 후 귀대하는 모습 등이 사실적으로 그려져 있다. 시 작품 말미의 괄호 속에 묶여진 메모의 내용은 이 시의 그러한 사실성과 현장성을 더욱 뚜렷이 해주고 있다.

그러나 이 작품은 이러한 사실성에도 불구하고 단지 그러한 사실의 보고나 전달의 차원에 있는 르포나 연대기적 서술에 불과한 서사시로 떨어지지 않고 있다. 그것은 바로 이 시 작품 속의 사실들은 이른바 서사시의 시작과 중간과 끝의 3단 구조로 하나의 사실을 전체적으로 서술하는 플롯화 된 사실들이 아니고, 각각 서로 독립된 단위적인 제재로, 하나로 화소(話素)로 존재하고 때문이다. 그러니까 한정찬 시인은 서정성의 강도를 높이기 위해 이러한 사실들 즉, 한 편의 에피소드나 스토리를 시 작품 속에 도입하고 있다고 볼 수 있다. 그래서 한정찬 시인이 이 시에서 정작 보여주고자 하는 것은, "왕산목장"의 화재라든가, 구조대의 영웅적인 화재진압 등의 사실들이 아니라 "불길에 등가죽이 타/진물 같은 피가 흘러내리는/젖소" 라든지, "보험하고는 아무 연고가 없다는/남자주인"이라든지 "언듯 언듯 보이는 밭고랑에 /축사 잃고 시름할 농부"의 모습이다. 이들이 결국 이 시의 시적 주인공들로서 모두가 힘없고 가엾고 희망없는 우울하고 처참한 모습들이다.

그가 119구조대장으로 단순한 직업인이나 생활인으로 그쳤다면,

그는 단지 신고된 화재사건을 아무런 불상사 없이 무사히 처리하고 안전하게 귀대하는 데에만 커다란 긍지와 만족을 얻었을 테지만, 오히려 그는 이러한 의례적인 업무적 관심보다는 가엾고 힘없고 고통받는 사람들이나 동물들에 커다란 관심을 보이고 있다. 여기서 우리는 한정찬 시인의 사물을 바라보는 마음의 넉넉함과 깊이를 읽을 수 있다. 근본적으로 따뜻한 사랑과 순수함, 정직함, 봉사의 마음이 메말라 있을 때 시인에게 이러한 서정성 역시 고갈되기 마련이다. 한정찬 시인은 이러한 마음으로 항상 자신을 겸손히 낮추고 모든 생명에 대한 경외의 마음을 갖고 살아간다.

> 그대여, 그대여
> 바다 가까이 다다른 강물처럼
> 우린 그렇게 목소리 낮춰 살아가야만 합니다
> 때로는 맨발로 가시밭길 걸어갈 각오로
> 단단히 맘먹어야 합니다
> 왜냐하면 투명한 계산 썩 잘하는 일은
> 오로지 자기를 낮추는 법이니까요
>
> 〈중략〉
>
> 그대, 그대여
> 어쩌면 처음과 마지막이 될
> 한 개 뿐인 이 생명 다할 때까지
> 우린 오로지 자기 목소리 낮춰 살아가야만 합니다
> 왜냐하면 포용과 겸손 함께 지닌
> 그런 마음의 소유자가 꼭 되어야 하는 법이니까요
>
> ―「그대, 그대여」, 일부

긴 설명이 따로 필요없을 정도로 시인은 "하나뿐인 생명"의 고귀함과 그러한 생명을 위해 "낮은 목소리"로 겸손하게 살아야 된다고 강조하고 있다. 인간 생명에 대한 고귀함과 소중함에 대한 서술이지만, 그러나 그 "생명"은 시인 자신의 생명보다는 타인에 대한 "생명"에 방점이 찍힌다. "맨발로 가시밭길 걸어갈 각오" "한 개 뿐인 이 생명 다할 때까지" "우린 오로지 자기 목소리 낮춰 살아가야만 합니다" 라는 시구들에서 조난자의 생명 구조에 최선을 다할 것을 결의에 찬 목소리로 강조하고 있다. 이는 곧 시인 자신을 비롯한 소방서에 근무하는 구조대원들의 기본적인 직업윤리나 근무수칙이 될 수도 있다. 그러나 시인에게 이러한 생명의 고귀함과 소중함에 대한 인식은 그러한 직업적 · 윤리적 차원이 아니다. 그의 이러한 생명에 대한 인식은 내면적으로 인격화된 천성의 발로이다. "투명한 계산 썩 잘 하는" 사람이 아니라, 그는 자신의 이해득실을 따지기보다 남을 위해 봉사하고 희생하고 겸손과 온유와 인내를 관습화 · 일상화 하고 있다.

2. 반(反)리얼리티의 서정과 의식의 긴장

지금까지 앞에서 살펴본 한정찬 시인의 시 작품들은 사실성이 확보된 리얼리티의 묘사를 통해 하나의 장면을 만들고, 이어서 그 장면은 하나의 드라마틱한 상황을 독자들에게 환기시키는 시적 방법으로 현대문명의 메커니즘 속에 항상 잠재해 있는 화재와 자동차 사고, 자연재난 등의 위험성과 또 그러한 사고로 인한 생명의 희생에 대해 강력하게 경고를 하고 있다. 그러한 시적 방법이나 내용이 전적으로 그의 직업적 체험과 관계된 것이라면, 지금 언급하고자 하는 시 작품들은 그러한 시인의 직업적 체함과 직접 관계가 없는 순수한 서정과 내면의식이 노래되고 있는 것들이다.

그러니까 리얼리티를 통한 사실의 묘사보다는 반리얼리티, 즉 시적 대상이나 사물이 해체 된 마음과 의식만이 진술된 시 작품들이다. 「대동리 추억」, 「삶」, 「塔의 언어」 등 일련의 연작 시편들이 여기에 속하는 작품들이다.

먼저 「대동리 추억」은 모두 6편으로 구성되어 있는데, 각각의 작품에는 각기 특별한 시적 대상이나 주인공이 등장하기 보다는 시인 자신의 고향의 정경과 인정을 추상화시키고 보편화해서 표현하고 있다. "대동리"라는 말 자체가 고유명사로써 어느 특정지역을 가리키고 있지만, 이 작품 속에는 그러한 지역적 특수성인 로칼리티가 개성적으로 드러나 있지 않다.

이것은 시인이 "대동리"의 로칼리티를 해체하고 일반화시키고 추상화시키고 있기 때문이다. 그래서 이 작품 속에서 우리나는 정서는 "대동리"의 '한정찬' 시인의 것만이 아닌 '모든 한국'의 '모든 한국인들'의 서정으로 확대될 수 있다. 이것은 시인의 장점이자 단점으로 작용할 수도 있으나 아무튼 이 작품을 통해서 우리는 이미 앞 장에서 살펴본 바 있는 한정찬 시인의 마음의 넉넉함과 깊이가 언제, 어디로부터 어떻게 형성되어졌는가를 확인할 수 있다. 즉 "대동리"의 순수하고 아름다운 자연과 인정 속에 뿌리를 박고 꽃피워졌음을 알 수 있다.

> 돌멩이에 어린 세월 푸른 이끼가
> 순결한 오감에 속절없이 나풀거리면
> 잊은 가슴 울렁인 휘황한 그대 모습이
> 미풍에 꽃잎처럼 간간히 헤살댑니다
> 불에 타지 않는 화석처럼 천연한 그대여
> 나는 그대 가슴에 아로새긴
> 사랑이고 싶어요
>
> —「대동리 추억 · 1」 일부

그대와 헤어질 때 눈가에 얼룩진
눈물 자욱이 꿈속에 곱게 곱게 자라
그대 영혼 밝힐 한 개 생명 불을 켭니다
돌의 향기처럼 모른 체 길 비켜가다
내 앞에 멀리 사라져 간 진실한 그대여
꿈처럼 늘 그리웁던 그대가 바로
참 행복인줄 나는 알았습니다

— 「대동리 추억 · 3」, 일부

먼저 「대동리 추억 · 1」에서 "그대 모습"으로 상징화된 고향의 인정이나 자연, 역사나 전통 등이 "불에 타지 않는 화석처럼" 변하지 않는 영원한 곳으로 묘사되고 있다. 또 시인은 자신의 고향을 "순결한 오감"에서와 같이 어떠한 인간의 때와 기계적인 문명에 전혀 훼손되지 않은 순수한 땅이라고 말하고 있다. 그러한 고향의 모습은 항상 삶의 온갖 스트레스와 부자유함 속에 살아가는 시인에게 잊혀졌지만, 때론 "미풍에 꽃잎처럼 간간히 헤살" 대며 고향의 향수에 젖게 하기도 한다. 그리고 시인은 "나는 그대 가슴에 아로새긴/ 사랑이고 싶어요"와 같이 항상 고향의 사랑과 행복 속에 살고 싶어 한다. 즉, 고향을 통해서 모든 현실적 긴장과 불안을 해소 하고 삶의 위안과 희망을 얻고자 한다. 그런 고향은 한정찬 시인에게는 삶의 에너지의 원천이다.

바로 앞에서 살펴본 것처럼 한정찬 시인은 "대동리"를 세월이 흘러도 변함없는 영원한 사랑과 행복의 안식처라고 말하고 있다. 어떠한 마음의 불화나 갈등도 없는 영원하고 완전한 곳, 거기는 분명히 시인의 유년의 추억과 꿈이 고스란히 담겨져 있는 고향이리라. 그러나 언제인가부터 그가 그의 꿈을 위해 혹은 생활을 위해 그 고향을 떠나면서부터 시인은 치열한 생존경쟁과 불완전하고 모순투성이의 현실 속에서 수많은 갈등과 방황을 겪지 않을 수 없었으리라. 그래서 그는 그러한 '삶'을 다음과 같이 표현하고 있다.

살얼음판 같은
이 길을
인연으로 지은 옷
늘 껴입은 채

아리랑 노래 부르고
아리랑 춤도 추고
아리랑 고개를
은밀히 넘는 우리들

참 은혜로움일 거야

— 「삶 · 3」, 전문

시인은 고향을 떠나 홀로 부딪쳐야만 하는 세상의 모든 현실을 "살얼음판"이라고 표현하고 있다. 그만큼 현실은 냉정하고 각박하다고 시인은 느끼고 있다. 그런 그가 현실을 헤쳐나갈 방법은, 한 많은 우리민족이 현실적 질곡을 헤쳐 나갈 때마다 불렀던 처절한 한(恨)의 노래인 "아리랑"의 끊길 듯 하면서도 다시 이어지는 가락처럼 '은근과 끈기'로 사는 일이다. 어려울 때나 슬플 때나 이 땅에 태어났다는 "인연"으로 함께 어울려 "아리랑" "노래"를 부르고 "춤"을 추며 슬기롭게 고난을 극복해온 우리 민족에게, 그것은 굴신이나 패배나 절망이 아니라 "참 은혜로움"의 삶이기 때문이다. 언제나 희망을 잃지 않고 현실을 긍정적이고 낙관적으로 바라보는 시인의 시선은, 바로 우리 민족의 "아리랑"의 혼과 넋의 발로이다.

앞의 "삶"의 연작시가 우리 민족 고유의 공동체적인 삶의 애환이나 운명을 주제로 한 시라면, 다음의 인용 시편들인 「탑(塔)의 언어(言語)」는 한정찬 시인 자신의 그의 삶에 대한 태도와 신념이 집약되어 나타난 연작시들이다.

아무도 듣는 이 없는 광야의 울음소리를
푸른 언어의 여유로운 공유로
날마다 다시 태어나 간절히 기도하는
낮은 언덕의 풀잎이 되고 싶습니다

—「塔의 言語 · 15」, 일부

이제 시인은 직장인으로서, 사회인으로서 고향을 떠나 생존경쟁이 치열한 낯선 삶의 현장에서 전력투구 하고 있다. 하지만 「삶 · 3」의 시에서 "아리랑"으로 상징되었던 공동체 의식이 퇴조되고 이기주의와 이해관계로 지배되는 물질만능 사회에서 시인은 심각한 소외감과 박탈감을 느끼고 있다. 그러나 시인은 어떠한 좌절과 슬픔도 기어이 극복하고 새로운 희망과 꿈으로 다시 태어나고자 마음속으로 다짐하고 있다. 1행의 "광야의 울음소리"는 바로 이것을 상징적으로 표현하고 있다. 2행의 "푸른 언어의 여유로운 공유"는 바로 시인의 그러한 "광야의 울음소리"의 원천으로, "아리랑"으로 상징되는 공동체 의식과 서로가 서로에 대한 관심과 배려, 사랑과 행복이 가득했던 고향을 의미한다. 시인은 인정이 메마른 각박한 현실을 살아나갈 방편으로 고향의 "아리랑"의 노래와 춤의 의미를 회복하기 위해서 "날마다 다시 태어나 간절히 기도" 하고 있다. 다음 인용 시는 시인의 오랜 그 기도의 끝에 태어난 시이다.

삶의 뒤안길 돌아보면
진실로 둥글어지는 순리처럼

물길 늘 막아 둘 수 없고
바람 늘 잡아 둘 수 없듯
사랑도 늘 온기로만 있을 수 없기에
그대 눈가에 얼룩진 눈물이 고스란히 남아 있어도
머리로 살기보다는
진정, 따뜻한 가슴으로 살아가고 싶습니다.

— 「塔의 言語 · 17」, 일부

1행의 "삶의 뒤안길"이라는 시구에서 알 수 있듯이 어느덧 인생의 "뒤안길"에 들어서 있는 시인은 이제 나름대로의 삶의 진리나 혜안(慧眼)을 갖고 있다. 그것은 2행의 "둥글어지는 순리"가 말해주는 바와 같이 자연의 섭리에 따르는 삶이다. "물길 늘 막아 둘 수 없고/바람 늘 잡아 둘 수 없듯"이 자신의 어떠한 이기적인 욕망도 비우고, 물이 스스로 길을 내며 제 갈 길로 흘러가고 바람이 스스로의 방향으로 불어가듯이 삶도 자신의 본성을 따라 막힘없이 제 갈 길을 가는 것이 도리임을 시인은 깨우치고 있다. 그러한 삶은 곧 이성과 합리성, 논리성을 앞세우는 "머리"보다는 감성과 초월, 이해와 포용을 지향하는 "가슴"으로 사는 삶이다. 이러한 삶은 「삶 · 3」에서의 "아리랑"의 함축적 의미를 한 단계 뛰어넘는 삶의 근본적인 사랑이며 행복이다.

권복례론

일상적 삶의 섭리적(攝理的) 승화

1. 서정과 기독교 의식

권복례 시인은 이미 1999년에 『하나님의 해답』이라는 첫 시집을 낸 바 있고, 지금까지 초등학교 교사로서 근무해오다가 올해 정년퇴임을 앞에 두고 있는 시인이다. 그러니까 이번에 발간되는 시집 『수수꽃다리 앞에서』는 시인의 두 번째 시집이자 정년퇴임기념 시집이 되는 셈이다. 시인의 그간의 시적 여정을 살펴볼 수 있음은 물론이지만, 37연간 몸담았던 교육현장 체험을 시 작품 속에서 엿볼 수 있는 의미 있는 시집이라 할 수 있다. 시인의 그런 감회는 시집의 감상적인 서문에서부터 물씬 배어나오지만, 시집 속에 있는 많은 작품들이 시인의 그러한 체험을 제재로 하고 있음을 볼 수 있다.

이번에 발간되는 권복례 시인의 시집 『수수꽃다리 앞에서』에는 110편의 적지 않은 시 작품이 「그리움은 언제나 내 몫입니다」, 「외줄타기」, 「메별」, 「능금 꽃이 지는 이유」 등 4부로 나뉘어 묶여져 있다. 각 부의 소제목이 암시하듯이 분류된 작품들은 각기 주제적인 측면에서 약간의 편차를 보이고 있는 것은 사실이지만, 대부분은 사랑과 그리움, 삶의 정체성, 가족에 대한 그리움, 교육 현장에서의 체험 등을 평범한 시어와 시적 구조를 통해서 서정적 진술로, 때로는 에피소드로 그려내고 있다. 그러나 우리는 무엇보다도 권복례 시인이 이러한 여러 가지 시적 주제를 다루고 있음에도 불구하고, 또 시집 속에 직접적으로 눈에 띠는 기독교 시 작품이 얼마 되지 않음에도 불구하고 시인의 시적 기초는 기독교 의식이라는 점을 간과해서는 안 된다. 말하자면 시인의 모든 시 작품은 직간접적으로 사상적, 정서적으로 기독교 정신의 영향권에 있다고 할 수 있다. 이러한 모습은 이미 첫 시집의 타이틀이 『하나님의 해답』이었다는 사실과, 이번에 발간되는 시집 『수수꽃다리 앞에서』의 서문이 「나의 피할 바위가 되어주시고 방패가 되어주신 하나님 아버지께 감사드립니다」로부터 시작되고 있다는 사실에서도 확인할 수 있다. 좀 더 심층적인 작품분석을 통해서 권복례 시인의 이러한 시적 면모를 살펴보기 전에, 이 시집에 실린 시 작품의 잔반적인 메커니즘을 먼저 살펴보도록 하자.

2. 일상적 시어와 평이한 시적 구조

권복례 시인의 시집 『수수 꽃다리 앞에서』에 실려 있는 작품들을 전체적으로 조감(照鑑)할 때 무엇보다도 우선 눈에 띄는 것은, 시어가 일상어와 구분이 안 될 정도로 평범하고 시적 구조 역시 대화나 독백 혹은 편지글처럼 소박하다는 점이다. 현대시 하면 우선 떠오르게 하는 시어의 함축성, 고답적인 비유와 구조를 통한 애매 모호성을 그의 시에서는 전혀 찾아 볼 수 없으며, 웬만한 독자들이라면 어렵지 않게 이해하고 감상할 수 있는 시 작품들이 대부분이다. 이를 두고 어떤 사람은 시적 기교가 부족하다느니, 시적 여백의 미확보로 정서적 긴장감이 떨어진다느니 등 이런 저런 말을 할 수도 있을 것이다.

하지만 기교적으로 뛰어나고 사상적으로 거대한 담론을 얘기하는 시가 곧 좋은 시를 의미하는 것은 아니다. 시가 전통적으로 활자매체 중심의 표현수단이 되었던 시기와 달리, 첨단과학 기술을 기초로 한 다양한 표현 매체 즉, PC, 스마트폰, 비디오, 케이블 TV, 영화 등이 독자들의 눈과 귀를 사로잡고 있는 요즘은, 오히려 시의 그러한 전통적인 평가기준보다 시인과 독자들의 소통 즉, 쌍방향성과 쉽고 빠른 이해와 감상 그리고 소비자인 독자들의 수용성이 작품평가의 새로운 잣대로 등장하고 있다. 그런 측면에서 볼 때 권복례 시인의 평범한 시어와 시적 구조, 현대 사회의 소시민적 삶의 주제 등은 오히려 강점이자 시인의 시적 특징이 되기에 손색이 없다고 할 수 있다.

아침저녁으로 드나드는 아파트 현관 옆으로
아주 작고 보잘 것 없는
수수꽃다리 한그루가 있습니다.
잎이 무성한 것도 아닌
꽃이 무성한 것도 아닌
아주 보잘 것 없는 나무입니다
4월이 오면
보잘 것 없는 수수꽃다리는
잎보다도 더 보잘 것 없는 꽃을 피웁니다
향내도
적어
가까이 다가가 자세히 들여다보아야 알 수 있는
그런 나무입니다
그렇습니다
수수꽃다리를 바라보며
나도 보잘 것 없는 사람이라고 생각 해 봅니다
누구를 위하여 큰 소리로 울어 본 일이
언제인지 가물가물 하고

신문마다 방송마다 기부천사를 이야기하는데
누구를 위해서 내가 가지고 있는 것을 꺼내어
기부를 한 것도
언제인지 기억이 나지 않는
보잘 것 없는 나에게도
들꽃 같은 향기가 남아 있다고 말하고 싶은
4월입니다
나보다는 덜 보잘 것 없는 수수꽃다리 꽃
앞에서

—「수수꽃다리 앞에서」, 전문

이 시집의 표시이기도 한 이 작품은 작품 어느 곳에도 힘들여 주의 집중 할 필요도 없이 편지글을 읽듯 한번 읽으면 바로 이해가 되고 감상이 될 수 있다. 우리가 선입관으로 가지고 있는 여타의 현대시에서처럼 비유가 고답적으로 구사된 난해한 시어와 시구를 이해하고 감상하는 것과 같은 어떤 어려움도 없다. 시어나 시구, 시의 구조 등이 막힘이 없이 자연스럽게 이어지고, 각박한 현실 속에서도 넉넉한 마음으로 살아가는 도시 소시민의 삶을 그려내고 있다. 시의 전반부에서 아파트 현관 옆 화단에 피어 있는 수수꽃다리 꽃을 우연히 발견하고 비교적 객관적으로 그 꽃의 크기, 색깔, 모습, 향기 등을 묘사한 후, 시의 후반부에서 그러한 꽃에 대한 시인 자신의 감정과 생각을 얘기하고 있다. 아주 작고 볼품없어 눈에 잘 띄지 않는 꽃을 자기 자신과 동일시하여 표면적으로는 꽃과 자기 자신을 평가절하 하고 있음을 볼 수 있다. 그러나 이는 시인의 하나의 시적 전략으로, 수수꽃다리 꽃이 오히려 아파트로 상징되는 메마른 현대 도시사회의 생명력이 되고 있으며, 화려한 문명의 이면에 존재감 없이 살아가는 시인도 그 꽃처럼 생명력을 잃지 말고 살아가야 하겠다는 의지를 반어적으로 표현하고 있다고 할 수 있다.

고구마 줄기를 들기름에 볶은 나물과 호박잎쌈으로
저녁 밥상을 물리신 아버지는
딸 셋 아들 셋을 불러 놓으시더니 나누셨다
여섯 형제 중 딱 가운데인 나까지와
내 아래로 남동생 둘과 여동생 하나까지를
무를 자르듯 두 쪽으로
참, 그랬다. 어머니는 동생들 쪽으로 붙이셨다

〈중략〉

지형이 낮아 달빛은 고루고루 비치는 것은 좋지만
서울특별시의 장대 빗물이
다 화곡동으로 흘러들어와
지붕마다 빗물이다
-텔레비전 속의 화곡동이여
-텔레비전 밖의 쉰이여

—「화곡동 별곡」, 부분

이 시 작품 역시 일상어와 산문적인 스타일로 결코 순탄치만은 않았던 시인 자신의 가족사를 "화곡동"이라는 지명을 매개로 해서 묘사하고 있다. 1, 2연과 3연 1, 2행에서 시인은 당시 자신과 자신의 가족이 처한 가정적 상황을 담담하게 표현해 내고 있으며, 이어지는 시행에서는 현재 시점에서 그 기억들을 회상하고 새롭게 변화한 현재와 과거를 비교하고 있다. 그러한 모습을 마지막 두 행 즉, "-텔레비전 속의 화곡동이여"와 "-텔레비전 밖의 쉰이여"에서 대조적으로 표현하고 있다. 조금 더 자세히 설명하자면 김포공황 부근의 "화곡동"은 언제부터인지는 모르지만 서울의 대표적인 서민들의 주거지역으로 지대가 낮아서 여름철 장마에 침수되는 때가 많았다. 텔레비전 뉴스는 그런 재난적 상황을 실시간으로 보여주었는데, "텔레비젼 속의 화곡동이여" 라는 시구는 바로 그러한 사실을 의미한다. 그럼에도 불구하고 그곳은 "지형이 낮아 달빛이 고루고루 비추인다"는, 전설처럼이나 인정 많고 교통이 좋아 살만한 곳이었다. 그러나 세월이 흘러가고 시인이 나이를 먹어 가면서 근대화니 재개발이니 하는 구호 아래 그런 화곡동이 점차 현대화 되어 가면서 동네는 인정이 메말라 가고 살기는 더욱 각박해져 가는 모습을, 시인은 이제 나이 쉰이 되어 느끼고 있음을 "-텔레비젼 밖의 쉰이여" 라는 시행에서 회고적으로 표현하고 있다. 그러니까 시인은 "화곡동"을 매개로 해서 자신의 어려웠던 어린 시절의 가족사와, 또 그런 가족사를 초래한 한 가지 원인이 될 수도 있는 비인간적인 현대문명의 모습을 중층적으로 보여주고 있다. 이렇게 시어와 문체, 구조 등이 비교적 단순하면서도 그 속에서 울려 나오는 의미의 진폭이 크다는 것은 권복례 시인의 시적 강점이라고 할 수 있다.

3. 세부묘사(detail)와 화소(話素)

우리가 흔히 알고 있는 바와 같이 서사시가 과거의 객관적 사실을 다루는 것과는 달리 서정시는 시인의 현재의 순간적인 감정을 압축된 언어 형식으로 담아내는 것이다. 여기서 감정이라는 것이 어떤 사실이나 상황, 대상 그 자체의 객관적 실체가 아니라 그에 대한 시인의 느낌이나 생각 등 내면에서 일어나는 심리 정서적인 것이기 때문에 서정시에서는 서사시에서와 같은 서사 즉, 이야기를 직접적으로 다룰 수 없다는 것이 원칙이다. 그러나 이야기가 플라톤이 얘기했던 시작과 중간과 끝을 가지고 있는 전체성을 가지고 있지 않은 단편적인 이야기를 서정성을 제고시키기 위한 방법적 차원에서 사용 가능하다는 것이 중론이다. 특히 요즘과 같이 문학 내에서의 장르, 더 크게는 예술 장르의 경계가 무너지고 상호침투해서 크로스 장르 혹은 퓨전 장르로 빠르게 변화해 가는 정보화 시대에서는 오히려 서정시에서 이러한 이야기의 도입은 오히려 시와 문학의 미래지향적인 발전을 위해서도 적극적으로 시도되어야 할 필요가 있다고 본다. 또 당연히 그렇게 되어야만 하루가 멀다 하고 가속도적으로 변화해가는 정보화 시대의 변화된 서정을 효과적으로 담아낼 수 있다고 본다.

그런 측면에서 볼 때, 권복례 시인이 『수수꽃다리 앞에서』이러한 이야기 즉, 화소를 가지고 있는 서정시를 주로 발표하고 있는 것은 긍정적이라고 할 수 있다. 그런데 시인의 화소는 앞에서 언급한 플라톤의 플롯를 가진 소설적인 완전한 이야기가 아니고, 에피소드와 같은 단편적인 이야기로 궁극적으로 시적 서정을 고양시키고 이끌어내는 것을 목적으로 한다. 이 시집에서 이러한 단편적인 이야기는 주로 세부묘사에 의해서 이루어지고 있는데, 서정시가 원래 생략과 압축 등 고도의 구조적 방법을 통해서 짤막한 형식을 기본으로 하고 있다는 사실을 염두에 둘 때, 다소 지루하리만큼 권복례 시인은 디테일을 구사하고 있다. 바로 앞부분에서 우리는 시인이 사용하고 있는 시어의 일상성과 평이한 구조에 대해서 살펴본 바 있는데, 이러한 시적 특징은 바로 지금 얘기하고자 하는 디테일과 밀접한 관련을 가지고 있다.

시적 대상이나 사건, 상황 등을 자세히 묘사한다는 것은 곧 형용사, 부사 등 수식어를 비롯한 일상의 감각적, 구체적 단어들이 많이 사용된다는 것을 뜻하고 이는 곧 디테일을 중시하는 산문화의 한 모습이 될 수 있다. 그러나 시인은 이러한 디테일을 통해서 우리가 그동안 고정적인 서정시 형식에 사로잡혀 간과하거나 놓치고 있던 자동화된 우리의 정서와 생각을 감각적으로 생생하게 다시 깨우쳐주는 열쇠가 되고 있다. 그런가 하면 곧바로 시의 중심으로 들어가기 위해서 의도적으로 긴장하지 않고 디테일을 통해서 주변부에서부터 서서히 일어나는 감정과 생각의 물결을 따라 자연스럽게 시의 중심으로 들어가도록 하는 효과를 발생시키고 있다. 앞에서 든 첫 번째 인용 시 「수수꽃다리 앞에서」나, 두 번째 인용 시인 「화곡동 별곡」에서도 이러한 디테일을 통한 단편적인 이야기가 하나의 에피소드로 제시되고, 시의 마지막 부분에서 의미와 감정이 집약되고 있음을 볼 수 있다. 「수수꽃다리 앞에서」는 시의 전반부에서 이러한 모습이 확연히 드러나고 있으며, 「화곡동 별곡」에서는 시의 마지막 두 행을 빼고는 전편이 하나의 이야기라고 할 수 있다. 이러한 예는 시집 어느 곳에서나 쉽게 발견할 수 있다.

참치조림을 하려고
도톰한 냄비 밑에 양파를 큼직하게 깔고
그 위에 무도 두 쪽 큼지막하게 깔았다
참치조림이 타지 않게 하기 위해서 냄비 밑에 깐
무와 양파는 참치보다도 더 향기로워졌다
식탁에 앉으면 정면으로 보이는 겨울 봉서산의
마른 잎새처럼 메마른 나도
그랬으면, 참치 밑에 깔리어 더 향그러워지는
양파나 무처럼 나도 그렇게나 살았다고
얘기할 수 있었으면, 그랬으면,

— 「양파와 무」, 전문

칠월의 긴 해가 질 무렵, 저녁을 준비하느라 주방에 섰다. 밥보다는 국수가 좋을 것 같아 정수기에서 물을 받아 냄비를 가스레인지 위에 올려놓고 불을 켰다. 양파, 다시마, 소금, 국 간장, 마늘, 대파, 멸치를 넣고 오래도록 끓였다 소쿠리를 양푼 위에 받치고 국물을 내렸다. 다시 국물을 냄비에 담아

가스레인지 위에 올리고 국수 삶을 물을 끓였다. 끓는 물에 마른 국수를 넣고 나무젓가락으로 휘이 젓다가 문득 큰딸이 어제 비행기를 타고 시어머니와 남편을 따라서 캐나다로 떠난 것이 생각났다. 어제 인천공항에서 헤어지고 집으로 돌아와서 두 다리를 쭉 펴고 잠을 잤다. 오늘, 긴긴 여름의 낮시간 동안에도 아무렇지도 않았다. 그런데 해가 질 무렵, 국수를 끓이다가 문득 큰애가 아주 멀리 갔다 는 것을 알게 되었다. 아무리 둘러보아도 아무리 소리를 질러보아도 아무리 찾아보아도 없다.

— 「해질 무렵의 그리움」, 전반부

공교롭게도 인용 시 두 편 모두가 요리를 주제로 하고 있는데, 이들 작품 외에도 이 시집에는 권복례 시인이 여류 시인인 만큼 여성성이 반영된 시적 제재를 가지고 있는 시들이 상당수 있다. 어떻든 이들 두 편의 인용 시는 시인의 단순한 서정을 표현하고 있는 것이 아니고 디테일이 동원된 이야기로 시인이 처한 상황을 에피소드로 제시하고 있다.

먼저, 첫 번째 인용 시인 「양파와 무」는 전반부에서 여러 가지 재료를 이용해서 참치조림을 하고 있는 조리과정이 순차적으로 자세하게 묘사되고 있으며, 후반부에서는 조리과정에 사용된 일부 재료와 시인 자신을 동일시해서 훌륭한 참치조림 즉, 공의와 대의를 위해서 희생적으로 쓰임 받는 인간이 되고자 하는 소망을 드러내고 있다. 이러한 세부묘사를 통해서 우리는 평소에 참치조림을 일상식으로 즐기면서도 아무런 느낌이나 생각이 없이 그냥 때가 되어 한 끼 식사를 당연히 했다는 정도의 생각뿐이었다. 그런데 이 작품을 읽으면서 참치조림의 과정이 그렇게 단순치 않고 한 끼 식사의 중요성을 새삼스럽게 깨닫게 된다. 우리의 무의식 속에 자동화 되어 있던 이러한 내용들을 디테일을 통해서 새롭게 깨우칠 수 있고, 시각, 청각, 후각, 미각을 자극하는 감각적이고 구체적인 식재료와 세부적인 조리과정을 통해서 독자들로 하여금 요리가 진행되고 있는 현장에 참여하는 듯한 상상력으로 이끌어 가기도 한다. 이러한 상상력 속에서 일상적인 관습에 매몰되어 있던 시인은 자신에 대해서 새로운 자각을 하게 된다.

두 번째 인용 시인 「해질 무렵의 그리움」 역시 레시피시로 바로 앞의 「양파와 무」와 동일한 맥락의 시이지만, 다만 시형식이 산문시이고 레세피 메뉴가 참치조림이 아니고 국수라는 것이 다를 뿐이다. 여기서도 여러 가지 레세피 재료와 레시페 과정이 세부적으로 묘사되고 있다. 전반부에서 그러한 요리모습이 객관적인 하나의 에피소드로 제시되고 있는데, 이는 곧 후반부에서 본격적으로 얘기하고자 하는, 타국으로 멀리 떠난 자식에 대한 그리움의 배경이 되고 있다. "해질 무렵" 즉, 저녁때가 되어서 시인은 평상시처럼 익숙하게 아무 생각 없이 저녁준비를 하던 중 갑자기 자기 곁을 떠나간 자식생각을 하게 된다. 이는 어쩌면 이 시의 주변부에 불과한 디테일을 통해서 떠난 자식과 오늘 저녁 식사를 함께 하지 못할 것이라는 시인의 중심생각에 이르자, 시인은 인용 시의 마지막 문장에서 볼 수 있듯이 정서적인 충격에 빠지게 된다. 이 작품을 통해서 시인은 평상시에는 의식하지 못하고 살게 되는 가족의 소중함과 가족애를 우리들에게 환기시키고 있다.

4. 넉넉하고 따뜻한 사랑의 서정성

이 시집에 실려 있는 권복례 시인의 시 작품들을 통해서 드러나는 그의 시적 정서의 주류는 사랑의 감정이다. 사랑이 본래적으로 부드럽고 온화하고 섬세한 속성을 그 정서적 특질로 하고 있다면, 젠더

(gender)상 여류 시인인, 또 평생을 초등학교에서 순진무구한 어린이들의 교육을 담당해왔던 교사로서 그의 시 작품들이 제재 면에서 사랑을 지향하고 있는 것은 너무도 당연한 일이다. 실제로 그의 작품에는 아버지, 어머니, 자식, 친구, 이웃 등 사람은 물론 나무와 꽃, 산과 바다와 강, 하늘과 별 등 자연에 이르기까지 시인의 넉넉하고 따뜻한 사랑의 감정이 반영되어 있다. 아무리 사소하고 보잘 것 없고 작은 것 -수수꽃다리 꽃에게까지도 따뜻한 사랑의 눈짓을 보내길 주저하지 않는다. 그런데 그녀에게 사랑은 단지 하나의 시적 방편이 아니라 시인 자신의 본래적인 천성으로 세상과 인간을 사랑의 마음으로 바라보는 것 같다. 그래서 그녀의 시가 어떤 절망적 사건이나 상황을 다루더라도 끝내는 인간과 사회 혹은 자신에 대해서 긍정적, 희망적 전망을 갖게 하는 것은 바로 이 때문이라 할 수 있다.

마지막 만져본
아버지의 얼굴
그리고, 내 손에 전해지던 얼음보다도 더 차가운 냉기,
내가 일곱 살이 되던 어느 봄날 해질 무렵에
아버지는 나를 등에 업고
치과에서 돌아오는 길이었다
아직도 얼얼하게 아픈 볼을 아버지의 등에 기대고
눈물이 채 마르지 않은 눈으로
가만히 아버지를 바라보았다
그 날 아버지는
넓고도 따뜻한 등을 가지고 계셨다
오늘도 나는,
눈물이 채 마르지 않은 눈을 가진 아버지의 어린 딸이다

— 「몌별 · 2 -아버지의 등」, 3연 일부

아침밥을 짓다가
여름을 나면서 벌레가 생긴 현미 한 줌을
창밖을 던졌다
어미 곁을 떠나 객지에 둥지를 튼 작은 아이가
배를 곯는 건 아닌지
걱정하면서, 이 이른 아침,
이 이른 가을 날, 어디 흩어진 낟알 하나 얻기 위해
온 날개를 파닥일 새를 위하여

—「구월」, 2연

소리도 없이 왔다
아파트 거실에서 호박죽을 먹고 있는 사이에
버티컬 그 너머에서는
소리도 없이 눈이 오고 있었다
가을 햇빛에 잘 익은 늙은 호박 한 덩이가
우리 집 찜통에서 무르고 물러서 찹쌀가루와
잘도 섞여지고 붉은 팥알이 또 섞여 지던 시간에
그렇게 눈이 오고 있었다
105동 은영이네 집으로 가기 위해서
우리 집 현관문을 밀다가
하얀 꽃 활짝 피우고 보라는 듯이 웃고 서
있는 겨울나무를 보고
알았다
이미 겨울은 저 건너편으로 가고 있음을

내 손에 들려져 있는 호박죽이 식지 말라고
스웨터 속으로 밀어 넣어본다
봄이다

—「첫눈 · 3」, 전문

우선 첫 번째 인용 시인 「메별 · 2 -아버지의 등」은, 치과에서 이빨을 치료한 후 아직도 통증이 가라앉지 않은 채 아버지의 등에 업혀 집으로 돌아오던 어린 시절의 추억을 통해서 자식에 대한 아버지의 사랑의 모습을 생생하게 보여주고 있다. 어떤 수식으로도 계량화 할 수 없는 무조건적인 아버지의 사랑, 그러나 시인은 그러한 아버지의 사랑을 안타깝게도 시의 1~3행에서 드러나듯이 아버지의 임종에 이르러서 7살 시절에 있었던 추억 한 장면을 기일에 떠올리면서 더욱 절실하게 느끼게 된다. 아마도 어느 누구에나 이러한 육친적인 사랑은 아무리 무수한 세월이 흐른다 해도 우리의 기억 속에서 영원히 사라지지 않을 것이다. 시인은 이러한 인간 본연의 사랑을 자신의 진솔한 가족사 이야기의 한 단면을 통해서 독자들에게 혈연적 사랑의 소중함을 일깨워 주고 있다.

두 번째 인용 시 「구월」 역시, 학업을 위해 집을 떠나 객지에 있는 시인의 피붙이를 염려하고 그리워하는 사랑의 시이다. 이 시의 배경이자 도입부이기도 한 1연에서 시인은 어느 날 문득 자식이 쓰던 방안의 침대에 눕게 되는데, 그로부터 아이와 관련된 여러 가지 상념에 빠지게 되고, 2연에 이르러서 마침내 "아침밥을 짓는" 그리고, "현미 한 줌"을 "날개를 파닥일 새"로 환치된 자식에게 던져주는 구체적인 행동을 통해서 아이에 대한 그리움을 보여 준다.

세 번째 인용 시 「첫눈 · 3」은 앞의 두 편의 인용 시가 혈연적인 가족에 대한 그리움과 사랑의 표현이라면, 이웃에 대한 관심과 사랑을 첫눈이 내리는 날에 있었던 한 사건을 통해서 보여주고 있다. 그 사건이란 어느 겨울 날 시인이 아파트 거실에서 호박죽을 먹고 있다가 문득 버티컬이 쳐진 거실 창문 너머로 첫눈이 내리는 것을 보게 되고, 이어서 갑자기 '105'동에 사는 은영이네가 생각나서 호박죽 한 그릇을 싸들고 아파트 현관을 나서면서 예상치 못한 하얀 눈을 뒤집어 쓰고 있는 겨울나무를 만나게 된다. 이것을 시인은 '겨울 꽃'으로 상상하고 "이미 겨울은 저 건너편으로 가고" "봄"이 오고 있음을 직감하게 된다. 시인의 감수성이 돋보이는 대목이 아닐 수 없다. 이렇게 일상의 한 장면을 디테일 통해서 이야기로 보여(showing)줌으로써, 우리들은 이미 시인의 시적 중심 주제에 다다르기도 전에 어떤 예감적인 분위기에 빠져들게 된다. 그리고 절정은 2연의 "내 손에 들려져 있는 호박죽이 식지 말라고/스웨터 속으로 밀어 넣어본다" 는 시인의 행동을 통해서 이를 간접경험하게 된다. 이는 곧 이웃에 대한 따뜻한 사랑의 더할 나위없는 적절한 표현이 아닐 수 없다. 요즘 같은 세태에 단지 호박죽을 갖다 주는 것만도 쉽지 않은 일인데, 하물며 그것이 식지 않고 따뜻한 상태로 전해지기 위해서 시인이 입고 있는 스웨터 속으로 집어넣는 모습은 정말로 상대방을 배려하고 진정으로 사랑하지 않는다면 나타날 수 없는 행동이다. 참으로 순수하고 아름다운 사랑의 모습이 아닐 수 없다. 그래서 시의 마지막 연처럼 지금 이 세상이 아무리 춥고 고통스러운 겨울일지라도 우리 모두는 이미 만물이 소생하는 따뜻한 "봄"을 느끼게 되는 것이다.

이해타산과 이기주의에 의해서 순수해야 할 사랑마저 왜곡되고 있는 현실에서 상대방을 먼저 배려하고 자기 헌신적인 이타적인 사랑의 모습을 보여주고 있는 권복례 시인의 사랑의 모습은 이 시대에 보기 드문 모성애적이고 대승적인 모습이 아닐 수 없다. 남의 눈을 의식한 가식적이고 이해득실에 따라 변하는 사랑이 아니라 자기희생을 감수하는 가슴밑바닥에서 솟아나는 온유하고 겸손하고 참을성 있는 진정한 사랑이다. 시인의 그런 사랑의 모습의 일단을 다음 인용 시를 통해서 엿볼 수 있다.

목련이 등을 달았습니다
지난밤에
밤이 깊어지도록 심지를 돋우었는지
환한 등불이 불을 밝혀줍니다
걸어 온 길이
어두웠다고는 이야기하지 않으렵니다
가야 할 길이 환하다고도 이야기 하지 않으렵니다
두고 온 것이 아쉬웠다고도 이야기 하지 않으렵니다
만나야 할 일들이 가슴 벅찰 것이라고 생각하지 않으렵니다.
다만,
봄이 오면 목련이 등을 밝혀주듯이
사랑하는 사람들의
작은 등불이고 싶습니다

— 「목련」, 전문

언제부턴가
내별은
혼자 뜨고 지고 했다

윤동주의 별은
시집안에 갇혀져 있었고
알퐁스도데의 별은
나의 서실 맨 위쪽 책꽂이 위에서
아름다운 소설로만 남아 있었다

〈3~5연 생략〉

이제, 어린 형제들과 함께 올려다보던 별들을
밤마다 내 곁으로 데리고 올 것이며
그리고 그 별들을 내 사랑하는 사람들에게

한 웅큼씩 나누어 주리

—「별」, 일부

봄날 활짝 핀 "목련" 꽃을 "등불"로 비유해서 시인이 느끼고 있는 사랑의 정서를 담담하게, 그러나 의지적으로 보여 주고 있는 시 작품이다. 흔히 목련꽃은 그 하얀 색깔과 형태, 피고 나서 곧 지게 되는 생태적인 특징 등으로 우리 시인들에게 전통적으로 긍정적, 희망적인 시적 제재가 되기보다는 별리의 슬픈 감정과 고통으로 비롯되는 낭만적인 사랑의 정서를 함축하고 있는 제재로 인식되어 왔고 또 그런 시편들이 많다. 그러나 권복례 시인의 "목련"은 그러한 시적인 전통적 정한을 넘어서서 사랑하는 모든 사람들을 위해서 어둔 길을 밝혀주는 희생과 봉사의 작은 등불이 되고자 하는 신념과 확신에 찬 모습을 보여주고 있다. 마지막 3연에서 우리는 시인의 그러한 모습을 어렵지 않게 확인 할 수 있다. 5~9연까지와 같이 과거에 혹은 미래에 시인이 마주치게 될 어떤 사건이나 행동들에 대한 후회 혹은 공상적인 희망과 같은 개인적인 감상적 낭만에 사로잡히지 않고, 그런 나를 바쳐서 모든 사람들에게 빛을 주는 "등불"이 되길 소망하고 있다. 두 번째 인용 시인 「별」에서도 어린 시절의 시인 자신만의 꿈과 희망의 은유였던 '별'을, "마흔 고개를 훨씬 넘고" 이제 "쉰으로 가는 길을 열어" 놓고, 단지 "내 마음의/갈라지고 터진 상처를 감싸 줄" 사사로운 '별'이 아니라, 마지막 연 두 행에서 볼 수 있듯이 "그 별들을 내 사랑하는 사람들에게/한 움큼씩 나누어 주리"에서 보듯 사랑이 공적이고 이타적으로 확대되고 있다.

요컨대, 이 시집의 전체적인 작품을 통해서 드러나는 이러한 사랑이 권복례 시인에게는 일시적, 편의적, 수단적인 것인 아니라 일상적, 신념적, 가치적이어서 그의 천성이 본래 그런 것이 아닌가 하는 생각이 들게도 한다. 혹자는 물론 평생을 교단에서 어린이들과 함께 울고 웃으며 생활해온 환경적 영향 탓으로 돌릴 수도 있을지 모르지만, 그것은 표면적인 작은 이유에 불과하고, 그의 전체적인 작품을 통해서 드러나는 보다 심층적인 근본적인 이유는 그가 기독교 신자로서 기독교 의식을 가지고 살아가고, 또 그 바탕에서 시를 쓰고 있다는 사실이다.

5. 섭리적 삶의 체현을 위한 '낮은 자'의 몸짓

이 글의 서두에서도 언급한 바 있듯이 권복례 시인의 이 시집에는 전체 시 작품의 분량에 비교해서 결코 많다고는 할 수 없지만, 그의 기독교 시세계와 세계관을 엿볼 수 있는 중요한 작품들이 몇 편 들어 있다. 또 1999년도에 펴낸 그의 첫 시집의 타이틀이 『하나님의 해답』임을 고려할 때, 정확히 알 수 없지만 시인이 기독교 신앙생활을 시작한 것은 꽤 오래되고 그의 가족들도 함께 신앙생활을 하는 기독교 가정인 것 같다.

> 오늘은 3월 24일,
> 올해는 벚꽃도 목련도 아직 꽃을 피우지 못하고
> 꽃샘추위가 아버지를 사랑하는 우리 여섯 형제를
> 시샘이라도 하는 듯 바람이 세차게 불고 있습니다
> 오늘은 아버지의 둘째아들이
> 히브리서 11장 1절부터 6절까지 하나님 말씀을 이야기 합니다
> 〈중략〉
> 그러나,
> 이 땅에서의 생은
> 하나님 곁으로 가는 통로일 뿐이라는 것을,
> 영원한 본향은 천국이라는 것을 알았습니다

이제 울지 않으렵니다. 아버지,

—「메별 · 3-본향」, 전반부

돌아가신 아버지의 기일에 온 가족들이 모여 '믿음의 장'으로 불리는 히브리서를 읽으면서 추도예배를 하고 있는 모습을 그린 시 작품이다. 아버지가 돌아가신 후 처음에는 시인을 비롯해서 가족들 모두가 아버지를 그리워하며 눈물을 흘렸다. 특히, 그러한 그리움은 "더운밥의 첫 수저를 들며 목이 메이던 저녁"이나 "마음 한 자락 아픈 상처를 아버지의 등에 기대고 싶던 날"에는 더욱 그러했다. 그러나 이러한 육친적, 세속적 그리움은 "믿음으로 모든 세계가 하나님의 말씀으로 지어진 줄을 우리가 아나니 보이는 것은 나타난 것으로 말미암아 된 것이 아니니라"(히;11-3)는 성경의 말씀을 받아들인 후, "이제 울지 않으렵니다"하는 고백과 함께 시인의 단순한 혈연적, 세속적인 그리움은 새로운 차원으로 승화되게 된다. 즉, 그것은 이 시 작품의 중심이라고 말할 수 있는 "손바닥만한 이 땅에서의 생은/하나님 곁으로 가는 통로일 뿐이라는 것을/영원한 본향은 천국이라는 것을 알았습니다" 라는 시행에 집약되어 나타나고 있다. 이것은 곧 실존적 존재로서의 시인이 눈으로 보고 귀로 듣고 손으로 만져서 느낄 수 있는 가시적인 세계너머에 또 다른 세계의 존재에 대한 믿음이다. 즉, 현실이 아닌 이상, 지상이 아닌 천상, 실존이 아닌 초월, 육이 아닌 영, 유한이 아닌 영원, 죽음이 아닌 영생의 세계이다. 시인은 이제 현실과 지상, 실존과 육체, 죽음과 유한성의 인간적 그리움이나 사랑의 감정을 뛰어넘어 이상과 천상, 영과 영생에 대한 그리움과 사랑을 의미를 깨우치고 감각적인 이 세상에서 보이지 않는 아버지가 그리워 더 이상 눈물 흘리지 않고, 불가시적인 저 세상 즉, 천국에 살아계시는 아버지를 볼 수 있게 된다.

믿음으로 구원받은 자만이 누릴 수 있는 축복이며, 권복례 시인은 그런 축복을 받은 사람이다. 성령축복을 받은 사람에게 사랑은 새로운 하나님 언약이며 예수님의 초림 메시지이다. 메시아로 이 땅에 오신 예수님은 모든 인간적, 세속적인 부귀영화와 권력과 명예를 마다하시고 고아와 과부와 가난한 자와 병든 자와 핍박받는 자의 편에 서서 겸손하고 낮은 자세로 그들을 섬기고 사랑을 베푸시고 끝내는 인간의 원죄를 대신해서 십자가에 못 박혀 죽으셨다. 인간의 원죄를 대속하시어 그들을 살리시기 위해서 베푸신 고귀하고 위대한 사랑이다. 감히 인간으로서 우리는 어느 누가 그런 사랑을 논하고 또 베풀 수 있을 것인가? 다만 우리는 그런 사랑의 천분의 일, 혹은 몇 만분의 일을 위하여 항상 예수님을 닮기만을 소망할 뿐이다. 항상 겸손하고 온유하고 인내하고 배려하고 섬기는 낮은 자세로 모든 사람들을 사랑하고 세상에 봉사하고자 할 뿐이다. 이 시집을 발간하는 권복례 시인은 바로 어느 누구보다도 선구적으로 그런 예수님 닮은 삶을 살아가고자 하는 사람인 것 같다. 아니, 그는 벌써 그런 결단을 내리고 살아가고 있음을 다음의 시 작품을 통해서 확인할 수 있다.

겨울 산등성이의 마른 풀들이
따스한 햇빛을 받고 있으면

얼음조각보다 더 시린
겨울바람이
마른 풀들을 마구 흔들어도
뿌리는 더욱 튼튼해지듯이

내 목숨의 끈을
하나님께 맡기던 날

겨울 산등성이의 마른 풀 같은
내 영혼은
새롭게 태어나

육신의 병마가
헤집어 놓은 자리에
나무 십자가 하나 세웠습니다.

—「셈본 · 2-나무 십자가」, 전문

1연에서 제세된 자연의 섭리처럼 "따슨 햇빛"으로 은유화 된 "하나님"은 황량한 "겨울 산등성이의 마른 풀"같은 시인의 영혼을 항상 새롭게 일으켜 세워주신다. 단 하루, 한 순간도 온전한 육신으로 살아가기가 어려운 불안하고 불확실한 이 시대를 온전히 살아가기 위해서 시인은 마음속에 "나무 십자가 하나" 즉, 기독교 정신으로 무장해서 살아가고 있음을 고백하고 있다. 그래서 그의 시는 항상 낮은 자의 겸손과 온유와 사랑과 감사와 은혜가 충만하다.

내 영혼의 닻을 하나님께 견고하게 내리고 싶은
소망을, 오월나무처럼
푸르게 가꾸고 싶은
오월이다

—「소망」, 마지막 연

잘 읽은 배 반쪽과 사과 한 개가
오늘 아침 우리 집 아침 식탁의 전부입니다
얼굴도 이름도 모르는 농부에게 감사하고
이 가을 이렇게 화려한 아침 식탁 앞에 함께 앉아 있는
한 사람에게도 감사하고
올 가을 내내

맑고 투명한 햇빛을 내려 주시어
풍성한 아침을 마련할 수 있도록 해주신
하나님께 감사드리는 아침입니다

— 「가을 아침」, 전문

남해바다 서귀포에는
한류와 난류가 만나는 바다
그 곳에 모인, 그 많은 물고기 중에
제 짝 하나를 찾아내어
서로 입맞춤하는 것은
하나님이 주신 아름다운 축복인 게지
〈1연 하략〉

쓸쓸한 날 내 곁에도
사랑하는 사람이 있다는 것을
아주 작은 물고기 한 쌍이
일러 준 것은
하나님이 내게 주신 축복인 게지

— 「입맞춤」, 일부

그렇게 놓아 둔 사발 속의 시든 고구마는
햇빛 따라
묵은 가지는 시들어가고 있었지만
그 옆으로 돋는 새순의 경이,
다 출근하고 빈 집에 누가 찾아와 놀다 갔는지 나는 안다
가을의 그 짧은 햇살이 다녀간 것을

— 「가을의 그 짧은 햇살이」, 마지막 연

첫 번째 인용 시 「소망」은 하나님에 대한 믿음을 마치 오월의 푸른 나무처럼 항상 힘차고 희망차게 새롭게 하여 잠시 잠깐도 세상 속에

실족하지 않도록 자기 자신을 순간순간 말씀의 진리에로 견인하고자 하는 의지를 내 보이고 있다. 두 번째 인용 시는 과일 몇 조각이 전부인 소박한 아침 식사와 그 과일을 가꾸기 위해 수고한 농부와 식탁에서 함께하고 있는 가족과, 무엇보다도 이 모든 것을 있게 해주신 하나님께 감사드리는 모습이 소박하고 진실한 에피소드로 제시되고 있다. 「입맞춤」은 시인의 섬세한 자연 관찰력이 돋보이는 시로, 쉽게 지나칠 수도 있는 자그만 자연현상 하나를 통해서 항상 시인 자신에게 사랑하는 사람들이 있어 외롭지 않고 감사하다고 말하고 있다. PC와 스마트폰 등으로 세상이 점점 더 이기주의와 고립주의가 가속화 되어 가고 있는 정보화 시대에, 내가 사랑을 주고받을 수 있는 사람이 곁에 있다는 것은 얼마나 큰 축복인가. 요즘 매스컴에 심심찮게 발표되는 독거노인이나 독신자가 고독사해서 며칠 혹은 몇 달 뒤에 발견되었다는 소식은 참으로 현대사회가 얼마나 사랑이 메마른 세상인지 짐작이 가고도 남음이 있고 우리들을 우울하게 만든다. 마지막 인용 시 「가을의 그 짧은 햇살이」는 음식물 쓰레기로 간주되던 "시든 고구마"가 햇빛을 받아 시든 가지 옆으로 새순이 돋는 자연의 신비를 통해서, 병든 우리의 육신도 "햇빛"으로 은유화 된 성령으로 새로운 생명을 얻을 수 있다는 기독교의 부활 정신을 표현하고 있다. 특히, 마지막 행 "가을의 그 짧은 햇살이" 아무도 없는 빈 집에 놀러온 후 새순이 돋아났다는 것은, 이러한 자연현상이 그분 즉, 보이지 않는 하나님이 혼자 언제 어디서고 일을 하신다는 시인의 깊은 신앙의식을 암시적으로 보여주고 있다.

지금까지 권복례 시인의 시집 『수수꽃다리 앞에서』에 실려 있는 시 작품들을 내용적, 방법적인 측면에서 분석해서 시인이 궁극적으로 지향하는 시적 목표라든가 미의식, 시적 구조 등에 관해서 살펴보았다. 우선 방법적으로 그의 시는 평범한 일상적 시어와 평이한 시적 구조 속에 디테일과 이야기를 통해서 시인의 주관적 생각이나 감정을 일방적으로 드러내지 않고 하나의 에피소드를 통해 객관적으로 보여주고 있다. 시의 내용적인 서정성은 사랑과 그리움 등으로 전통적인 한국인의 정감을 다루고 있지만, 시인의 신앙체험을 바탕으로 한 기독교 의식의 바탕위에서 단순히 개인적, 낭만적인 차원에 머무르지 않고 예수님이 보여주셨던 공의의 사랑의 정서로 확대 승화시키려 하고 있다. 그러나 그런 사랑은 인간으로서는 실현 불가능한 것으로, 시인은 단지 낮은 자를 섬기셨던 예수님의 사랑을 닮아 가고자 하는 인간적인 자그마한 몸짓을 보일 뿐이다.

이영옥론

페미니즘 경향의 서정과 그 미학적 승화
―시집 『알사탕』을 중심으로

이영옥 시인의 여섯 번째 시집인 『알사탕』에는 60여 편의 시 작품들이 6부로 나뉘어 묶여져 있다. '오늘의 문학', '문학사랑' 등의 문학회에서 오랜 동안 문학 활동을 같이 하면서, 시인을 옆에서 지켜보아 온 필자에게 그의 여섯 번째 시집 발간과 시적 성장은 반갑고 놀라운 소식이 아닐 수 없다. 지금 이 땅에는 평생 동안 시를 쓰고도 개인 시집 한권을 내지 못하는 시인들이 허다하다. 시인들이 그만큼 어려운 시대 · 사회적인 여건 속에 시를 쓰고 있다는 반증이다. 그런 어려움 속에서도 이영옥 시인은 약관의 시기에서부터 지금까지 수십 년간 흔들림 없이 시창작에 몰두해서, 자기의 독특한 시세계를 확립하고 여섯 번째 시집을 발간한 것은 그의 인간 승리이자 문학적 승리이다.

특히, 그가 여류시인이라는 점을 고려할 때 이러한 사실은 더욱 값지고 빛을 발한다. 그동안 우리 문학이나 문단에서 페미니즘이나 포스트모더니즘 이론과 시 작품들을 통해서 '여류시인'이라는 닉네임이 가치중립적이고 진부해진 것이 사실이지만, 여류시인들의 작품적 평가나 공과를 떠나서 시적 주체의 결혼, 출산, 양육, 가정 등 생리적인 성차(性差)에서 오는 시의 변별적 특징은 여전히 존재하고 있기 때문이다. 이영옥 시인의 이번 시집의 작품들이 모두 다 페미니즘의 산물이라고 단정할 수는 없지만, 페미니즘은 분명히 그의 시적 출발이 되고 있다. 그러나 이영옥 시인의 시에서의 페미니즘은 본격적인 의미의 이념적, 운동적 차원의 페미니즘이라기보다는 광범하고 소박한 의미의 페미니즘이라는 점 또한 잊어서는 안된다. 이제 시집의 실제 시 작품 분석을 통해서 시인의 이러한 면모를 확인해 보자.

1. 여성으로서의 정서적 자기인식과 그 특성

페미니즘(feminism)의 우리 말 번역은 여성성 혹은 여성주의, 여권주의 등이다. 물론 서구에서 도입된 학문적 이론으로, 그에 대한 가장 초보적인 의미는 가부장적인 남성중심 사회에서 상대적으로 억압받고, 소외되고, 착취당하는 여성의 가정적 · 사회적 회복을 의미한다. 다시 말해 여성에 대한 모든 차별을 금지하고 정치, 경제, 사회 등 모든 면에서 남녀가 동등한 대우를 받아야한다는 것이다. 이미 남녀평등이 실현됨은 물론, 오히려 여성중심 사회라고까지 일컬어지는 오늘날 우리 사회에서는 이것이 당연한 듯이 보이지만, 처음에는 많은 희생과 노력이 따랐다. 특히, 당사자인 여성들 자신이 그러했는데, 그들에게 무엇보다도 필요했던 것은 가정과, 사회, 역사 속에서 여성으로서의 자신들의 상태와 위치를 인식하는 일이다. 한마디로 여성으로서의 자기 자신에 대한 자각이다. 이 시집의 저자 이영옥 시인도 그러한 여성의 한 사람으로서 그러한 자각을 시 작품 속에 담아내고 있다.

그러나 우리는 그의 이러한 페미니즘 시적 성향을 본격적으로 탐색하기에 앞서, 그 역시 어쩔 수 없이 한국인의 한 사람으로서, 한국의 시인들이 전통적으로 함께 공유할 수밖에 없는 정서적인 원형, 특히 여류시인으로서의 보편적인 정서적 특징을 우선 살펴볼 필요가 있다. 이는 이 시집의 저류(底流)를 형성하고 있는 서정의 보편성과 또 이것의 페미니즘적인 개성적 정서로의 변화를 가늠해 볼 수 있는 작업이기 때문이다.

그날 밤
단 한사람의 꽃이 되고 싶어

밤새 조금씩 조금씩
너에게로 가고 있었던 거야

〈중략〉

화라락 달아오른
첫사랑, 꽃등을 단다

— 「봉숭아 꽃물 들다」, 일부

달빛에 갇힌 저녁
나도
기꺼이
당신의 사랑이고 싶습니다

— 「달맞이꽃」, 마지막 연

조근조근 약 발라주며
이상理想의 꿈밭에서
대신 아파줄 수 없는 게
더 아팠습니다.

— 「열 아홉 살」, 마지막 연

〈중략〉

삶을 버리고
그 곳을 향하여 질주하고 있을 때
붙잡고 싶었던 게
얼마나 많았던가

아무 힘도 보태주지 못한 채
보내야 했던 이들이
보고 싶다

— 「수채구멍」, 일부

모니터 커서가 깜박일 때마다
보고픈 얼굴이 서성이고
책갈피 넘기는 바람에도
당신의 카랑한 음성이 들린다고
말하지 않은 것뿐이지요.

— 「사무실 이데아」, 마지막 연

첫 번째 인용 시인 「봉숭아 꽃물 들다」에서 우리는 이영옥 시인의 때묻지 않은 순수하고 아름다운 사랑의 마음을 엿볼 수 있다. 추측컨대 꽃으로 비유된 자신의 결혼 첫 날밤의 가슴 떨리고 수줍은 사랑의 마음을, 봉숭아 꽃물을 들이는 행위로 은유화 해서 표현하고 있다. 그러한 사랑의 마음과 모습이 대부분의 평범한 한국 사람들이 가지고 있는 보편적인 사랑의 정서이며 모습이기도 하다. 그러나 "밤새 조금씩 조금씩/ 너에게로 가고 있었던 거야"라는 시구에서 볼 수 있듯이, 시인이 이내 첫 사랑의 수줍음을 극복하고 적극적이고 능동적인 사랑으로 나아가고 있다.

이에 반해 두 번째 인용 시 「달맞이꽃」에 나타나는 사랑은 달빛이 은은한 가운데 사랑을 주고받는 타인들에 의해서 촉발된 사랑의 감정을 소극적이고 수동적인 태도로 묘사하고 있다. 이어지는 「열 아홉 살」, 「수채구멍」 등의 시는 시인 자신의 사랑보다는 타인에 대한 동정적이고 이타적(利他的)인 사랑의 단면이, 그리고 마지막 인용 시인 「사무실 이데아」는 그리운 사람에 대한 사랑의 감정을 겉으로 드러내지 않고 인내하고 절제하는 모습을 표현하고 있다.

지금까지 그의 시 작품 속에 드러나는 사랑의 여러 가지 정서적 특질들을 요약적으로 분석해 본 바, 그의 시 작품들의 주류적 서정인 사랑의 속성은 능동적이고 적극적인 측면이 있는가 하면, 그와 반대로 인내하고 절제하는 소극적이고 수동적인 면이 함께 존재하고 있음을 확인할 수 있다. 그러나 시집 속의 시 작품들은 대부분 이들 성향이 뚜렷이 구분되기보다는 복합적으로 혼재되고 상호보완적인 관계를 형성하고 있다. 그러한 정서의 변이와 뒤섞임과 보완 관계를 형성하는 작용추는 넓은 의미의 페미니즘이랄 수 있다. 이제 페미니즘의 그런 작용 관계를 실제 작품을 통해서 살펴보자.

한 사람에게 꽃이기를
노심초사 애간장을 녹이며
몇 번의 푸른 강을
겁 없이 건너온
경도經度의 끄트머리에서
달거리를 끝낸
늙은 꽃을 만난다

대놓고 펑펑 눈물 쏟을 수도 없지만
아직 너를 놓지 못하는
나의 여자.

— 「여자, 오십이 되면」, 일부

칩거에 들었던 것들이
들썩들썩 틈새를 늘이기 시작했다

틈새를 벼르고
언 물이 녹아들고
가랑이 사이로
첫물 같은 뜨거운 기운이
파란 희망을 가져다줄지도 모른다

스스로를 옥죄어 오던
바닥을 딛고 일어서는
소멸하지 않는 신화의 간이역

— 「입춘 무렵」, 전문

젖가슴에 뾰루지 하나 올랐다
폴리우레탄이 스칠 때마다
나일론이 건들 때마다
아픔이 살아난다

너무 작아서
보이지 않을 것 같아서
아무렇지 않은 듯
감추고만 있으려 했는데
내 몸속 폐허의 들판에
아직도 부르고 싶은 이름이 있어
하나의 꽃으로 살아났을까

— 「뾰루지」, 일부

첫 번째 인용 시 「여자, 오십이 되면」이라는 직설적인 제목에서 파악할 수 있듯이, 여자는 50세 정도가 되면 의학적으로 신체적인 변화와 함께 그에 따른 많은 정신적인 변화를 겪게 된다고 알려져 있다. 그러한 일단의 모습을 우리는 위의 시에서 볼 수 있다. 첫 연에는 시인이 "한 사람에게 꽃이기를"의 시행에서와 같이 한 남자의 아내가 되어 가정생활을 해 오면서 겪은 남모를 체험이 함축적으로 그려지고 있다. 그런데 그러한 자기희생적인 집착의 결혼생활에서 새로운 의식의 눈을 뜨게 되는 것은 "달거리를 끝낸", "늙은 꽃", 즉 오십 줄에 들어선 시인 자신을 발견하면서부터이다. 이러한 시인의 생리적 변화는 인과적(因果的)으로 어떤 정신적 변화를 초래하는데, 이어지는 시연에서 우리는 그러한 시인의 모습을 발견할 수 있다. 시인은 뒤늦게 새로운 자기 자신을 발견했지만, 그것을 모두 부정하고 새롭게 시작하기에는 너무 늦었다는 사실을 알고서는 마냥 서럽고 안타깝게 울고 있을 뿐이다.

이러한 시인의 자기인식적인 체험은 다음 인용 시인 「입춘 무렵」, 「뾰루지」 등에서도 그대로 이어지고 있다. "입춘 무렵"의 미묘한 자연의 변화와 "가랑이 사이로/첫물 같은 뜨거운 기운이"라는 시구의 자기 자신의 신체적인 변화가 병행적으로 표현되어 어떤 새로운 희망에 대한 기대를 증폭시키고 있다. 그러한 인식은 "스스로를 옥죄어 오던/바닥을 딛고 일어서는" 새로운 자아와 미래에 대한 자각이다.

마지막 인용 시인 「뾰루지」에서 시인은, 일상생활 속의 자잘한 흠결과 상처를 무의식 속에 감추려고 했던 자신을, "내 몸속 폐허의 들판"이라고 표현하고 있다. 그 만큼 시인은 한 남자의 아내로서, 어머니로서, 직장인으로서 고통과 슬픔을 감내해야만 했다. 그럼에도 불구하고 그는 미래에 대한 꿈과 희망을 버리지 않고 있음을 인용 시의 마지막 6,7행에서 볼 수 있다.

여기서 우리는 이에 앞서 살펴보았던 몇 편의 '사랑'의 시편들에서 볼 수 있었던 시인의 복합적인 정서적 속성들이 여기서는, 소극적→

적극적, 수동적→능동적, 과거→미래 지향적, 개인의 내면→대타적 외부, 정적(靜的)→동적(動的) 지향의 정서로 변화하는 모습을 볼 수 있다. 이제 이영옥 시인은 단아하고 평면적인 전통 서정을 노래하는 여류시인의 틀을 벗고, 성차를 넘어서는 치열한 에스프리로, 정보화 시대의 복잡 다양한 입체적 감정들을 노래하는 선구적인 페미니즘 경향의 시인으로 변화하고 있다. 그런 그의 모습을 다음에 계속 이어지는 작품분석을 통해서 확인할 수 있다.

2. 실존적 현실 인식과 자유와 해방의 갈구

앞에서도 잠깐 언급했지만 이영옥 시인은 한 남자의 아내로, 아이들의 엄마와 가정주부로, 또 직장인으로서 1인3역 혹은 1인4역을 감당하는 이른바 '수퍼우먼'이다. 한 사람이 한 가지 일을 하기도 힘든데, 그는 더구나 여자의 몸으로 몇 가지 일을 수 십 년째 함께 하고 있는 것이다. 그가 이렇게 일인 다역을 하는 이유는 생계유지를 위한 것이든 자아실현을 위한 것이든 전적으로 개인적인 일이다. 우리는 다만 시 작품에 투영되어 드러나는 그의 진정한 모습을 추측할 수 있을 뿐이다.

돌고 도는 톱니바퀴에 물려
비켜설 수도
뛰쳐나올 수도 없는
당신의 어깨에 걸린
고단한 중년

— 「중년의 오월」, 2연

24시의 쳇바퀴 속에
숨겨진 말들이

체인의 롤러를 따라
콕콕 하나씩 박힙니다

삶의 안전장치 따윈
따로 달아두지 않았습니다
언제쯤 우리는 저 말들에서 자유로워질까요

— 「바람이 계절을 일으켜 세웁니다」, 2,3연

나, 이곳에
다 내려놓지 못해
전라全裸의 몸 반만 담그고
욕심의 높이 가늠하고 있나보다

일상의 톱니에 박혀
규칙적으로 흔들리고
손안에 넣었다 싶으면
잔 그물만 남아 어룽대는 손바닥

— 「반신욕」, 1,2연

몹쓸
오기를 부려
단 하루
한 계절만이라도
자유롭게
민들레 홀씨였으면
그래봤으면.

— 「소원이 있어요」, 마지막 연

까내린 햇살 너머

가볍게, 가볍게
제 무게를 내리고
건너야 만나는 열반涅槃의 강

— 「꽃 누르미」, 마지막 연

위의 몇 편의 인용 시편들에서 우리는 "돌고 도는 톱니바퀴에"(「중년의 오월」), "24시의 쳇바퀴 속"(「바람이 계절을 일으켜 세웁니다」), "일상의 톱니에 박혀"(「반신욕」) 등과 같은 기계를 지칭하는 시어를 반복적으로 만날 수 있다. 톱니바퀴나 쳇바퀴는 모두 금속적인 재질로 만들어 지고 빈틈없이 아귀가 맞아서 한 치의 오차도 없이, 기계의 운영자가 중지시키지 않는 한 회전운동을 반영구적으로 계속하는 물체이다. 시인이 이러한 이미지의 시어를 작품 속에 차용한 의도는, 그의 일상이 이처럼 한 치의 여유도 없이 동일한 회전운동을 하는 톱니바퀴나 쳇바퀴처럼 단조롭고 기계적이라는 것을 비유적으로 말하고 싶어서일 것이다. 사람이 기계가 아닌 이상 시인은 이러한 단조롭고 반복적인, 그래서 심신이 피곤하고 지루하기만 한 삶을 벗어나고자 하지만 현실은 그것을 허락하지 않는다. 시인의 그러한 모습을, 첫 번째 인용 시 「중년의 오월」 2,3행의 "비켜설 수도/뛰쳐나올 수도 없는"이란 시구에서 볼 수 있다. 그렇다고 그러한 현실에 안주하거나 매몰되는 것도 용납될 수 없는 일이다. 시인은 진정으로 그러한 현실적 소외와 억압으로부터의 자유와 해방을 갈구하고 있다.

역시 위의 인용 시편들에서 "자유"라는 시어가 이미 살펴본 "톱니바퀴" 처럼이나 반복적으로 눈에 띄는 것은, 바로 그러한 시인의 의지와 희망 때문이다. 그러나 안타까운 일은 "언제쯤 우리는 저 말들에서 자유로워질까요"(「바람이 계절을 일으켜 세웁니다」)라는 시행에서 볼 수 있듯이 시인의 그러한 희망은 기약조차 없다는 것이다. 그래서 시인은 "단 하루/한 계절만이라도/자유롭게" 라는 시구에서처럼 자기 나름의 시간 약속을 하고 있기도 하다. 그러나 그러한 약속은 시인의 상상 속의 희망일 뿐 근본적인 해결책은 될 수 없다. 자유와 해방에의 막연한 희망이나 꿈만으로는 해결될 일이 아니라는 것을 시인은 알고 있기 때문이다. 위의 인용 시 「반신욕」, 「꽃 누르미」에서 우리는 그것을 확인할 수 있다. 「반신욕」에서 "손안에 넣었다 싶으면/잔 그물만 남아 어룽대는 손바닥" 즉, "욕심의 높이"가 바로 그 근본 이유임을 시인은 스스로 말하고 있다. 이는 다시 말해 시인의 현실에서의 인간적인 '욕망'이다. 자유를 억압하고 핍박하는 근본 원인이 밝혀진 이상 그것을 제거하는 것이 그 해결책이 될 것이다. 시인은 「꽃 누르미」에서 "가볍게, 가볍게/제 무게를 내리"는 이란 시구에서, 또한 그 해결책을 스스로 제시하고 있다. 그것은 바로 자신의 세속적인 욕망을 내려놓는 일이다. 이렇게 이영옥 시인은 자신의 내면은 물론 그와 관련된 현실의 문제를 스스로 진단하고 처방하는 삶의 주체로서 새롭게 태어나고 있다.

3. 여성성을 통한 가족애와 휴머니즘의 회복

이영옥 시인의 이 시집에는 총62편의 시 작품들이 실려 있는데, 그 제재적인 면에서 특히 아버지, 엄마, 아이들, 남편, 언니, 이모 등 가정적인 것들이 많이 눈에 띈다. 이러한 모습 역시 감수성이 예민한 여류시인으로서의 특징적인 한 단면을 보여주는 모습이랄 수 있다. 그러나 그러한 제재를 대하는 시인의 태도나 방법은, 대부분의 여성들이 그러하듯이 단지 일방적이고 소극적인 공감이나 동정심을 보이는데 머무르지 않는다. 그는 한 걸음 더 나아가 그들과 직접 스킨쉽을 하고, 그들의 목소리를 듣고 그 원인과 해결책을 찾으려고 한다. 이러한 모습은 그가 페미니즘 시인으로 불릴 수 있는 또 다른 소박한 준거가 되고 있다.

당신의 눈빛에서
그렇게 보듬어야 하는 많은 이야기가
그렇게 덧난 많은 슬픔이
그렇게 전해주고 싶은 많은 말이
있는 줄
처음 알았습니다.

이제부터
내가 그 눈망울 속에
들앉아 있는 이유를
알아갈 차례입니다.

—「눈빛」, 전문

지천명을 바라보는 엄마가 저희들과 같은 아이 같았거나 같은 연대를 살아가는 동지처럼 느껴져서였는지도 모르겠다 그 입맛 하나로 너희들을 백배 이해할 수 있는 기성세대가 되었거나 또래군이 될 수 있다면 백번 천번이라도 먹어주겠다 빈 위장으로 싸하게 전해지는 캡사이신의 분포가 뇌까지 올라와 뒷덜미를 잡아채고 땀을 내릴 즈음이면 온갖 분노의 세포들이 몸을 일으킨다.

—「매운 떡볶이」, 2연

첫 번째 인용 시 「눈빛」에서 우리는 자기중심적이기 보다는 상대방을 중시하고 배려하는 모습을 볼 수 있다. 우리는 인간관계에서 내 생각이나 감정을 상대에게 일방적으로 전달하고, 또 그것을 받아주고 동의해주길 바라는 경우가 대부분이다. 하지만, 이영옥 시인은 오히려 "눈빛"을 통해 상대방이 말하지 않는 것조차 보고 들으려고 하는, 진정한 소통의 자세를 보이고 있다. 더 나아가 2연에서와 같이 상대방의 진심과 그에 대한 해결책까지도 마련하고자 하는 적극적인 모습을 보이고도 있다.

이러한 그의 모습은 두 번째 인용 시 「매운 떡볶이」에서도 그대로 나타나고 있다. "매운 떡볶이"는 시인이 별로 좋아하지 않는 음식일 수도 있지만, 아이들은 음식 자체보다는 자신들과 동지애(?)와 유대감을 느끼는 엄마를 원한다는 그들의 마음을 알기 때문에 선뜻 자리를 같이 하게 된다. 그런데, 우리는 이 시 작품에서는 소통의 대상이 다름 아닌 바로 자기 자식들이라는 사실을 주목할 필요가 있다. 우리는 대개 부모 자식 간에는 소통이 잘 되고 모든 일이 잘 되어가는 것으로 생각하고 있다. 그러나 안타깝게도 사실은 그와는 정반대인 경우가 많다고 한다. 오늘날 우리 사회가 급속도록 정보화되어 가면서 가족들 간에는 물론이지만, 모든 인간관계가 개인화, 고립화, 파편화되어 가고 있기 때문이다. 이와 같은 인간의 소외와 사물화 현상의 중심에는 초고속 인터넷과 스마트폰이 있다. 현대인, 특히 젊은 세대들은 사람보다는 스마트폰과 더 친숙해져 있다. 따라서 가족들 간의 관계는 이와 비례적으로 소원해져 가고 있다. 가족은 더 이상 혈연의 정으로 묶인 운명적인 관계라기보다는, 사랑과 혈연의 정을 상실한 이해관계의 집단으로 추락해 가고 있는 추세이다.

이영옥 시인이 이 시집에서 가족들 이야기를 많이 하고 있는 것은 어쩌면, 이러한 사실들에 대한 우려와 기대를 가지고 있기 때문일지도 모른다. 아니 이러한 반인간적이고 반문명적인 현상을 이미 간파하고 그에 대한 대응책의 하나로 가족애를 말하고 있는지도 모른다.

고구마 잎사귀 넝쿨거리던 여름날
고구마줄거리 묶음 보따리 가득 이고

오일장에 나선 엄마
기다리던 저녁

입안 미어지게 알사탕 물고
달콤함을 굴리던 철길
침목을 세느라
느릿한 해거름도 지나고
알사탕은 손톱만큼 쪼그라들었는데

엄마는 보이지 않고
레일은 끝도 없이 길었다

그래도
그때는
돌아올 엄마가 있었다

—「알사탕」, 전문

알사탕을 빨며 철길을 걸으면서 오일장에 물건을 팔러 간 엄마를 기다리는 시인의 어린 시절의 기억이 수채화처럼 그려지고 있는 시이다. 50대를 넘은 한국인이라면 누구든지 겪었던 가난과 외로움의 경험을, 시인은 어린 아이를 주인공으로 해서 담담하게 묘사하고 있다. 해는 이미 서산에 진 저녁, 엄마가 돌아오지 않자 아이는 기다리다 지친 끝에 엄마를 찾아 직접 마중 길에 나선다. 하지만 침목을 세며 걷는 철길은 끝없이 이어지고 엄마는 보이지 않는다. 날은 점점 더 어두워지고 아이는 초조해져 간다. 알사탕을 빨며 초조함과 두려움을 달래면서, 아이는 그래도 곧 엄마가 모습을 나타낼 것이라는 희망을 버리지 않는다. 아이는 물론 모든 가족들에게 엄마는 가족의 중심이었다.

이처럼 엄마로 상징되는 가족은 어느 누구에게나 소중한 인간관계이다. 가정에서 엄마의 자리가 확고할 때 가정은 바로 서고 본연의 사랑의 인간관계가 회복될 수 있다. 가정에서의 이러한 회복은 사회의 회복으로 이어져 우리 사회가 진정한 인간 공동체로 다시 태어날 것이다. 엄마로서 그걸 누구보다도 잘 알고 있는 이영옥 시인은 매운 떡볶이가 싫어도, 다른 일로 바빠도 기꺼이 아이들의 요청을 받아들인다. 이러한 그의 모습은 이 시집의 도처에 나타나고 있는 아버지, 엄마에 대한 시편들에서도 반복되고 있으며, 더 나아가 남편, 언니, 이모 등 다른 가족들은 물론 이웃이나 모르는 타인들에게로도 확대된다.

> 열여덟 추억을 바다와 함께하자던
> 친구들 손 꼬옥 잡고
> 재잘대던 너희들의 목소리가
> 진도 바다에 점점 사그라들 때쯤
> 천장이 바닥이 되고
> 바닥이 천장이 되는
> 뒤엉킨 공간에서
>
> 〈중략〉
>
> 우리의 별들아! 희망의 불씨는 보이지 않고
> 우리는 아프게 박힌 별만
> 세고 있구나
> 노란 별들이 하늘에 떠도
> 차마 머리 들어 바라볼 수도 없는
>
> 사월의 하늘
>
> —「4월의 하늘에 박힌 별」, 일부

인용 시는 시의 주석에서 밝혀져 있는 바와 같이 2014년 4월 16일 진도 부근 바다에서 불의의 '세월호' 침몰 사고로 숨진 학생들을 추모하는 시로, 앞의 '가족'에 관한 시편들에서 보여주었던 시인의 사랑과 배려가 이 시대를 살아가고 있는 다른 사람들에로 전이, 확대되어가는 휴머니즘의 모습을 보여주고 있다. 사고 원인과 구조 작업 등을 두고 논란이 아직도 끊이지 않고, 탑승객 대부분 수학여행을 가기 위해서 길을 나섰던 고등학생들이라서 더욱 충격적이었다. 자식을 낳아 키우는 어머니로서, 또 학부모 입장이기도 한 시인은 이 사건에 대한 남다른 느낌을 가지고 있었던 것을 알 수 있다. 어둡고 차가운 바다 속 깊이 시시각각 가라앉아 가는 배 안에서, 그들은 엄마, 아빠, 친구, 선생님을 부르며 얼마나 두려워하고 또 살고 싶었을까? 마치 배 안의 죽음에 직면한 아이들의 상황을 사실적으로, 그래서 시를 보는 이에게 더욱 절박하게 다가오는 아이들의 절망적인 비명소리가 들려오는 듯하다.

그러나 이러한 비극적인 상황을 목격하고 있는 우리 남아있는 자들은, "마지막까지 귀한 생명을/확인시켜주며 떠난", "우리의 별들"에게 무엇을 해 줄 수 있는가? 이제는 그들에 대한 국민적 추모열기도 싸늘하게 식어가고, 사고원인과 침몰된 선박의 인양에 대한 갑론을박이 지루하게 이어질 뿐이다. 우리 자신과 똑같은 사람이 수 백 명 죽어갔는데도 우리는 너무 빨리 그 사건을 잊어버리고, 슬픔도 분노도 무덤덤해져 가고 있다. 윤리, 도덕 등과 같은 가치와 덕목은 오히려 사치스러운 말이다. 우리는 세상의 그 어떤 것보다도 중요하고 본질적인 생명의 소중함과 가치 자체를 망각하고 있는 것이다. 이영옥 시인은 바로 그러한 우리들의 몰각적인 비인간성을 고발하고 또 안타까워하고 있다. 시인은 시집의 다른 작품들에서도 이러한 생명 경시와 파괴 현상을 암시적으로 비판하고, 그 회복을 기대하는 모습을 보여주고 있다.

4. 파괴된 모성성의 비판과 그 회복에의 꿈

지금까지 살펴본 것처럼 이영옥 시인은 여류시인이라는 수식어를 넘어서는 가슴이 따뜻하고 이해심과 포용력이 있는 시인이다. 그래서 사람이든 사물이든 시적 대상을 바라보는 그의 시선은 어떤 모순이나 갈등을 예각적으로 드러내기 보다는 간접적이고 암시적으로 드러낸다. 이글의 초반부에서 그의 시가 페미니즘적인 시적 경향을 보인다고 지적한 바 있지만, 시인이 직접적으로 남녀평등이나 억압과 착취, 자연파괴와 환경오염, 등 페미니즘의 대표적인 이념을 말한 적은 없다. 그는 전적으로 시적 정서와 기교로 포장해서 은유적으로 은밀하게 말하고 있다. 그래서 그의 시를 읽는 사람들은 겉으로는 단순히 평범한 서정시를 읽고 있지만, 내면적으로는 페미니즘적인 시적 주제에 감염되게 된다. 그러한 주제 중의 하나로 우리는 '파괴된 모성성의 비판과 그 회복에의 꿈'이다.

> 굶주림을 해결하는 것이 전부가 아닌 너희들의 아버지는 어쩌면 더 큰 짐을 지고 있는지도 모르겠다. 마트에 백화점에 풍요가 널브러진 21C 아버지는 정년까지 보장받을 직장도 거미줄에 매달린 생명줄처럼 아슬하기 만한 긴 하루가 있다.
>
> 오늘도 소금기 절은 작업복을 감추며 식은 저녁으로 돌아오는 아버지, 허기진 숨구멍이 숭숭하다.
>
> —「얘들아, 아버지 마중가자」, 2,3연

> 손 시린 겨울 새벽이면 아버지는 큰 가마솥 철철 물을 길어 붓고 아궁이에 군불을 지피셨다 솔가지들을 우둑우둑 끊어

넣으며 육남매의 잠자리에 온기를 넣으시던 날 문풍지 바람
은 잠잠해지고 이불 밑으로 아버지의 사랑이 스며들었다
— 「아궁이」, 1연

먼저 순서를 바꿔서 두 번째 인용 시 「아궁이」를 살펴보자. 새벽에 일찍 일어나 아궁이에 불을 지피는 일련의 아버지의 행동을 통해서, 아버지의 순수한 자식 사랑을 느꼈던 시인의 어린 시절의 경험이 묘사되고 있다. 이와 대조적으로 첫 번째 인용 시 「얘들아, 아버지 마중가자」에서는 동일한 아버지의 사랑에 대한 이야기이지만, "소금기 절은 작업복을 감추며 식은 저녁으로 돌아오는 아버지, 허기진 숨구멍이 숭숭"한 퇴색되고 불완전한 사랑이다. 아버지의 사랑이 그렇게 될 수밖에 없는 이유는, "마트에 백화점에 풍요가 널브러진 21C 아버지는 정년까지 보장받을 직장도 거미줄에 매달린 생명줄처럼 아슬하기 만한 긴 하루가 있다"라는 시구를 보면 쉽게 수긍이 된다. 이러한 아버지의 모습은 지금 우리 주변에서 쉽게 볼 수 있는 경제불황이니 구조조정이니 명예퇴직이니 하는 자본주의와 노동계급의 대립 등과 같은 화두는 바로 페미니즘 시의 주요 관심사항이기도 하다. 그러나 이영옥 시인은 그러한 주제를 예각화 해서 이념적 대립관계로 표현하지 않으면서도, 시를 읽는 사람에게 현대사회의 치열한 경쟁과 각박한 인정, 삶의 구조적인 모순, 비인간화와 상대적 박탈감 등을 환기시켜 주고 있다.

이것은 아버지에 대한 이야기이지만, 시집 속에는 어머니에 대한 이러한 표현으로 페미니즘의 또 다른 이념적 축을 이루고 있는 모성성의 문제에 대해서 말하고 있는 작품들 또한 많다.

엄마, 지난 일요일 여름 장마가 오기 전에 서둘러 옥상에 보
수공사를 했어요 집을 지은 지 오래 되어서인지 비가 오고

> 나면 자꾸 천정에서 물이 흘러요 몇 해 전 틈새마다 시멘트 버무려 메우고 일단락 해놓았다 안심했는데 일하시는 아저씨 그러시더라고요 처음 지을 때 잘 했어야지 한번 어긋난 것은 덧바른다고 해도 자꾸만 틈이 생긴다고요. 방수 페인트 두껍게 발라놓고 여름을 기다려요.
>
> 장대 같은 비가 와도 끄떡없었으면 좋겠어요, 엄마.
>
> — 「보수공사」, 전문

시의 표면적인 문맥은 단순히 집 천정에서 물이 새는 관계로 옥상에 방수공사를 했다는 사실을 엄마에게 말하고 있는 내용이다. 그러나 우리가 시의 첫 번째와 마지막 시어로 등장하는 "엄마"라는 단어 사이의 행간을 읽으면, 이 시가 단지 집 보수공사를 의미하지 않는다는 것을 알 수 있을 것이다. 성경에서는 사람의 몸을 '집', '장막' 등으로 표현하고 있는데, 우리도 여기서 이영옥 시인의 "집"을 시인의 '몸'을 환치하는 비유로, 더 나아가 그 '몸'을 '인생'으로 확대해석하면 시인의 시적 의도를 짐작할 수 있다. 그것은 곧 한 여자의 남자와의 결혼이 가부장적인 우리 사회에서 환기시키는 억압과 성적 착취와 가정생활의 성공여부 등 페미니즘을 암묵적으로 의미한다. 시인의 이러한 시적인 모습은 사람이 아닌 대사회적인 시편들에서도 발견된다.

> 십여 년 전 복개공사로 반쯤 열렸던 범골이 다시 길을 내기 시작했다. 보상금으로 담벼락 한 귀퉁이를 내주고, 칠십 평생 밥 끓여 먹던 부엌도 내주고, 옥수숫대 자라던 밭도 잘려나가고 벼모가지 꼿꼿하던 논둑도 길로 먹혔다. 주민들은 환영했다. 금세 땅값이 오르고 버젓한 동네 모양으로 건물도 층층이 들어서고 천지개벽하여 돈방석에 엉덩이를 주저앉힐

> 기세였다. 이제 어린 것 손잡고 아장아장 나뭇잎 배 띄우던 냇갈도, 발가락 간지르던 송사리도 다리 밑으로 침묵하는 날.
>
> ―「소멸 혹은 잊혀짐」, 2연

더 이상 설명이 필요없을 정도로 산업화니 도시화니 해서 전국에 걸쳐 곳곳에서 진행되고 있는 자연파괴와 환경오염 등 현대문명의 반사급부를 산문적으로 묘사하고 있는 시이다. 드러나는 시의 문맥은 지역개발 예찬인 듯하지만 시인이 진심으로 말하고자 하는 것은, "어린 것 손잡고 아장아장 나뭇잎 배 띄우던 냇갈도, 발가락 간지르던 송사리도 다리 밑으로 침묵하는 날"이라는 시행에서 볼 수 있는 훼손되지 않은 자연의 생명성과 순수성이다. 조상 대대로 농사를 짓고 대를 이어 물려가던 농토와 자연은 양보할 수 없는 우리 삶의 근거지이고 생명 그 자체이다. 아니 생명을 주고 키우는 어머니 같은 존재이다. 그런 위대한 생명의 근거지가 단지 삶의 편의성과 물질적 안락만을 위해서 무참히 파괴되고 있는 것이다. 그 동안 남성중심의 인류역사에서 생명을 잉태하고 낳고 키워온 여성들이 철저하게 소외되고 억압받아온 운명과 하등 다를 바 없는 모습이다. 자연파괴와 환경오염은 글자는 다르지만 모성성(母性性)의 훼손이며 파괴이기도 하다. 모성성의 회복은 정신적으로 죽어가는 현대문명에 생명을 주고 살리는 길이라는 것을 시인은 누구보다도 잘 알고 있다.

> 살며 닮고 싶은 사람이 있습니다.
> 이목구비 또렷한 겉모습보다
> 누구도 담아내지 못하는
> 그만이 가진 아이 같은 순수와
> 생의 치열한 부딪힘에서
> 타이르듯 지켜 가는 사랑이 있습니다.

오늘, 그의 가슴에 투명종이 살며시 올려놓고
그리고 싶은 그런 날입니다

— 「투명종이」, 2연

1행에서 볼 수 있듯이 시인 자신도 인간적인 한계와 부족함을 가지고 있는 것을 알고 있기 때문에 항상 완전한 누구인가를 닮아 가고자 한다. 닮고자 하는 그가 누구인지는 모르지만, 겉모습보다는 "아이 같은 순수"와 "타이르듯 지켜 가는 사랑"이다. 그것은 다름 아닌 헛된 이기적인 욕망을 벗어 버린, 조건 없이 무한히 베푸는 순수하고 영원한 사랑이다. 마치 어머니가 자식들을 향해 베푸는 그런 사랑이다. 모성성의 회복은 바로 그러한 사랑의 회복을 의미하며, 그것이야말로 이 시대를 살아가는 사람들의 구원의 원동력이 되고 안식처가 될 수 있을 것이라고 시인은 암시하고 있다.

김문일론

'탈피(脫皮)'를 통한 삶의 초극(超克)

1. 과학문명과 시의 생명성(生命性)

오늘날과 같이 과학문명이 하루가 다르게 발전되어 가고 있고, 또 그와는 반비례적으로 시적 진리가 왜소해지고 위축되어 가고 있는 지금, 시와 시인은 정말 질그릇 속의 보배와 같은 존재이다. 그 만큼 현시대의 모든 시와 시인들이 처한 시대 · 사회적인 환경은 녹녹치 않다. 어쩌면 이 시대에 시를 쓰고 시인으로 살아가고자 하는 것은 끝없는 인내와 자기희생을 요구하는 순교자적인 모습일지도 모른다. 그럼에도 불구하고 수많은 사람들이 시를 공부하고, 시를 쓰고자 하고, 끝내는 시인이 되어 한 권의 훌륭한 시집을 갖고자 한다. 지금 이 시집의 저자인 김문일 시인 또한 그러하다. 특히, 『전나무 숲길』이라는 제1시집에 이어 두 번째 시집으로 출간되는 이 시집 『동백꽃』이, 시인의 유고 시집이라는 사실은 더욱 그러한 생각을 갖게 한다.

시는 인간이 지구상에 존재하기 시작한 그날부터 인간과 뗄래야 뗄 수 없는 필수불가결한 존재이며, 시인은 시를 읽고 쓰지 않으면 한 순간도 살 수 없는 존재이다. 이를 두고 허드슨(W. H. Hudson)

은 '시는 생명의 소산이며 생명에 속한 것이며 생명을 위하여 존재하는 것'이라고 말하고 있다. 그처럼 김문일 시인은 생명을 다해 시를 썼으며 또 생명을 위하여 시집을 출간하고자 한다.

따라서 이 시집이 비록 시인의 남편에 의해서 사후에 출간될지라도, 시인은 지금 이 순간에도 그의 시 작품들을 통해서 살아 있다. 시집의 발문에서 밝힌 그의 남편의 애절한 마음만큼이나 시인 또한 그의 남편과 그의 자식들을 사랑하고 있을 것이다. 참으로 물리적인 시간과 공간을 초월한 부부애와 가족애가 아닐 수 없다. 이기적이고 소비적인 사랑만이 넘쳐나는 이 시대에는 전혀 가능하지도 않고, 또 볼 수도 없는 영원하고 순수한 사랑을 우리는 지금 김문일 시인의 시집 『동백꽃』을 통해서 보고 있는 것이다. 얼마나 진실하고 아름다운 시적인 사랑인가? 이제 그런 그의 사랑의 모습을 실제로 그의 작품을 통해서 구체적으로 살펴보자.

2. 역동적인 이미지와 시어

앞에서 잠간 언급했듯이 이 시집의 저자 김문일 시인은 여류시인이다. 남자이건 여자이건 시를 쓰면 모두 '시인'으로 불리는 것이 당연하지만, 지금까지 우리 한국시의 전통적인 흐름을 보면 시적 표현방법이나 내용적인 면에서 여류시인들은 그들 나름의 보편적인 특징을 보여 온 것이 사실이다. 주로 '님' 지향의 사랑이나 그리움, 기다림, 회한 등의 부드럽고 섬세한 서정을 세련된 시어와 짤막한 행과 연으로 리드미컬하면서도 정적(靜的)이며 단아(端雅)하게 표현한 경우가 대부분이다. 그러나 이번에 발간되는 김문일 시인의 시집 『동백꽃』에 실려 있는 시 작품들을 조망(眺望)해 볼 때 이러한 여류시인에 대한 선입관이나 기대는 일순간에 무너진다.

이미지 중심의 시어와 복잡하고 장시화 되어 있는 시의 행과 연, 관념적이고 사색적인 내용 등에서 우리는 남성적인 역동성과 함께 단순한 서정을 초월한 인생에 대한 입체적이면서도 깊이 있는 통찰력을 만날 수 있다. 시인의 그러한 모습을 우선 작품 속에 나타나는 이미지와 시어 분석을 통해서 살펴보자.

> 찔레꽃 흰 적삼에 눈뜨는 밭두렁 가
> 포로롱 날개 짓 까딱까딱 꽁지깃
> 빨간 편지함을 주시하는 까만 동공의 딱새
> 알을 품는데 엄지손톱만한 동그라미
> 온 세상을 품고 있네
>
> —「오월의 향기」, 2연

> 그리움은 꽃잎을 짓이겨 묻어나는 가슴앓이입니다
> 들키지 않으려 심장 가까이에 묻어놓아
> 동박새 숨소리에 맺힌 물빛 안개에 쌓여 꽃잎이 피었습니다
> 엽록 가르마를 헤치며 너울거리는 파도를 닮았습니다
> 울컥 목젖처럼 붉다지는 섬 기슭
> 발밑에 깔리는 굵은 소금 성에꽃
> 뜨거운 어혈로 터져 그대 가까이 쏟아놓고픈 것은.
>
> —「동백꽃」, 마지막 연

> 먼 시간을 건너와 포성이 멎은 자리
> 성곽의 검은 돌들은 이끼로 늙어가고
> 바위 틈새 비집고 기어오르는 담쟁이 넝쿨
> 뒤틀린 숨결마다 얼마나 발톱을 세웠을까
>
> 피멍으로 물든 매무새의 창연함이
> 너울거리는 호미걸이 초승달 안고
> 야문 생각 숨기며 목청 다듬는 풀벌레소리

희나리 억새평원 귀 맑은 달빛이 안고 돈다.

— 「가을소리」, 1,2연

산들거리며 실오라기로 일어서는 아지랑이
꿈결로 내달려 솟구쳐 피워 올라라
춤추는 불꽃이여
별을 향한 손끝 마디마디
감미로운 숨결을 몰아쉬며
목마름으로 타오르는 화염 속으로
우리는 꽃잎을 던진다

— 「춤추는 불꽃」, 2연

허허로운 말도 주고받을 수 있을 만큼 허락한 시간 속에서
해체된 기억을 더듬는 비발디의 사계
지휘봉으로 휘날리는 눈발 감출 것도 없는 꽃샘바람
갯버들의 눈빛에 걸려 넘어지고 일어서서 달려오는
여린 소녀의 방 문틈 낡은 카세트 테잎에서 두들기는 합창
매화꽃 그늘 저 춤추는 영혼

— 「마파람」, 일부

첫 번째 인용 시 「오월의 향기」는, 총 4부로 구성되어 있는 이 시집 제1부의 타이틀이기도 하다. 어느 시인이 '계절의 여왕'이라고 말했듯이, 봄은 높푸른 하늘과 이제 막 연초록 새순을 틔우고 약동하는 생명의 몸짓으로 온 땅에 꿈과 희망이 가득 찬 계절이다. 시인은 그러한 오월의 계절감각과 느낌을 밭두렁를 날아다니는 "딱새"를 통해서 아주 생동감 있게 표현해 내고 있다. 시인 자신의 봄날에 대한 어떤 생각이나 느낌을 설명하기보다는 오월의 시골 들녘에서 펼쳐지고 있는 한 장면을 그대로 스케치해서 보여주고 있다. 그런데 그 장면을 구성하는 사물은 "밭두렁"과 "딱새"로 아주 단순하다. 그럼에도 불구

하고 이 두 가지 사물이 빚어내는 이미지와 정서의 스펙트럼은 광범위하고 울림이 크다. 그런 연유는 무엇보다도 이 두 가지 자연물의 아우라를 극대화 시키는 강렬한 이미지 때문이다. 1행의 "밭두렁"이 "찔레꽃 흰 적삼이 눈뜨는"의 수식으로 해서 단지 무기체(無機體)에 불과한 "밭두렁"이 겨울날의 오랜 동면에서 다시 깨어나서 생명의 기지개를 켜는 유기체(有機體)의 모습으로 감각화 되어 표현되고 있다. 더욱이 "찔레꽃 흰 적삼"에서 "찔레꽃"은 우리 시골의 밭두렁에 흔히 피어있는 하얀 색의 꽃으로, "흰 적삼"과 동일한 색채 이미지를 공유하며 백의민족이라는 우리 한국인의 모습을 떠올리게 하는 환유적 이미지로 작용하고 있다. 그러한 우리 땅의 "딱새"가 2연에서와 같이 "날개짓을 포르릉"거리고 "꽁지깃을 까딱까딱"거리며 봄을 맞이하고 있다. 아주 분주하고 활동적인 생명력 넘치는 딱새의 모습을 볼 수 있다. 특히, "포르릉"과 "까딱까딱"이라는 의태어로 인해 그러한 딱새의 이미지를 한층 더 강화시키고 있다. 딱새의 활기찬 생명력은 3연에서 절정을 이루고 있는데, "빨간 편지함을 주시하는"이라는 시구가 바로 그러하다. "빨간 편지함"은 피, 즉 생명을 연상시키는 "빨간색"과 기다림을 상징하는 "편지함"의 복합어로, 봄의 새 생명의 탄생과 그 생명의 기대에 대한 어떤 의미망을 형성하고 있다. 딱새의 그러한 이미지들은 현실 속에서 비록 엄지손톱만한 알을 품는 작은 행위로 구체화 되고 있지만, 실로 "온 세상을 품고 있네"에서 알 수 있듯이 그 내포적인 의미는 위대한 창조행위가 아닐 수 없다.

두 번째 인용 시인 「동백꽃」에서는, 시인의 원관념인 "그리움"이 "꽃잎을 짓이겨 묻어나는 가슴앓이", "동박새 숨소리에 맺힌 물빛 안개에 쌓인 꽃잎", "엽록 가르마를 헤치며 너울거리는 파도", "울컥 목젖처럼 붉다지는 섬 기슭/소금 성에꽃", "뜨거운 어혈" 등의 보조관념을 통해서 이미지화 되어 있다. 이러한 보조관념을 통해 우리가 알 수 있는 것은 김문일 시인의 "그리움"이 단순한 그리움이 아니고, 고통과 절망과 슬픔뿐인, 아주 마음의 상처가 깊은 그리움이라는 것을 분명하게 알 수 있다. 그런데 여기서 우리가 눈여겨보아야 할 대목은 원관념의 이미지화를 위해서 동원된 보조관념들이 하나의 사물이나 사건 혹은 상황이 아니고 이들 모든 것이 포함된 복합적 문장의 시구로 나타나고 있다는 점이다. "꽃잎을 짓이겨 묻어나는 가슴앓이", "동박새 숨소리에 맺힌 물빛 안개에 쌓여 꽃잎이 피었습니다", "엽록 가르마를 헤치며 너울거리는 파도를 닮았습니다" 등의 시구에서 키워드는 "가슴앓이", "꽃잎", "파도" 등으로, "꽃잎을 짓이겨 묻어나는". "동박새 숨소리에 맺힌 물빛 안개에 쌓여", "엽록 가르마를 헤치며 너울거리는" 등의 시구들은 수식어구이다. 일반적으로 언어의 절제와 압축을 중요시하는 서정시에서 이러한 긴 수식어는 자칫 불필요한 사족(蛇足)이 될 수 있지만, 김문일 시인에게 이것은 오히려 원관념의 이미지를 강화시키는 작용을 하고 있다. 예로써, "동박새 숨소리에 맺힌 물빛 안개에 쌓여"라는 "꽃잎"의 보조관념적 시구는 "동박새 숨소리"와 "물빛 안개" 라는 청각적, 시각적인 복합명사의 결합으로 원관념인 "꽃잎"의 상태를 더욱 구체적으로 생생하게 표현해 낼 수 있는 것이다.

세 번째 인용 시 「가을소리」에서도 시적 주체의 절대고독과 슬픔이, 이끼가 끼어 쇠락해가는 "성곽의 검은 돌", 바위틈을 힘겹게 비집고 기어오르는 "담쟁이 넝쿨", "피멍으로 물든 매무새", "초승달", "풀벌레소리"의 자연의 보조관념을 통해서 선명하게 표현하고 있다. 이런 이미지들을 통해서 우리는 수 만개의 말들로 장황하게 설명하는 것보다 더 간결하고 쉽게 시인 자신의 감정 상태를 파악할 수 있고, 또 공감할 수 있게 되는 것이다.

네 번째 인용 시 「춤추는 불꽃」은, 삶에 대한 시인의 강렬한 목적과 희망, 그리고 그 실현을 위한 집념이 "춤추는 불꽃"과 그 불꽃 속으로 던져지는 "꽃잎"으로 이미지화 되어 있음을 볼 수 있으며, 마지막 인용 시인 「마파람」은, 어떤 세상적인 장애와 욕망에도 사로잡히지 않고자 하는 시적 화자의 자유로운 영혼을 카세트 테잎에서 흘러나오는 음악소리를 "꽃샘바람"으로 이미지화 하고 있다.

3. 서정의 묘사와 진술 혹은 보여주기(Showing)와 말하기(Telling)

앞의 "역동적 이미지와 시어"에 뒤이어 김문일 시인의 시 작품들에 나타나는 또 다른 표현적 특징은 묘사와 진술 혹은 보여주기와 말하기의 방법이라고 할 수 있다. 우선 묘사와 보여주기 방식은 간접적인 제시의 방식으로 시인이 시적 화자의 태도나 감정, 행동에 직접 개입하지 않고 관찰자적인 입장에서 보여주거나 장면을 제시하는 것을 말한다. 반면에, 진술과 말하기는 직접적 제시의 방식으로 시인이 직접 시적 화자가 되어 시적 화자의 감정이나 생각, 행동을 설명하는 것을 의미한다. 다시 말해, 묘사와 보여주기는 작가 관찰자 시점으로 시적 대상이나 인물, 사건, 상황 등과 일정한 객관적 거리를 유지한 채, 시인의 어떤 판단이나 의지의 개입이 없이 사실적으로 현장감 있게 시적 대상을 제시하는 것이다. 이에 반해 진술과 말하기는 전지적 작가시점으로 시인이 시적 대상이나 인물, 사건이나 상황과의 일정한 거리유지를 상실하고 시인과 시적 화자가 일치된 채, 직접 개입해서 작가의 판단과 의지에 따라 설명하거나 토로하는 방식이다. 그렇다면 이러한 시적 특징들이 김문일 시인의 시 작품들에는 실제로 어떻게 나타나고 있는지 작품을 통해서 구체적으로 살펴보자.

겁의 어깨 너머 예순의 희끗한 머리
종려 나뭇가지에 돋는 단풍잎
천 갈래 만 갈래 바람 길을 안고
일주문 앞에서 멈추이더라

훑고 지나가는 물소리 교각에 걸리는 물안개
굽어본 소나무 향기에 메이고
금강계단 휘돌며 부서지는 바람소리
회랑 끝에 얼비치는 햇살의 잔광 속에 감기더라

〈3, 4연 생략〉

석등 뒤로 숨긴 바람
연화문살 비껴 앉아
영원불변 한 순간은
오도 가도 못 하더라.

—「일승교를 걸으며」, 일부

소쩍새 절절한 울음소리
이 한 밤을 안고 달래던
문살에 베어든 별빛 고와라

풀내음 앞산자락 이슬이 돋고
시퍼런 바윗돌이 묵묵히 솟아
비워낸 시간을 거슬러온 거울 속

사무치는 풍경소리의 잔광들
단 한번 올려다보지 못했지만
슬쩍 비켜선 도랑 물소리

휘휘 감기는 칡넝쿨처럼

쟁여 매이는 경이로움인가
깊고 서늘한 메아리인가.

—「소쩍새가 운다」, 전문

두 편의 인용 시 모두 묘사와 보여주기 방식으로 쓰여진 시편들이라고 할 수 있다. 그러한 근거로 우리는 우선 시적 화자와 시인이 분리되어 있으며, 따라서 시인이 객관적인 관찰자적인 태도로 시적인 대상을 바라보고 있다는 점이다. 그러한 모습은, 먼저 「일승교를 걸으며」에서, 시의 각 연의 서술 종결어미가 "~더라"라는 3인칭 감탄 동사로 끝나고 있으며, 각행에 등장하는 "단풍잎", "일주문", "교각", "물소리", "물안개", "소나무 향기", "금강계단", "회랑", "풍경", "능선", "석등", "연화문" 등 깊은 산속의 어떤 사찰을 떠올리게 하는 사찰주변의 배경을 이루는 사물들이 객체적으로 나열되어 있는데서 볼 수 있다. 시인은 그러한 객관적인 배경묘사를 통해서 사찰의 전체적인 풍경을 구조화 하고, 그 속에 처해있는 시적화자의 느낌을 간접적으로 보여주고 있다. 즉, "예순의 희끗한 머리"인 시적 화자는 지금 깊은 산중의 사찰 계곡에 놓여있는 일승교 위에 서서 지나온 과거를 회한 속에 회상하며, 시간의 무한함 속에서 한순간에 불과한 인생의 유한성을 뒤늦게 깨닫는 서정성을 보여주고 있다.

두 번째 인용 시 「소쩍새가 운다」 역시, 앞의 「일승교를 걸으며」와 같은 맥락의 시로서, 다만 시적 화자가 위치하고 있는 곳이 "일승교" 다리가 아니고 사찰내의 선방이나 산골 마을의 여염집 사랑방으로 바뀌어 있는 것뿐이다. 그러니까 시적 배경이 사찰이 위치해 있는 산중의 자연 속이 아니고 사찰 안의 조그만 '방'이라는 한정된 공간으로 바뀐 것뿐이다. 밀폐된 그 방 속에서 시적 화자는 소쩍새 울음을 들으며 "비워낸 시간을 거슬러"서 이제까지 단 한 번도 올려다보지 못한 "사무치는 풍경소리"를 듣고 있다. 잠든 영혼을 깨우는 죽비소리처럼 소쩍새 울음소리를 듣고 있는 시적 화자의 모습이 우리들의 눈앞에 선연히 펼쳐지고 있다. 그러한 시적 화자의 모습을 통해서 우리는 그의 현재의 감정 상태를 파악하고, 또 그가 처한 장소를 한 편의 수묵화로 그려볼 수가 있다. 만일 이러한 작업을 시인이 어떤 설명적인 방법으로 하고자 한다면, 그것은 결국 시가 아니고 산문으로 바뀌게 될 운명에 처할 것이다.

과거로의 시간 여행을 거슬러
한 점 불씨였구나
피워 오르거나 사그라지지 않는
침묵의 눈빛에도 핏발이 성기던
다만 점화의 시간을 함구하며
무언가 태워야만 했던가

산들거리며 실오라기로 일어서는 아지랑이
꿈결로 내달려 솟구쳐 피워 올라라
춤추는 불꽃이여
별을 향한 손끝 마디마디
감미로운 숨결을 몰아쉬며
목마름으로 타오르는 화염 속으로
우리는 꽃잎을 던진다

〈3,4연 생략〉

달궈진 절벽의 단풍나무 이파리
하얗게 성긴 눈물 방울방울 휘발하여
위선으로 살아내던 삶이 소지의 불티로 날리거라
운무로 잦아드는 울음의 혼령이여

울음의 잔해마다 불의 쭉정이를 벗기면
무언의 석이버섯 맨얼굴 허공을 향해
없는 듯 살아있는 피의 호흡을
나는 정녕 모른다고 할 수 있었던가

모닥불 피워놓고 젖은 여름을 말리던
세찬 폭풍우 곡예의 찰나를 위해
춤을 추어라 불꽃이여
싱싱한 아픔까지 아낌없이 태우거라
이 몸살로도 아깝지 않는 뼈란 뼈들이 달그락거리고
맹수의 이글거리는 눈빛으로 쪼아
마침내 마지막 발광을 위하여
싱싱한 아픔마저 아낌없이 태워라.

—「춤추는 불꽃」, 일부

위의 인용 시 「춤추는 불꽃」은 이 시집 제4부의 소제목이기도 한데, 그 표현 방법적인 면에서 앞의 「일승교를 걸으며」, 「소쩍새가 운다」 등의 인용 시와는 대조적인 모습을 보이고 있다. 즉, 앞의 시 작품들이 묘사와 보여주기 방식의 시편들이라면, 「춤추는 불꽃」은 진술과 말하기 방식으로 쓰여진 시이다. 이 시가 진술과 말하기 방식으로 쓰여졌다는 것은 무엇보다도 시적 화자로 시인인 "나"가 직접 작품 속에 드러나 있다는 데서 알 수 있다. 이는 시인과 시적 화자가 동일체로 존재하면서 시 속의 화자의 목소리나 태도, 감정과 생각이 서로 일치하고 있음을 보여주고 있다. 따라서 시인은 직접 시의 모든 것에 개입해서 자신의 판단이나 의지대로 시를 이끌어갈 수 있다. 그래서 시 속의 여러 가지 소재들은 얼마든지 시인의 뜻에 따라 변형되고 가공되는 자아화(自我化) 과정을 겪을 수 있다. 이러한 모습을 우리는 시 작품 속에 등장하는 모든 자연적 소재들이 시인의 의지가 반영된 인간화된 자연으로 나타나는 것은 바로 이 때문이다. "산들거리며 실오라기로 일어서는" [아지랑이], "춤추는" [불꽃], "별을 향한" [손끝 마디마디], "감미로운" [숨결], "목마름으로 타오르는" [화염] 등에서 볼 수 있듯이 밑줄부분이 시인의 의지가 반영되는 자아화 과정이라면, 괄호 부분은 보조관념으로 등장하는 자연물들이다. 이미 앞에서 살펴본 묘사와 보여주기 방식의 시들에 대부분의 시구들이 원관념과 보조관념으로 구성되고 있는 반면, 위의 이러한 시구들에는 원관념이 존재하지 않는다. 이런 모습은 이 시 작품 "춤추는 불꽃" 전체에서도 볼 수 있는데, 즉 이 시의 원관념이 따로 존재하지 않고 있다. 시의 제목인 "춤추는 불꽃"은 보조관념일 뿐, 그에 대응하는 원관념은 분명하게 나타나 있지 않다. 전체적으로 이 시에는 원관념 밖의 보조관념들이 경험적 인접성의 원리에 의해서 시인이 특별한 의미를 부여하는 자아화의 작용으로 나열되거나 진술되고 있다. 이러한 범주의 시들이 개인적인 사연의 고백이나 감정과 생각의 토로로 비쳐지는 것은 바로 이와 관련되어 있다. 굳이 따지자면 이런 식의 표현방법을 시에서는 환유법이라고 부르고 있는데, 우리가 주목해야 하는 대목은 김문일 시인의 시집 『동백꽃』에는 이러한 범주의 시 작품들이 주류를 이루고 있다는 점이다. 그만큼 김문일 시인은 자신의 삶 속의 압도적인 서사성의 무게에서 놓여나길 원했는지도 모른다.

4. "탈피(脫皮)" 를 통한 삶의 미적 승화 혹은 초월

필자는 이 글을 쓰면서 김문일 시인에 대한 어떤 사전정보를 가지고 있거나, 어느 누구한테도 어떤 조언을 들은 바가 전혀 없다. 그러나 그의 두 번째 시집이자 유고 시집인 『동백꽃』에 실려 있는 수많은 작품을 통해서 그가 얼마나 자신의 삶과 꿈을 사랑하고, 또 그것을 위해 얼마나 치열하고 진실하게 삶을 살아왔는가를 어렴풋이 짐작할 수 있게 되었다. 그의 그러한 모습의 일단을 다음의 시 작품을 통해서도 확인할 수 있다.

얘야, 꼬옥 봄이 아니어도 괜찮아
찬바람이 휘어진 눈썹 한 가닥 뽑아 올리기 시작 할 때
나목들이 매서운 눈을 숨기고 옷을 벗어 걸때 쯤
어떠랴, 너의 심장으로부터 흘러나오는 뜨거운 숨결로
끝까지 지켜야할 네 몫의 눈물방울 한 알
그 한 알의 존재를 기억해야 한다
어서 서둘러 때가 때인 만큼
마지막 잎새 위에 걸린 따사로운 온기 한 줌
그 한 줌의 자양분을 찬양하며
뽀얀 잇몸을 들어내야 한다

〈후반부 생략〉

— 「양철지붕의 사계; 생육, 발아」, 일부

시인의 삶에 대한 인식이나 태도를 엿볼 수 있는 시로, 시의 6행까지의 전반부에서 우리는 시인의 생(生)에 대한 위대함과 소중한 인식을 반어적인 표현 속에서 발견할 수 있다. 모든 생명은 대부분 봄에 잉태하는 것이 자연의 순리이지만, 김문일 시인은 오히려 시의 2,3행에서 알 수 있듯이 겨울에 생명의 잉태를 준비해야 한다고 말하고 있다. 그것은 물리적인 시간 개념으로는 불가능한 일이지만, 시인의 의지와 상상 속에서는 얼마든지 가능한 일이다. 4행의 "심장으로부터 흘러나오는 뜨거운 숨결"이 있기 때문이다. 그만한 정열과 의식으로 "끝까지 지켜야할 네 몫의 눈물방울 한 알"로 비유되는, 결코 녹녹치 않은 자신의 운명을 개척해서 "뽀얀 잇몸"처럼 돋아나는 생명을 꽃피

워야 한다는 것을 시인은 강조하고 있다. 그러나 시인의 그러한 의지에도 불구하고, 그의 삶은 그렇게 순탄한 것만은 아닌 것으로 보인다.

정작 털리지 않는 바람살
평생을 그 끼로 살았구나
시린 별빛이 재촉하는 휘어진 길 하나
목숨 끝에 숨긴 체
버팀으로 움켜쥔 손
생각을 도려내어 저어 봐도 허공이다

— 「겨울 담쟁이」, 2연

어허라 한바탕 솟구쳐라
순간의 찰나에 녹아나라
줄에 매이고 연에 꺾이는 것은
어제 오늘 일은 아닌지라
이 밤이 지고 새면 어제 일은 몰랐노라
침이 녹아 어혈이 되고
소리조차 붉었더라

— 「가야금 소리 붉다」, 3연

돌아갈 수 없어서 멈춰 선 자리 산이 되었던
바람소리에도 흔들리고픈 가장자리
얼마나 달래고 달랬을까
첨벙대는 물소리 목마름으로 타오르는지
발끝으로 흐르는 땀방울 훔치며
별을 향한 숨결로 마음을 헹궈 산자락에 걸어 보는

정적한 묵시의 순간 속으로 먼 곳을 되짚어 본다
모두가 휘돌다 흘러가버린 자리
사랑과 슬픔이 엉켜 풀어내는 바람소리에

사무치는 낭떠러지에 매달려 핀 찔레꽃 향기

— 「돌다리」 1,2연

「겨울 담쟁이」에서 시인이 처한 삶에 대한 고단함이, 생명의 온기를 완전히 상실한 "겨울 담쟁이" 넝쿨을 매개로 해서 표현되고 있다. 겨울 찬바람에 무성한 잎을 다 떨구고, 바싹 마른 힘줄이 드러난 손처럼 수직의 담벼락에 흔들리고 있는 담쟁이 넝쿨이, 생명이 다한 뒤에 남아 있는 "시린 별빛이 재촉하는 휘어진 길"로 은유화 되어서 표현되고 있다. "생각을 도려내어 저어 봐도 허공이다" 라는 시구에서 알 수 있듯이, 시인은 이제 어떠한 노력도 헛수고에 불과한 고통과 절망의 순간을 마주하고 있다.

그러한 삶의 상황은 「가야금 소리 붉다」에서도 똑같이 반복되고 있다. 시의 1,2행에서 볼 수 있듯이 시인은 끝까지 희망을 버리지 않고 "어허라 한바탕 솟구쳐라/순간의 찰나에 녹아나라" 하고 희망을 노래하고 있지만, 그런 기대와 희망은 "줄에 매이고 연에 꺾이는" 좌절과 슬픔뿐이다. 그런데 시인에게 더욱 큰 아픔과 슬픔이 되는 것은 이러한 삶의 모습이 "어제 오늘 일은 아닌지라"에서 볼 수 있듯이 언제 끝날지 모르게 일상화 되어가고 있다는 사실이다. 시인은 절박함으로 마른 침을 삼키지만, 그것은 가슴 속 쓰디쓴 "어혈"로 맺히고 있다. 세 번째 인용 시 「돌다리」 역시, "첨벙대는 물소리"처럼 타오르는 목마름으로 희망의 마음을 버리지 못하지만, 사랑과 슬픔으로 흩날리는 "낭떠러지에 매달려 핀 찔레꽃 향기"가 될 뿐이다.

이런 삶의 질곡(桎梏)을 앞에 두고 이제 김문일 시인은 무엇을 어떻게 해야 할 것인가? 무엇이 진정한 삶의 진리이고 또 그것은 어떻게 성취될 수 있는 것인가? 실존적인 한 인간으로서의 시인은 삶의 근원적이고 본질적인 질문을 스스로에게 던지고 있다. 그에 대한 대답의 실마리를 우리는 그의 시집 『동백꽃』에 실려 있는 시인의 '후기'에서 찾을 수 있다.

> "사방이 온통 캄캄한 자정에 비가 온다. 메마른 대지의 갈증 속에서 비가 온다. 하늘도 탈피의 속내를 털어 놓는 중이다. 내 속에 걸친 것들을 벗어 던지면서, 나 또한 탈피의 순간을 그리워했는지도 모른다. 깨달았다. 해바라기만 하던 꽃들이 시들고, 사계절이 지켜본다. 누가 바라보든 상관없이 탈피를 한다는 것은, 나뭇잎이 지고 빈 몸이 되어 바람에 흔들릴 때 굴참나무는 말한다. 손아귀에 붙잡고 있기만 하였으면 진정한 탈피의 아름다움을 모른다고, 보잘것없는 과육이 허기진 배를 채울 수 있다는 것을 순수한 속살을 보며 얼마나 벗기를 잘 했는지 알 수 있을 것이다. 시원하다 공간을 매우는 곤충들 얼마나 탈피를 원했던 것일까. 탈피의 계절, 숲에 기대어 우리 모두 한 자락씩 던져 보내리라. 모든 것을 추억하면서 탈피를 통해 공간을 메워가는 곤충들의 몸짓을 보면서 탈피란 최선의 순간 매김이라 생각한다."

시인은 비가 오는 것을 하늘이 탈피하는 것으로, 그리고 땅 위의 온갖 자연과 사람이나 곤충들도 탈피를 통해서, 새롭게 깨달아 궁극적인 생의 본질의 세계에 도달할 수 있다고 말하고 있다. 특히, 과학문명의 중심부에 있는 현대인들은, 관습적인 일상과 기계적인 관념, 감정, 자동화된 의식 등으로는 결코 삶의 본질이나 인생의 궁극적인 목적을 깨닫지 못한 채 미혹의 인생을 살아갈 뿐이다. 이는 마치 더듬이를 상실한 채 어둠 속에서 방황하는 곤충들과 다름없는 모습이다. 하등 생명체인 곤충들도 탈피를 통해서 더듬이의 의식을 되살려서 바른 방향을 찾아 가고자 하는데, 하물며 만물의 영장이라는 인간에게서랴.

"손아귀에 붙잡고 있기만 하였으면 진정한 탈피의 아름다움을 모른다고, 보잘것없는 과육이 허기진 배를 채울 수 있다는 것을 순수한 속살을 보며 얼마나 벗기를 잘 했는지 알 수 있을 것이다" 라는 시인의 고백에서 알 수 있듯이, 사람에게 그러한 탈피는 무엇보다도 소유와 욕망에의 집착을 버리고 소박하고 진실하게 살아가는 것이다. 그러한 삶을 추구하고 또 살아가기 위해서 시인은 눈물겹게 몸부림을 치고 있다. 아래 두 편의 인용 시는 시인의 이러한 염원과 의지를 여실히 보여주고 있다.

기회를 주소서
이제 먼동이 트면
욕심을 놓아버린 새 떼들의 소리 들으며
사뭇 달라진 표정으로 다가서서
내 뼛속 깊이에 박힌 타음을 잠재우고
고요한 신의 술잔 함께 음복하는 기회를 주소서

내 바닥에 출렁이는 파도의 깊이를
출렁이는 기적의 나팔소리로 춤추게 하소서
시야에 가려진 너울 위로 한숨 소리 털어내고
향기처럼 무엇을 채우기보다
숨 쉬듯 부드러운 호흡을 짓게 하소서.

— 「공감하는 것 중에서」, 3,4연

제 안에 고인 피들로
저를 감싼 표피의 거적을 환하게 씻어 주시어
그 열정 그 생동감으로 힘차게 하소서

절망의 골짜기에서 외치는 목소리에 답하여 주소서
빛의 등대를 밝혀 주소서

낯선 물살에 휘말리지 않도록
숲길로 항해의 등대를 반짝여 주소서

분수대로 솟구치는 맑은 영혼으로
충만한 햇살로 영글게 하소서.

—「환희」, 3~5연

첫 번째 인용 시인「공감하는 것 중에서」, 시인은 이제 모든 세상적인 욕망을 벗어 버리고 자유분방한 새처럼 하늘을 날고, 육화된 인간의 비본질성과 반인간성을 탈피해서 완전무결하고 영원불변한 신의 나라에 거하기를 간구하고 있다.

두 번째 인용 시「환희」는, 시인의 거듭난 피로 "저를 감싼 표피의 거적을 환하게 씻어"내고, "절망의 골짜기"에서 방황하지 않고, 또 "낯선 물살에 휘말리지 않도록", "빛의 등대"를 밝혀주어서 자신의 육신를 "맑은 영혼"으로 충만케 해 달라고 기원하고 있다.

앞의 두 편의 인용 시를 통해서 확인되는 바와 같이, 이제 드디어 김문일 시인은 자신이 그렇게도 갈망해 마지않던 진정한 "탈피"를 해서 새로운 자아로 거듭난 사람이 된 것일까? 언뜻 보기에는 누구든지 그렇다고 대답할 것이지만, 시인은 아직도 확신하지 못하고 있다. 사실 인간이 스스로의 의지로, 인간인 자신을 궁극적으로 "탈피"한다는 것은 불가능하다. 일순간의 "탈피"는 가능하겠지만, 영원히 "탈피"한다는 것은 유한적인 지상적(地上的) 존재로서의 인간의 능력을 넘어서는 일이다. 삼라만상 중의 하나로 창조된 인간은 창조주에 의해서만 온전하고 영원한 "탈피"를 받을 수 있다. 그의 시집에서 그리 많지는 않지만, 김문일 시인이 기독교시를 쓴 연유는 바로 이러한 사실을 스스로 알고 있음을 의미한다.

저 푸른 싱싱함과 붉은 열정으로
주님의 사랑 감사 하나이다
제게 닿는 크신 사랑이여 오오 주님의 크신 사랑
샘물이 되어 목마름을 달래 주셨나이다.
아멘 아아멘

영원한 사랑 꺼지지 않는 사랑
가슴 깊이 새겨져 있어서 기쁨의 꽃이 되고
평화의 뿌리 곧게 자라나리라
화들짝 켜는 봄 되리라
비춰주소서 빛살이여
계곡에 흐르는 물방울에도
오오 주님

크나큰 사랑에 햇살이 퍼지네
경배 하나이다
우리의 영원한 햇살
가슴 깊이 들어 와
나의 핏톨을 만들어
무거운 발자국을 가벼이 하시나이다
어두운 곳에서도 두려워 말자

— 「애원」, 일부

갈보리 십자가에서 흘리신 예수님의 피로 인간을 살리신 하나님의 사랑과 은혜 속에서, 인간의 모든 죄가 "탈피"되고 영원한 생명의 삶을 살 수 있음을 시인은 "아멘"으로 화답하고 있다. 그 사랑은 시인이 그렇게도 갈구하던 세상적 목마름의 갈증을 채워주는 "샘물"이 되고, "가슴 깊이 들어 와/나의 핏톨을 만들어/무거운 발자국을 가벼이 하시는" 거듭남의 역사를 이루시고 있다. 진정으로 김문일 시인은 몸은 죽었으나 그 영혼의 생명은 지금도 이 땅에서 뜨겁게 살아서 움직이고 있다.

정명숙론

자아의 갈등과 화해의 서정적 변주(變奏)

1. 비시적(非詩的)인 현실 속의 시와 시인

요즘 이 땅의 모든 매스컴은 얼마 전부터 판매되기 시작한 삼성전자의 갤럭시탭이라는 태블릿 PC에 대해서 집중적으로 보도하고 있다. 컴퓨터와 인터넷, 음성 통화 기능이 복합된 첨단 IT제품인 것은 확실하지만, 온 나라의 매스컴이 나서서 이 제품에 대해서 방송하고 기사화하는 것은 그 정도가 지나친 감이 없지 않다. 물론 제작사가 따로 광고비를 부담해서 제품광고를 많이 하고 있기도 하지만, 많은 매스컴이 단순히 제품에 대한 사실적, 객관적 소개를 넘어서 제품의 장점을 너무 부풀려서 소비자로 하여금 오판을 하게하고 불필요한 소비욕을 자극시키는 것은 언론의 사명을 저버리는 일이 아닐 수 없다. 그러나 만일 '어느 시인이 신간 시집을 발간했을 때에도 매스컴에서 이런 관심을 보여줄 수 있을까?' 하는 생각을 할 때 매스컴의 불공정한 편향성과 사회적 기능을 다시 한 번 생각해보지 않을 수 없다.

사실 한국의 시인들이 오랜 창작의 산고(産苦) 끝에 어렵사리 시집을 발간해도 신문이나 잡지 등의 매스컴에서 관심을 보이거나, 하다못해 단신(短信)으로라도 시집의 제목이나 저자명이라도 게재하는 경우는 거의 없다. 요즘과 같이 전자책이 보급되고 전자책 기능이 있는 스마트폰과 아이폰, 그리고 아이패드와 갤럭시탭 등 태블릿 PC가 대중화되면서 종이책 시집은 매스컴에서 완전히 관심 밖으로 밀려난 것 같아 보인다. 이미 1990년대 초 카나다의 미래학자 맥루한은, 앞으로 20년 후에는 지구상에서 종이책이 사라질 것이라고 예언한 바 있는 데 그 말이 빈 말이 아니었나보다.

물론 스마트폰이나 태블릿 PC 등을 이용해서 시를 읽을 수도 있을 테지만, 주변에서 볼 때 그런 경우보다는 게임이나 스포츠 중계, 인터넷 등을 하는 경우가 많은 것 같다. 이러한 몇 가지 예에서 볼 수 있듯이 오늘날 한국의 시인들이 처한 창작적 여건은 참으로 어려운 상황에 봉착해 있다. 그럼에도 불구하고 시를 배우고 시집을 내고자 하는 사람들은 더욱 증가하는 아이러니컬한 상황이 벌어지고 있다. 오랫동안을 밤을 새워가며 시를 쓰고, 언젠가는 또 그 시 작품들을 한 권의 시집으로 묶어내고 있다. 그렇다고 해서 자기 인생을 전력투구한 시인에게 그에 상응하는 사회적, 경제적인 어떤 보상이 따르는 것도 아니다. 어쩌면 시인에게 그것은 모험이 될 수도 있고 자기희생이 될 수도 있다.

그러나 시인들은 이미 그런 사실을 알면서도 시를 쓰고 시집을 내고 있다. 왜, 무엇 때문에 그들은 그렇게 하고, 또 하지 않으면 안 되는 것일까? 그보다는 현대문명의 총아라고도 할 수 있는 한 대의 갤럭시탭이 한 권의 시집보다 더 유용하고 흥미롭지 않을까? 그러나 시인들은 분명히 시가 갤럭시탭을 초월하는 가치와 효용이 있다고 생각하고 있음이 확실하다. 그렇다면 그 가치와 효용은 대체 무엇일까? 이 시집의 저자 정명숙 시인 역시 그러한 시의 가치와 효용성을 익히 알고 있다. 시집에 실려 있는 50편의 작품들을 통해서 시인의 그러한 모습을 구체적으로 확인해보고자 한다. 그러한 작업은 우선 시집 목차의 순서와는 반대로 제4부에서 시작해서 제1부로 진행될 것이다. 그러한 역순(逆順)의 분석 작업의 필요성은 시집을 분석해 가는 중에서 스스로 그 이유가 밝혀질 것이다.

2. 원시적, 토속적 서정성

정명숙 시인의 시집 『바람의 말씨』에 실려 있는 시 작품들의 주류는 서정시이다. 예리한 감각의 촉수로 자연과 일상의 주변에서 감촉되는 느낌을 포착한 후, 주로 구체적인 자연을 매개로 표현하고 있다. 세련된 시어와 압축된 구조, 메타포 등 비유를 통해서 감정을 말하기(telling)보다는 간접적으로 보여(showing)주고 있다. 그런 만큼 시 작품에서 울려나오는 감정의 폭과 깊이는 크고 내포된 의미는 함축적이다. 시집의 제1부에서 4부에 걸쳐 전반적으로 드러나는 이러한 서정성은 각기 그 질적 편차를 보이고 있지만, 특히 제4부 「오늘은 어머니의 날」편에 드러나는 서정성은, 주로 유아기(幼兒期) 기억 속에서 비롯되는 것으로 아주 순수하고 원시적인 빛깔과 톤을 가지고 있다.

> 유년의 고향집은
> 익어가는 자두가 담장을 덮었다.
>
> 생솔가지 타는 연기
> 마당에 가득하고
> 활활 타는 아궁이 불빛에
> 온 집안이 환하고

다가온 저녁
노을빛 받아
고개 내민 늦호박 하나
담장 위 덩그렇고
김이 솟는 가마솥엔
끓어 넘치는 된장국이
허기진 입맛을 다시게 했다.

이런 밤이면
어른이 되는 이야기로 지새고
달빛은 문풍지 안으로 스며들어
방안이 온통 대낮이었다.

오늘도 유년의 가을은
고향 마당에 가득 하겠다.

— 「향수-유년의 가을」, 전문

시인의 기억 속에 남아 있는 어린 시절의 고향풍경을 꾸밈없이 한 폭의 서경적 산수화로 묘사하고 있다. 시인의 어떠한 주관적인 의지나 생각이 가미되지 않은 채, 산골마을의 가을날의 저녁 풍경을 한 장의 스냅 사진을 찍듯이 구체적으로 그리고 있다. "자두가 익어가는 담장", "생솔가지" ,"아궁이 불빛", "늦호박", "김이 솟는 가마솥", "된장국", "달빛", "문풍지", 등의 구체적 사물을 통해서 우리 모두에게 너무나 친숙한 고향의 모습과 정감을 생생하게 표현해 내고 있다. 어린 시절 아무런 근심 걱정 없이 평화롭게 뛰어 놀았던 우리의 고향이 지금 막 눈앞에 선연히 펼쳐지고 있다. 더욱이 시각, 청각, 후각 등의 감각 이미지는 우리로 하여금 토속적, 원시적인 고향의 맛과 멋을 함께 느끼게 해주고 있다. 그리하여 마침내 4연에 이르면 우리는 고향

마을에 조상 대대로 이어져 오던 옛 이야기를 하나의 신화로 만나게 된다. 현대 문명사회에서는 이미 사라진 신화의 세계는 글자 그대로 원시시대의 신과 인간의 세계이다. 물리적 시(時)·공(空)의 속박이나 천상(天上)과 지상(地上), 빛과 어둠, 선과 악, 꿈과 현실이 이원(二元) 대립적으로 존재하지 않는 완전하고 순수한 세계이다. 거기는 어떠한 인간적 갈등이나 모순 대립이 없는 유토피아로써 그러한 신화적 세계를 살아가는 사람들의 서정 역시 어떠한 인간적 갈등과 모순 없는 순수하고 완전한 것이라고 할 수 있다.

그 세계를 살아가는 사람들이 일상적으로 느끼는 감정은 마냥 기쁘고 행복하고 희망적이기만 하다. 자연과 인간과 세계에 대한 그들의 감정이나 생각은 항상 개방적이고 긍정적이며 통합적이다. 정명숙 시인의 시적 출발과 기초는 바로 이렇게 훼손되지 않은 영원무후하고 통합적인 원시적 생명성이 넘치는 서정성이다. 그러나 그러한 서정성은 항상 한곳에 고정되어 불변하는 것이 아니고 시인이 처한 삶의 환경에 따라 조금씩 그 특징을 달리하고 있다. 시집의 각 부에 실려 있는 시 작품들에 이러한 모습이 고스란히 반영되어 나타나고 있다. 바로 앞서 살펴본 통합적 서정은 4부의 작품들에 나타나는 시적 특징으로, 제3부의 시 작품들에 오면 그 모습이 약간 다르게 나타나고 있는 것을 볼 수 있다.

3. 서정의 개성화 혹은 삶의 주체적 인식

앞에서 살펴본 정명숙 시인의 원시적, 통합적 서정의 속성은 유토피아에서 만날 수 있는 완전하고 영원한 것으로 신과 인간, 인간과 자연, 빛과 어둠, 하늘과 땅이 분리되기 이전의 원시시대의 원형적 특징을 가지고 있다. 원형은 한 인간이 개인적 의지와 판단으로 선택

할 여지가 없이, 지구상에 인간이 존재하기 시작한 시기로부터 누적되어온 인류의 정신문화 유산의 집적체이다. 따라서 인간에게는 좋든 싫든 비자발적, 강제적으로 계승되는 특징을 가지고 있다. 어쩌면 인간이 태어나기 이전부터 이미 선택이 강요됐을지도 모른다. 선험적(先驗的), 집단적 정신문화의 원형으로, 여기에는 주체적 인간으로서의 인간의 어떠한 인식과 감정 작용이 있을 수 없다. 그래서 앞에서 인용한 정명숙 시인의 시 작품에서도 시적 주체로서 '나' 혹은 그 밖의 어떤 특정한 인물이 등장하지 않고, 따라서 서정성은 개성적이기 보다는 보편적이다. 이는 바로 시인이 시적 대상과 1:1의 관계에서 대상을 주체적 감각이나 의식으로 파악해서 자아화(自我化) 하지 못하고, 시적 대상을 단지 객체적 대상으로만 인식할 뿐, 새로운 통찰에 의한 전환과 통합의 인식에는 다다르지 못하고 있음을 보여 주고 있다. 그러나 시인의 이러한 시적 태도는 제3부의 시편들에 오면서 변화의 모습을 보이기 시작한다.

갈대밭 걸어오는 보름달
환한 미소로 눈을 마주합니다.

어디서 오는 길인지
물을 수 없는 시간이
자꾸만 깊어 갑니다.

한 줄기 바람은
머언 산 너머로 비껴가고
주홍낙엽은 나를 감쌉니다.

자욱한 풀벌레 울음
가을이 서둘러 가고 있습니다.

무어라 못 다한 말들이
구름으로 떠도는 허공
하염없이 드높기만 합니다.

가을은 푸른 하늘 아래
황금빛으로 출렁이고
나는 강 가 물안개에 싸여
새벽을 기다립니다.

—「이 가을엔」, 전문

"갈대밭," "보름달", "주홍낙엽", "풀벌레 울음", "물안개" 등의 세부적인 자연의 소재를 매개로 가을날의 서정을 생생하게 묘사하고 있는 작품이다. 이 작품에서 무엇보다도 주목되는 부분은 신화적 · 통합적 서정을 특징으로 하는 앞의 시와는 달리 시적 주체로서 '나'가 작품 속에 직접 등장하고 있다는 사실이다. 이것은 제4부의 인용 시에서 발견할 수 없었던 시어로써 시인이 시적 주체로서 확실하게 시적 대상을 자아화해서 시적 상황을 제어하고 있다는 것을 말해주는 것이다. 그래서 이 시 작품에서의 느낌이나 인식은 원형적 · 집단적이라기보다는 주체적이고 개인적이다. 신화적 · 통합적이라기보다는 인간적 · 인식적이다. 그래서 깊어가는 가을날의 시인 자신의 이루지 못한 일들이 회한(悔恨)으로 표현되고 있다. 이는 인간의 희노애락의 한 표현으로 숙명적인 인간의 원초적인 모순과 갈등, 불완전성과 유한성(有限性)을 말해 주고 있다. 신화적 · 통합적 서정속의 나타나는 털끝만큼의 흠결이 없는 완전하고 영원한 그런 인간의 모습이 아닌 것이다. 이제 시인은 주체적으로 시적 대상과 더 나아가서는 자연과 세상을 바라보면서 대상과 시적 주체 사이에서 개성화 작업을 이뤄가고 있다. 그리한 작업은 무엇보다도 세상을 직시하고 대상과 상호

교섭하는 일로부터 시작된다. 2연의 "어디서 오는 길인지/ 물을 수 없는 시간이/자꾸만 깊어갑니다"는 바로 그러한 개성화의 과정을 의미하는데, 그것은 안타깝게도 결국 "무어라 못 다한 말들이 구름으로 떠도는 허공"으로 귀결되고 만다. 그래서 시인에게 가을은 "푸른 하늘 아래/황금빛으로 출렁"이는 풍요와 충만의 의미라기보다는, "강가 물안개에 싸여/새벽을 기다리는" 상실감과 외로움의 의미로 다가오고 있다. 보편적 개념으로 '가을'은 풍요와 결실의 계절이지만 정명숙 시인 자신에게는 상실과 외로움의 계절이다. 가을에 대해서 시인만이 개성적 · 주체적으로 느끼고 인식한 결과이다. 대체적으로 제3부 「마주한 섬」의 시편들은 이러한 상실과 외로움, 기다림의 서정성이 자연을 매개로 형상화되고 있다. 정명숙 시인의 가을이 이렇게 느껴지는 사사로운 어떤 이유라도 있는 것일까? 다음 인용 시를 통해서 그 이유의 단초를 찾을 수 있다.

우체국 앞을 지나다가
발걸음이 멈춰집니다.

그대에게 마저 쓰지 못하고
감추고 아끼던 말은
푸른 하늘에 전파로 떠다니는지.

언제부턴가 밤마다 꿈길에서도
나는 허공을 나는
한 마리 새가 됩니다.

바람결에 전하는 안부
그대여
어디에서든지 안녕하겠지.

오늘도 우체국 앞을 지나칠 때면
사춘기 가슴은 마구 뛥니다.

—「우체국 앞을 지나며」, 전문

사람은 누구나 나이가 들어가고 세상을 살아오면서 모든 사람들이 보편적으로 겪어야만 하는 성장통을 겪은 경험을 가지고 있다. 사춘기는 사람이면 어느 누구든지 한번쯤 지나야만 하는 성장의 길목이고 성장통을 앓는 계절이다. 정명숙 시인 역시 인간으로서 그러한 사춘기의 정서와 기억을 남다르게 간직하고 있는 것 같다. 먼 과거의 사건일 테지만, 시인은 지금도 "우체국 앞"을 지날 때마다 "사춘기 가슴"이 마구 뛴다. "우체국"이라는 하나의 열쇠가 무의식 속에 저장되어 있는 사랑하는 연인에 대한 감정의 문을 개방할 때, 시인은 "허공을 나는/한 마리 새"가 된다. "그대"로 상징되는 사랑했던, 그러나 그 사랑을 이루지 못한 사람에게 끝내 전하지 못했던 "말"은, 아직도 "그대"의 사랑의 안테나에 수신되지 못하고 "푸른 하늘에 전파로 떠다니고" 있을 뿐이다. 그러나 이 시집의 도처에서 발견되는 "그대"라는 말은 다음 인용 시 작품에 오면 그 내포적 의미를 약간 달리하고 있다.

오늘도 마주하는 그대는
푸른 하늘 떠도는 바람입니다.

멀어질수록 가차이 다가와
섬을 만들어
물거품으로 뒤척이고
파도는 드센 바람으로 일어나
하늘 향해 울부짖다가
등대불로 깜박이며
새벽이면 서둘러 떠나갑니다.

내 안에 일어나는 전율
무어라 마저 건네지 못한 말
어느 하늘 너울거리다
꽃구름으로 떠오르겠지.

새벽 종소리 울려 퍼질 때
그대 향한 몸짓으로
일어서는 섬입니다.

—「마주한 섬」, 전문

이 작품에서의 "그대"는 단순히 「우체국 앞을 지나며」에서의 사랑하는 연인에 대한 지시대명사가 아니다. 물론 1차적으로 '연인'을 의미할 수도 있지만, 2차적 의미 즉, 확대된 은유의 맥락에서 그것은 단지 '연인'뿐만 아니라, 시인이 마음속에 '연인'처럼 소중하고 아름답게 생각하는 그 밖의 모든 것을 포함하고 있다. 그래서 그것은 시인의 오래된 꿈일 수도 있고, 이루지 못한 인생의 목표일 수도 있을 것이다. 시 작품에서는 이러한 추상적 관념을 "바람"으로 포괄해서 은유화 하고 있는데, 그 "바람"은 곧 "그대"를 암시하고 있다. 그러니까 시인의 마음속에 품은 소중한 그 무엇 즉, "그대"는 "바람"의 속성을 가지고 있는 것이다. 그런데 "바람"은 언제나 유동적이고 어떠한 장애나 경계도 가지지 않는 무한대의 에너지를 가지고 있는 자연현상으로 "섬"을 만들고, "물거품"이 되기도 하고 "등대 불"이 되기도 한다. 신화적 · 통합적 서정이 아닌 시인의 상상력 속의 개성적 · 주체적인 서정이다. 2연에서는 그런 "바람"의 지각적 특징으로 나타나는 시각, 청각, 촉각의 이미지가 복합적으로 나타나 "바람"의 유동성과 잠재적 에너지를 표현해서 시적 주인공의 삶에 대한 치열한 대결의식을 보여주고 있다. 단순한 연민의 대상이었던 "그대"의 의미가 이렇게 실존적 삶의 문제로까지 확대되면서, 정명숙 시인의 시 작품의 서정성은 이제 또 다른 차원으로 변화되고 있다.

4. 흔들리는 이성적 주체-존재론적 서정

시집의 제 2부 「거울 앞 꽃과 새」에 오면 정명숙 시인의 시 작품은 제재적인 면에서는 물론, 서정성의 측면에서도 지금까지 살펴본 것과는 다른 모습을 보여주고 있다. 먼저 제재면에서 이전의 자연친화적인 소재에서 현대적 감각의 "거울", "도시", "빌딩", "네온간판", "아파트", "안테나", "팬파이프 라그", "가로등", "시계소리" 등의 소재들로 변화되고 있다. 또 주제적, 서정적인 면 역시 현대 도시생활의 일상적 서정 속 시적 주체의 고립감, 방향상실감, 자아분열, 비인간화와 소외, 초조와 불안 심리 등이 소재적 특징과 동일한 의미망을 이루고 있다. 여기서 확인할 수 있듯이 이 시기의 시인은 4, 3부에서와는 상당히 다른 삶의 환경 변화와, 그에 대처하는 시인 개인이 어떤 내적 변화를 겪고 있음을 알 수 있다. 전형적으로 도시 소시민의 생활 모습이 시 작품 속에 고스란히 투영되어 나타나고 있다. 다시 말해서 현대사회의 실존적 인간으로서의 생활상과 정신양식으로써의 특징을 보여주고 있다.

> 거울 앞에 꽃 한 송이
> 웃고 있다.
>
> 나는 꽃 속으로 들어가서
> 한 마리 새가 되어
> 등불을 밝힌다.
>
> ― 「거울 앞 꽃과 새」, 전문

마치 선시(禪詩)같이 짤막하면서도 거기에 내포된 심층적 의미를 해석하는 일은 쉽지 않은 작품이다. 무엇보다도 이 작품에서 주목해야할 시어는 "거울"이다. "거울"은 소재 면에서 근대 이성주의로부터 비롯되는 실증주의와 물질주의의 물리적 구현체의 하나이지만, 정신적으로는 프랑스의 정신분석자이자 구조주의의 대표인 쟈크 라캉(Jacques Lacan)의 '거울단계' 이론의 핵심어이다. 라캉의 실험에 의하면 6~18개월 된 어린 아이가 거울을 보면서, 거울을 보기 전에는 아직 통제할 수 없는 신체 각 부분이 따로 분리되어 불완전하다고 생각했던 자신이, 거울 속의 완전한 자기모습을 보면서 현실적으로 불완전한 자기의 한계를 잊어버리고 상상에 불과한 거울상을 진정한 자아로 착각하게 된다고 주장한다. 이로 인해 어린 아이는 현실적 자아를 소외시킨 채 거울 속의 이상적 자아에 현혹되게 된다. 그러나 문제는 여기서 발생된 '이상적 자아(Ideal-I)'의 문제는 어린 아이만의 문제가 아니라, 어린 아이의 무의식 속에 가라앉아 평생을, 인간의 삶 속에서 현실적 자아의 불안정성과 이상적 자아 사이에서 흔들리게 된다는 것이다.

위의 인용 시에서 "거울 앞에 웃고 있는 꽃 한 송이"로 상징되는 정명숙 시인은 신화적 · 원시적 유토피아를 떠나서 이제 문명화된 도시 속의 실존적인 소시민으로서, 진정한 자아에 대한 의문과 그에 대한 해답을 찾고자 한다.

> 하루의 양식을 위하여
> 오늘도 눈부신 거리에 나선다.
>
> 도심의 풍요로움 속을 달려보지만
> 허허로이 빠져나가는
> 숨가쁜 소리, 소리들

이 무슨 바람 탓일까

나는 시방 걸어가야 할 이 길목에서
방향을 잃고 허덕인다.

허공에 가득한 전파는
온갖 의문의 부호로
사람들을 부르고 있다.

—「일상」, 전문

1연에서 우리는 어렵지 않게 시적 주인공이 가계를 꾸려나가기 위해서 생업을 가지고 있는 사람이라는 것을 짐작할 수 있고, 2연에 오면 그 주인공이 겉보기에는 풍요롭고 화려한 "도심"으로 상징되는 황금만능의 현실 속에서 부딪치는 정신적 고립감과 좌절감을 읽을 수 있다. 그러나 그러한 삶의 절망감은 단지 시적 주인공에게만 그치는 것이 아니라, "도심" 속을 오가는 많은 사람들에게도 마찬가지 상황이라는 사실이, 2연의 "숨가쁜 소리, 소리들"이라는 복수형의 시어에서 드러나고 있다. 그러한 사람들의 급박한 절규는 진정 어디서 비롯되는 것이며 또 무엇 때문일까? 시인은 3연에서 이러한 의문을 "이 무슨 바람 탓일까?" 하고 말하고 있다. 그것은 아마도 풍요롭고 화려한 도시문명의 이면에 감춰진 문명의 반대급부와 반작용일 것이다. 추측은 되지만 그에 대한 해답은 시인 혼자만의 힘으로는 불가능하다. 결국 시인은 가야할 삶의 길목 어디선가 정녕 어디로 가야할 지 방향을 상실하고 있다. 그러나 위장된 현대문명 속의 욕망은 그러한 사람들을 미혹케 하고 있다. 시인이 처한 삶의 환경이 녹녹치 않음을 알 수 있다.

간밤 꿈자리에서까지 서성이다
집을 나서도
자꾸만 뒤를 돌아보게 된다.

아침햇살이 눈부시게 내린 날
손바닥으로 눈을 가리고
내 길 같지 않은 길을 걷는다.

—「일상의 바람, 등에 업고」, 1,2연

거울 속에 한 사람을
내 안으로 맞아들일 수 없어
하루에도 몇 번씩 문을 닫는다.

—「이른 봄날」, 1연

잠자리에서 눈을 떠
가로등이 환히 비추는
창문을 바라본다.

한 번 눈 떠 일어나면
좀처럼 잠은 오질 않고
아련한 기억 속을 되짚는다.

어쩌다 거울 바라보면
그대는 누구냐고 자꾸 묻기만 하다가
온 밤을 지새우고 만다.

이 밤 귓전에 들려오는
저 시계소리마저 낯설어
마냥 방문 앞을 서성인다.

—「온 밤을 지새며」, 일부

위의 인용 시편들에서 우리는 실존적 삶을 살아가는, 살아갈 수밖에 없는 소시민의 한 사람으로서의 시인이 처한 내면적 심리상태의 일단을 엿볼 수 있다. 첫 번째 인용 시인 「일상의 바람, 등에 없고」에서 우리는 시인의 강박관념과 불안, 소외 심리를 파악 할 수 있다. 시의 문맥으로 보아 시인은 지금 아침 출근길에 나서고 있는데, 희망찬 아침 풍경이나 하루에 대한 기대와 계획보다는 지난밤 꿈에 매달려 집착하고, 오히려 눈부신 아침햇살조차 손바닥으로 스스로 차단한 채 "내 갈길 같지 않은 길" 즉, 도시문명 속에서 소외되고 낯선 출근길을 가고 있다. 두 번째 인용 시 「이른 봄날」 역시 "거울 속 한 사람"의 "거울"은 라캉의 거울단계와 데카르트의 이성적 주체(cogito) 사이에서 진정한 자아를 찾아가는 '흔들리는 주체'의 과정을 상징하고 있다. 따라서 "거을 속의 한 사람"은 결국 시인 자신을 의미하고 있는데, 아이러니컬하게도 시인은 그 사람을 "내 안으로 맞아들일 수 없다"고 말하고 있다. 여기서 우리는 시인의 자아가 수많은 사이비(似而非) 자아로 분열되어 자기 동일성(同一性)을 상실한 자기 분열적 심리상태를 엿볼 수 있다. 마지막으로 세 번째 인용 시 「온 밤을 지새며」 역시 불면증에 시달리면서도 진정한 자아 찾기에 고심하고 있는 시인의 모습을 볼 수 있다. 4연에서 보듯이 시인은 자기 자신에게조차 낯설어 하고 있는데, 이것은 일종의 자기 소외로 일상속의 실존적 인간으로서 시인의 삶에 대한 고민이 더욱 깊어지고 있음을 볼 수 있다.

5. 현실적 자아와 이상적 자아(Ideal-I)와의 갈등과 화해

현실적 자아와 이상적 자아 사이에서 시인 자신의 진장한 자아 즉, 자기 동일성과 정체성을 확립하기 위한 내면의 싸움은 이 시집의 마지막 편인 제 4부 「바람의 말씨」에서도 계속되고 있다. 그러나 여기에서의 시 작품들은 지금까지 살펴본 시 작품들과는 달리 서정의 진폭이나 시적 배경의 현실적 긴밀성이나 긴장감, 퍼소나와 대상간의 적절한 거리유지, 시의 객관적 관찰자적 시점 확립 등의 특징을 보여주고 있다. 따라서 시 작품 속에서 직접적인 '나'라는 시적 주인공이 등장하지 않은 채 객체화 되어 나타나고 있다. 이제 정명숙 시인은 일상적 삶과의 치열한 대결에서 한 발자국 뒤로 물러서서 인간과 세계를 객관적으로 바라볼 수 있는 여유를 갖게 된다. 따라서 앞에서 살펴본 바 있는 흔들리는 주체로서의 실존적 서정은 절제된 시어와 치밀한 시적 공간 속에 정제되어 내면화되어 나타나고 있다. 추측컨대 이 시기의 시 작품들은 인생의 연륜이 깊어가면서 정명숙 시인이 인생의 한 고비를 넘긴 후에 쓴 것이 아닐까 짐작한다.

하늘과 땅이
저 멀리서 하나가 되고
가까이서 바라보면
그 높낮이를 헤아릴 수가 없습니다.

이 땅 어느 곳에서도
제 그림자를 벗어날 수 없어
하루에 몇 번씩이나 손발을 닦고
말갛게 눈을 씻습니다.

일상 속에 말씨 하나
제대로 알아채지 못한 채
이날까지 흘려 지내옵니다.

닳고 헤진 신발 안

발끝에 힘을 모아
어제 오늘을 비켜오며
누군가의 이름을
하나씩 더듬어 부릅니다.

원근의 자리에서
마지막 초점을 놓치지 않으려
눈을 감았다 뜹니다.

—「원근의 거리에서」, 전문

위에서 우리는 시인이 여전히 이성적 주체로서의 자아와 이상적 자아로서의 '나' 사이에서 흔들리는 모습을 볼 수 있다. 1연의 "하늘과 땅"은 그러한 '나'의 이원대립적인 상황을 암시하고 있는데, 그 대립적인 두 '자아'의 변증법적 상황을 "그 높낮이를 헤아릴 수가 없습니다" 라고 말하고 있다. 시인은 그러한 변증법적 과정을 통과해서 "일상 속의 말씨 하나/제대로 알아채지 못한 채" 2연에서처럼 결국 "제 그림자 벗어날 수 없는" 상황에 봉착하고 있다. 지상적 · 유한적 존재로서의 시인은 결국 "제 그림자"로 상징되는 본질적인 인간의 숙명과 한계를 극복하지 못하고 있음을 볼 수 있다. 그래도 시인은 두 자아 사이의 투쟁을 회피하가나 포기하지 않고 마지막 연에서와 같이 "원근의 자리에서/마지막 초점을 놓치지 않으려/눈을 감았다 뜹니다" 하고 삶에의 의지를 가다듬고 있다. 이러한 모습은 다음 시 작품에서도 그대로 이어진다.

하늘 아래 부는 바람

온갖 형상에 풀어져

어둠 속에서는 소리로 다가오고

밝은 날엔 빛으로 비추다가

들길이나 숲속 오솔길에까지 따라와

나를 감싸안고

무어라 건네는 바람의 말

이날까지 그 말씨를 알아채려고

밤낮을 헤아려 지내온다.

—「바람의 말씨」, 전문

바로 앞에서 살펴본 인용 시에서와 같이, 이 시집의 타이틀 시이기도 한 이 작품에서도 시인은 인생을 통해서 언제 어디서고 "무어라 건네는 바람의 말"을 "알아채려고" 밤낮을 헤아리며 인간의 숙명적인 두 자아 사이의 변증법적 공간을 통과하고 있다. 격렬한 목소리나 몸짓보다는 절제된 감정과 차분한 목소리로 내면화된 시인의 삶에의 희망과 의지가 구체적인 자연적 소재를 통해서 예각적으로 의식화되어 있다.

언제부터 따라 나선 걸음인지
길었다
짧았다
숨었다
이젠 뭐라고 한 마디 건넬 때도 됐는데
아무런 대꾸가 없다.

계절이 바뀔 때면
몸 안에 뼈마디도
가끔은 말을 건네기도 하고
얇아져가는 손등과 손바닥엔
골 깊이 주름 잡힌다.

이제 중년의 나이에 들어
돋아나는 새싹이나 떨어지는 낙엽
해와 달 바람소리 구름 안개비 천둥
한 줄기 빛에도 눈과 귀가 트인다.

회한의 자국은
새삼 뭐라고 짚을 수도 없고
자꾸만 숙여지는 고개 무겁기만 하다.

이쯤에서
그대와 마주한 시간에
작은 촛불 하나 밝히고 싶다.

—「그림자와 동행」, 전문

이 작품에 오게 되면, 시인이 처한 현실적 상황을 좀 더 구체적으로 파악할 수 있는 단초가 드러난다. 3면의 이제 "중년의 나이에 들어"라는 시행이 바로 그것인데, 아마 4부 「바람의 말씨」 시편들이 씌어 진 시기가 아닌가 한다. 서정성이 내면화되고 시적 거리유지와 인간과 세계를 보는 관점의 유연성 확보 등 1,2,3부에서의 시 작품들과는 다른 면모를 보이는 주된 이유는 바로 이 때문이다. 무엇보다는 눈에 띄는 시적 변화는 삶을 대하는 시인의 태도이다. 인용 시의 마지막 연 "이쯤에서/그대와 마주한 시간에/작은 촛불 하나 밝히고 싶다"에서 우리는 시인의 그러한 태도를 확인 할 수 있다. 이러한 시적 태도는 같은 작품의 바로 앞 연의, "회한의 자국은/새삼 뭐라고 짚을 수도 없고/자꾸만 숙여지는 고개 무겁기만 하다"의 분위기를 극적으로 반전시키고 있는데, 그 만큼 시인이 인생을 바라보는 안목이 넓어지고 다양해 졌다고 볼 수 있다. 이제 시인은 삶의 문제를 다양한 관점에서 바라보고 다양한 해결책을 모색할 수 있는 넉넉한 마음의 여유를 가질 수 있게 된 것이다. 이러한 시인의 모습은 4부의 다른 시편에서도 어렵지 않게 볼 수 있다.

새털구름 사이로
나들이 왔다가
길을 잃었나 봅니다.

그대여
이왕 내친걸음이라면
까치발 앞세우지 말고
그윽한 향기로 남으소서.

언젠가 다시 온다는 말
잊어버린 지 오래입니다.

함께 했던 어느 자락에 설 수 있을지
내내 안녕 하소서.

하늘과 땅 사이
고이 묻어 두렵니다.

— 「뒷자락에서」, 전문

1연의 "길을 잃었나 봅니다"를 통해서 우리는 인생길에서 자신의 길을 잃고 즉, 자기 동일성을 상실한 채 갈등과 불확실성의 삶을 살아온 시인의 모습을 볼 수 있다. 참으로 후회스럽고 고통스럽기도 해서 자기 책망을 할 수 있을 테지만(실제로 바로 앞의 인용 시 「그림자와 동행」에서는 그랬다), 오히려 시인은 2연에서 "그윽한 향기로 남으소서" 하고 드라마틱한 전환의 모습을 보여주고 있다. 인생의 온갖 희로애락을 체험하고, 또 승화시킨 사람만이 할 수 있는 말이다. 즉, 흔들리는 현실의 주체적 이성으로서의 자아와 이상적 자아 사이의 기나긴 변증법적 과정을 겪어온 사람의 가슴속에서만 우러나올 수 있는 진실이다. 그래서 시인은 "언젠가 다시 온다는 말" 즉, "제대로 알아채지 못한 채/이 날까지 흘려 지내"온 "일상속의 말씨 하나"나 "밤낮을 헤아려 지내"며, "이 날까지 그 말씨를 알아채려"는 "무어라 건네는 바람의 말"을 잊어버리고, "하늘과 땅 사이/고이 묻어두렵니다"라고 말하고 있다. 언뜻 체념이나 포기로 들릴 지도 모르지만, 시인은 이제 이러한 내적인 대전환을 통해 인생과 세계를 바라보는 새로운 관점을 획득하고 있는 것이다. 타의에 의해서가 아닌 스스로에 의해서 이룩한 이러한 주체적 대전환은 참으로 소중하고 위대한 자기승화이고 자기 발견이며 자기성취이다. 이제 시인은 몸은 그대로이지만, 새롭게 태어난 부활의 정신과 생명으로 인생과 세계를 새롭게 받아들이고 있다.

> 언제부턴가 머리에 사슴뿔을 달고
> 아이는 푸른 바람 가르며
> 초원을 마구 달린다
>
> 넌출로 곱게 내리는 햇살은
> 길섶 풀잎에 또아리 엮어낸다.
>
> 떼지었다 흩어지는 구름 아래

사슴은 울창한 숲 속으로
길 내어 뛰논다.

나뭇잎 스치는 바람은
벌판으로 휘날리고
눈부신 무지개 띄운다.

먼 산봉우리는
가까이 솟아오르고
사슴뿔 새로이 돋아난다.

—「초원의 사슴」, 전문

마치 에덴동산의 모습을 보는 듯이 풍요롭고 생기발랄한 자연 풍경이다. 이 작품 속에는 어떠한 인간적 모순과 갈등, 고통과 슬픔도 없다. 모든 것이 밝고 아름답고 희망적이다. 영원한 생명력이 끓어 넘치고 미래는 꿈과 희망으로 가득 차 있다. 어떠한 물리적 경계나 차별도 존재 하지 않고 모든 것이 하나로 통합된 영원한 세계이다. 인간과 자연, 하늘과 땅, 빛과 어둠, 시간과 공간, 선과 악이 따로 분리되지 않는 낙원이다. 마치 아담이 원죄를 짓기 이전의 창세기편에 등장하는 에덴동산의 모습이다. 거기는 주체적 이성의 소유자로서 살아가는, 살아갈 수밖에 없는 현실적 자아와 이상적 자아 사이의 어떠한 인간적 갈등이나 대립이 존재하지 않는다. 불안정하고 불확실한 지상의 도시 문명을 떠나 이제 시인은, 이 글의 초두에서 살펴봤던 영원한 생명의 땅인 원시적이며 신화적인 고향마을로 다시 돌아온 모습이다. 이러한 통합적이고 완전한 서정의 세계에서 시인의 육신은 편안하고 영원한 평화와 행복만이 가득하다.

시인은 이제 모든 내면적인 인간적 갈등이나 삶과 세계와의 불화를 극복하고, 화해와 통합의 대전환을 이룩하고 있다. 흔들리는 주체와 이상적 자아, 신화적 · 통합적 서정과 존재론적 · 파편적 서정의 대립과 갈등을 극복하고 '나'와 '현실'과 '이상'이 통합된 화해와 평화의 공간에서 진정한 '자아'로 다시 태어나고 있다.

장명훈론

시를 통한 장애 극복과 궁극적 구원의 실현

이 시집의 저자 장명훈 시인은 손발을 자유스럽게 움직이거나 말로 의사표현을 제대로 할 수 없는 선천적인 뇌성마비 중증장애인으로 알려져 있다. 그럼에도 불구하구 이미 2012년도에 첫 시집 『그대 가는 길』을 발간한 이후 적지 않은 수의 시 작품을 다시 써서 오늘 제2시집을 펴내게 된 것은 그의 문학적 승리이자 인간적 승리이다. 대전 '보문 장애인 자활 센터'에서 시창작 지도 봉사를 하고 있는 이건영 시인의 말에 따르면, 장명훈 시인은 컴퓨터 자판을 두드리는 것도 어려워 스마트폰의 문자로 겨우 시를 써서 보내온다고 한다. 또 남의 말은 알아듣지만, 의사 표현이 자유롭지 못해 작품에 대한 소통이 원활하지 않다고 한다. 그러니까 장명훈 시인은 자기가 보고 들은 생각과 감정을 자유스럽게 표현할 수 있는 표현의 자유를 원천적으로 박탈당하고 있는 것이다. 세상의 어떤 시인들보다도 그는 참으로 어렵고 고통스러운 창작 여건을 지니고 있다. 그럼에도 불구하고 그는 이 모든 불리한 창작여건을 극복하고, 70편에 육박하는 시 작품들을 묶어 두 번째 시집 『바람이 살아온 이야기』를 출간하고 있다. 주제별로

5부로 나뉘어 묶여져 있는 시집에는 장애인으로서의 그의 삶의 애환과 체험이 녹아들어 있으며, 또한 그의 제한된 표현의 자유에도 불구하고 굳이 시를 쓰고, 시인이 되고자 하는 목적이나 그 목적 달성을 위한 그의 시적 의지가 드러나고 있다.

1. 시의 감성적 특질

장명훈 시인 역시 인간으로서의 기본적인 희로애락과 오욕칠정의 감정과 욕망을 가지고 있고, 이 시집 속의 많은 시 작품들에는 그러한 감정이 표현되고 있다. 특히, 제1부 「봄 그리고 가을」 부분에는 그러한 인간의 보편적인 감정들을 표현하고 있는 시 작품들이 많이 들어 있다. 1부의 소제목이 암시하듯 봄, 가을 등의 자연을 제재로 해서 자신의 생각과 감정을 짤막한 시 형식에 압축해서 표현하고 있다. 자기 생각이나 감정을 설명적으로 나열하지 않고 자연의 어떤 매개물을 통해서 객관적이고 환기적으로 표현하는 시적 방법의 사용에서, 그의 시적 수준의 일단을 엿볼 수 있다. 그런데 그러한 시편들에서 나타나는 정서의 특질은 '비어 있음'이나 '상처받음', '소외감과 고독', '헤어짐과 상실감' 등으로, 이는 그가 운명적으로 처하고 있는 뇌성마비라는 장애와 무관치 않은 것 같다.

가을밤이 깊어 갈수록
떨어지는 나뭇잎들이
찬바람에
술잔에 비치는
내 마음을
마셔도, 마셔도
채워지지 않는

빈 잔 같은 인생

— 「빈잔」, 전문

오월의 붉은 꽃잎이
가시 옷을 입고 올라온다

초록빛으로 웃고 있지만
그 웃음 뒤에는
장애라는 가시가 많아서

날카로운 가시에 찔리면
상처만 남아
아무도 만질 수 없다

— 「가시꽃」, 전문

먼저 「빈잔」에서 시인은 깊은 가을밤에 떨어지는 나뭇잎들을 통해서 자신의 삶을 아무리 마셔도 채워지지 않는 인생으로 비유해서 표현하고 있다. 굳이 비유관계를 따져보자면, "빈 잔 같은 인생"의 직유에서 '빈잔=인생'과 같은 등가 관계로 인생이 비어 있는 잔과 다를 바 없다는 표현이다. 그런데 이 직유 관계는 다시 "떨어지는 나뭇잎들"과 비유 관계를 형성하고 있다. 그러니까 다시, '인생=떨어지는 나뭇잎들'이라는 관계가 형성되어 결국 인생의 '비어있음'의 이미지를 강조하게 된다. 두 번째 인용 시인 「가시꽃」은 다소 진부한 표현이기는 하지만, 장미꽃이 겉보기의 화려함 뒤에는 쉽게 접근을 허락하지 않는 날카로운 가시가 함께 자리하고 있다는 것을 표현하고 있다. 이처럼 시인 자신의 선천적인 신체적 장애도 다른 사람들의 자신에 대한 접근을 방해하는 가시 같은 존재가 되고 있다는 것이다. 개념적 은유 관계라 할 수 있는 가시는, 결국 장미에게나 시인 자신에게 상처를 안겨주는 경계의 대상이다. 이들 시에서 보듯이 시인은 자연적인 소재들을 매개로 해서 자기 마음의 '비어 있음'과 '상처 받음' 등의 감정을 표현하고 있다.

내 곁에
아무도 오지 않는다

쓸 데 없는
가을바람으로
살아가고 있기 때문에

낙엽의 그림자에 쌓여
가을 빗물로 울고 있던
차가운 시선들이
한 겨울로 가고 있다

—「나는 가을바람」, 전문

세 번째 인용 시 「나는 가을바람」은 "가을바람"을 매개로 해서 1연의 "내 곁에/아무도 오지 않는다"라는 시인이 처한 소외감과 절망감을 감각적으로 표현하고 있다. 3연에서는 그러한 가을바람의 정체가 "낙엽의 그림자", "가을 빗물", "차가운 시선들", "한 겨울" 등의 음울하고 차가운 중층적 이미지로 다른 사람들로부터 기피의 대상이 되고 있는 자신의 비관적 처지를 더욱 분명히 부각시키고 있다. '가을바람=시인'의 비유적 의미 관계로, 자신의 신체적 장애가 음울하고 차가운 가을바람처럼 다른 사람들과의 사이에 커다란 장애물이 되고 있다는 것이다. 즉, 자신의 장애로 인한 다른 사람들의 편향적 시선을 시인은 괴로워하고 있다. 지금까지의 인용 시편들에서 우리는 어렵지 않게 마음의 공허와 상처, 소외감과 절망, 상실감 등이 그의 시적 감성의 주류를 이루고 있음을 알 수 있다. 그러나 우리를 더욱 안타깝게 하는 것은, 계속 이어지는 다음의 인용 시편들에서 드러나는 것과 같이 장애인에 대한 사람들의 이러한 편향적이고 왜곡된 선입관이 가장 원초적이고 순수한 인간의 사랑의 욕망마저 좌절시키고 있다는 것이다. 인간의 남녀 간의 순수한 사랑은 인간의 기본권인데 장애인에게는 사랑할 권리조차 없는 것일까?

2. 사랑의 좌절과 모성 컴플렉스를 통한 위로와 치유

성경 창세기 편에서 하나님은 남자인 아담을 먼저 만드신 후 혼자인 아담이 보기에 좋지 않다고 하시며 여자 하나를 만드시는데 그 여자가 곧 하와이다. 그런가 하면 세상의 모든 날짐승과 들짐승도 암컷수컷을 한 쌍으로 만드셔서 생육하고 번성하라고 말씀하셨다. 이렇듯 인간이 다스리는 하등 동물들도 서로 짝을 이루어 살고 번식하는 것이 하나님의 창조의 원리이고 생명의 원리이거늘, 어찌 아무리 중증 장애인이라 하더라도 그들이 원하는 사람을 만나 사랑하고 결혼에 이를 수 없단 말인가? 이러한 질문에 혹자는 장애인들의 사랑과 결혼을 막는 어떤 사람이나 법도 없다고 반문하며 이의를 제기할 것이다. 그들도 얼마든지 사랑하고 결혼할 권리가 있고 기회가 있다고 말하고 있다. 그러나 그러한 말은 장애들에게 또 하나의 편견과 상처가 되고 있다. 왜, 무엇 때문에 그런지를 여기 장명훈 시인의 시 작품을 통해서 살펴보자. 이 시집의 제2부 「그 남자 그 여자」 편에는 이러한 사랑을 주제로 시편들이 집중적으로 들어 있다.

> 혼자 침대에 누워
> 아무것도 할 수 없을 만큼
> 온몸이 떨리고

기침으로 사랑을 불러도
아무런 응답이 없는 그대
한참 동안 내 속만 타는 나를
희미하게 바라보고 있는 그대
느낄 수 없는 사랑이
새벽까지
천장만 보고 있는 내 모습이 싫다

—「감기 같은 사랑」, 전문

시인은 지금 감기가 걸린 듯 지독한 사랑의 열병에 걸려 혼자 침대에 누워 있다. 그 증세는 "아무것도 할 수 없을 만큼/온몸이 떨리는" 오한과 탈진 증세를 동반한 기침이다. 그에게 필요한 약은 의학적인 처방에 따른 약이 아니고 사랑을 이뤄줄 "그대" 뿐이다. 시인은 기침을 하며 지금은 여기에 없는 그대를 처절하게 부르고 있다. 그러나 "그대"는 너무 멀리 있다. 시인은 밤새도록 천장에 "그대" 모습만을 그려보며 사랑의 열병을 앓고 있다.

한 여인이 내 가슴속에
노을처럼 붉게 타오르는 사랑을
끝없이 멍한 눈으로 바라보고 있다

언제나
멍한 나에게
욕망의 바람 불어와
내 마음은 흔들리고 있다

—「텅 빈 바람」, 1, 2연

「감기 같은 사랑」에서의 시인의 사랑의 열병은 결혼 적령기의 남성들이 의례적으로 겪어야만 하는 일종의 통과 의례가 아님을 바로 앞의 인용 시 「텅 빈 바람」에서 확인할 수 있다. 1연에서 보듯 시인에게는 "한 여인"으로 특정화된 사랑하는 여인이 실제로 존재하고 있는 것이다. 그 여인이 바로 시인의 마음을 흔드는 "욕망의 바람"의 원천이며 감기 같은 사랑의 지독한 인플루엔자이다.

> 한 사랑 앞에서
> 어설픈 말이
> 비틀거리는 언어로
> 고백 아닌 고백을 했다.
>
> —「이룰 수 없는 사랑」, 1연

시인은 마침내 용기를 내어 그토록 사랑하는 한 여인 앞에서 사랑의 고백을 한다. 요즘 흔히 남성들이 하는 깜짝 이벤트처럼 화려한 청혼은 아니지만, 혼신의 힘을 다해 "비틀거리는 언어"로 사랑을 고백한다. 이 글의 서두에서도 언급한 것처럼 뇌성마비 장애인은 선천적으로 자유스런 표현의 자유를 박탈당하고 있다. 그래서 아무리 자신의 진심어린 고백이라 할지라도 상대방에게는 오롯이 전달될 수 없다. 그래서 그것은 보기에 따라 "고백 아닌 고백"으로 들릴 수도 있을 것이다. 어떻든 고백의 결과는 이 말의 수신자 즉, 사랑하는 여인에게 달려 있다. 이 시를 비롯해서 시집의 어디에도 시인의 이러한 고백에 대한 결과는 나와 있지 않다. 그러나 시집의 다른 작품들을 통해 유추되는 것은 일단 시인의 "고백"이 여인에 의해 받아 들여진 것으로 보인다.

> 상처를 주고 떠나는 사람
> 가정을 버리고 떠나는 사람
> 인정을 버리고 떠나는 사람

떠난 빈자리에 서면
아픔이 저릿하게
스며온다.

—「방황」, 전문

이 시에는 좀 더 직설적인 시인의 목소리가 꾸밈없이 드러난다. 1연에서 볼 수 있듯이 어떤 "사람"에 대한 시인의 말이 분노에 찬 원망조로 반복해서 토로되고 있다. 원망의 대상인 그 "사람"은 바로 각 행의 첫 단어가 지칭하듯 "상처를 주고", "가정을 버리고", "인정을 버리고" 떠난 "사람"이다. 추측컨대 버림을 받은 사람은 바로 시인 자신일 것이다. 이렇게 볼 때 바로 앞의 인용 시「이룰 수 없는 사랑」에서 시인이 사랑을 고백했던 여인은 시인의 "고백"을 받아 들였음을 알 수 있다. "가정"이라는 단어에서 시인은 그 여인과 결혼해서 단란한 가정을 꾸렸던 것이 아닌가 하는 생각도 든다. 그런데 어떤 이유에서 그 여인은 시인 곁을 떠나게 되었고, 시인은 지금 2연에서와 같은 저릿한 "아픔"을 느끼고 있을 뿐이다. 이제 시인은 감기 같은 사랑의 열병을 앓는 것 이상으로 헤어짐의 슬픔과 방황 속에 빠지게 된다. 이러한 때 시인이 자신의 어머니를 떠올리며 애절하게 부르는 것은 어머니에 대한 단순한 그리움 때문만은 아닐 것이다. 또 이 시집의 곳곳에서 어머니를 소재로 한 시 작품들이 눈에 띄는 것 또한 우연이 아닐 것이다.

청춘의 서약은
한가락
바람 속으로
사라진 세월

어느새
늙은 껍데기로
살아온 지난 세월

죽고 싶었지만
장애아들 때문에
한으로
눈물꽃이 되어 있다.

— 「눈물꽃」, 일부

이 시의 마지막에 분명하게 표현되고 있듯이, 지금 시인은 "장애아들 때문에" 젊은 시절의 온갖 꿈과 희망을 "바람 속으로" 날려버리고, 한 많은 일생을 눈물 속에서 보내고 돌아가신 어머니에 대한 그리움을 노래하고 있는 시이다. 그런데 주목할 만한 것은 시인이 그러한 어머니를 하필이면 지금, 여기서 떠올리고 그리워하며 슬픔에 빠져 있는가 하는 것이다. 그것은 두말할 필요도 없이 사랑하던 여인이 떠난 뒤의 쓸쓸함과 그리움과 원망과 체념 등이 뒤섞인 시인의 마음을 어머니를 통해 위로받고자 함이다. 프로이드는 심리학적으로 남자에게 어머니는 외디푸스 컴플렉스의 대상이고, 시인은 떠나간 여인에 대한 미련과 원망 등 모든 감정을 어머니에 투사하고 있는 것이다. 어머니는 자식의 어떤 투정이나 하소연도 다 들어주고 사랑으로 따사롭게 감싸 주는 존재이다. 그래서 인간, 특히 남자는 '어머니!' 라는 부르짖음을 통해서도 상처받은 마음을 위로받고 치유 받을 수 있는 것이다. 하물며 장애인인 시인에게 어머니는 이 모든 것을 넘어서는 마지막 남은 최후의 구원의 존재이기도 하다.

비틀거리는 마음으로
사람들의 시선이

바람 타고
뼛속까지 스며든다.

말 한마디조차
상처를 받지 않은
바람 같은 무게로
내게 닿는다.

그래!
거친 바람 부는
영혼 속에서도
난 자유롭다.

—「고통」, 전문

이제 장명훈 시인은 사람들의 편향된 시선이 두려워 비틀거리고 있지만, 그렇다고 그것에 상처받아 고통스러워하거나 좌절하지는 않는다. 그들이 던지는 "말 한 마디조차"에서도 결코 "상처받지 않고" 오히려 바람같이 가볍게 느끼고 지나친다. 그래서 그의 "영혼"은 어떤 속박이나 한계도 없이 "자유"롭다. 자신을 위해 평생을 희생한 어머니의 모습을 통해서 사랑의 실패로부터 비롯된 상처받은 마음을 치유하고 새롭게 태어나 영혼의 자유를 누리고 있다.

3. 시와 자연을 통한 구원의식의 확대

인간에게 사랑의 열병과 그 실패로 인한 상처는 깊고도 오래 남는 것 같다. 이 시집의 저자 장명훈 시인 역시 인간의 한 사람으로서의 그러한 사랑에 대한 경험과 결과는 마찬가지인 것 같다. 특히 그가 장애인이기에 평범한 일반 사람들과는 달리 사랑의 실패에 대한 트라우마는 더욱 깊고, 그 아픔은 오랜 동안 계속되고 있다. 바로 앞에서 살펴본 것처럼 그는 나름대로 사랑의 실패와 고통을 극복하고 "영혼의 자유"를 느끼기도 하지만, 무의식 속에 새겨진 그 흔적조차 완전히 지워낼 수는 없는 것 같다.

비오는 날
창밖으로
그대의 눈물을 보았습니다.

무슨 사연으로
울고 있는지
달래주고 싶습니다.

하지만
나는 그대와
아무런 관계가 없습니다.

— 「비오는 날」, 전문

창밖으로 가만히 눈 감고 있으면
귓문 열고 들어오는 바람 소리
삶의 이야기가 되어 말하고 있다

이름 없는 바람이 어디서부터 시작할까
한참 동안 찾고 있다가
내게도 첫 사랑이 있었나…
칼바람 타고 떠나가면서 말을 한다

섭섭하다고 원망하지 말고
떠도는 바람처럼 네 아픈 흔적들을
구름에 있는 빗물같이 다 쏟아버리고

어느새 아무 일도 없던 것처럼
파란 하늘만 나를 보고 웃는다

— 「바람이 살아온 이야기」, 전문

어느 비오는 날 시인은 우연히 창밖을 내다 보다가 쏟아져 내리는 빗물이 아닌 "그대의 눈물"을 보는 환각에 사로잡힌다. 무의식 속에 흔적으로 남아 있는 그 여인과의 사랑이 쏟아지는 빗물로 인해 트라우마가 "그대의 눈물"로 재생되고 있다. 여기서 "그대"는 3인칭 지시대명사로 헤어진 여인을 지칭할 수도 있지만, 객관화된 시인 자신을 가리킬 수도 있다. 어떻든 시인은 2연에서처럼 "그대의 눈물"의 사연을 알아보고 위로해 주고 싶지만, 3연에서와 같이 이내 외면하고 있다. 그는 이 사건이 마치 남의 일인 듯 냉정하리만큼 모른 채 하고 있다. 이러한 모습에서 우리는 시인이 그의 무의식 속의 트라우마조차 일과성의 단순한 추억으로 치부하고 있음을 알 수 있다. 이제 그에게는 과거 자신의 사랑의 아픈 기억에 다시 빠지지 않고, 그것을 객관화, 타자화시켜 일정한 거리를 두고 생각할 수 있는 여유와 자신감이 생긴 것이다. 이러한 시인의 모습은 두 번째 인용 시 「바람이 살아온 이야기」의 마지막 연을 보면 더욱 분명해진다. 장명훈 시인은 이제 '그대의 눈물'처럼 빗물을 쏟아 부었던 하늘조차 "파란 하늘만 나를 보고 웃는다" 라고 희망적이고 긍정적으로 인식하고 있다. 자기 자신의 삶과 인생, 사랑과 좌절 등에 대한 인식의 폭과 깊이가 한층 더 넓어지고 유연해짐을 볼 수 있다.

우리의 삶 중에서
평등한 삶은 없다

살다 보면

자연이 아닌 사람 때문에
받지 않을 상처를 받고 있다

때로는 욥처럼
정처 없는
고난 속에서
살아가는 사람들도 있다

우리들에게
주어진 삶은
나침반 없이
숨겨진 보물
행복을 찾아가는 길이다.

—「보물찾기」, 전문

이 시는 시인 자신의 어떤 인생에 대한 연민이나 집착도 보이지 않고 인간의 보편적이고 명제적인 "행복" 추구를 주제로 하고 있다. 시인의 변화된 인생관이나 시적 대상에 대해 감정이 절제되고 사유의 깊이가 드러나는 성숙한 마음을 읽을 수 있다. 우선 1연에서 시인 자신의 장애에 대한 인식이 이전과 달리 수용적임을 볼 수 있다. 또 2연에서는 장애인뿐만 아니라 모든 사람들이 상처를 받고 살고 있으며, 3연의 "욥"처럼 자신의 아무런 잘못이 없는데도 고난을 받고 사는 사람도 있다고 말한다. 그러나 그러한 삶 가운데에도 어딘가에 "행복"은 "보물"처럼 숨겨져 있으니, 비록 누구든지 그 길로 가는 "나침반"은 없지만 시지프스처럼 묵묵히 그 길을 찾아가는 것이 인생이라고 말한다. 특히, 2연에서 시인은 그러한 길은 "사람" 아닌 "자연"의 길임을 암시하고 있다.

아름다워지기 위해 여기저기서
가지치기 하고 있었던 한 사람
몸통만 남아 있는 가로수

삶에 지친 나무는 숲속으로
돌아가고 싶어서 몸부림치고 있다.

— 「가로수의 꿈」, 일부

어린 소나무
보도블록 사이에 겨우 두 발을 내린
어린 소나무가 내게 말한다

〈2,3연 생략〉

지나가던 한줄기 바람이
조용히 말한다

애야
사랑은 환경이 아니라
따뜻한 가슴에 있단다

너의 머리 위에는 보도블록이 없다

— 「어린 소나무」, 일부

먼저 첫 번째 인용 시 「가로수의 꿈」은 본래의 고향인 "숲"을 떠나 도시의 미관을 위해 길가에 이식된 나무를 소재로 하고 있다. 그런데 이러한 가로수는 나무의 본성대로 자라지 못하고 도시 경관과 보행자의 편의성을 위해서 수시로 "가자치기"를 당하고, 때론 "몸통"만 앙상하게 남아 있는 경우도 많다. 시인은 이러한 가로수를 매개로 강제로 생명의 발산을 억제당한 채 도시화 혹은 문명화에 소외되고 꿈을 상실하고 사물화된 시인 자신과, 더 나아가서는 현대를 살아가는 수많은 사람들의 비애를 노래하고 있다.

두 번째 인용 시 「어린 소나무」 역시 가로수의 한 종류로써 보도블럭이 깔린 인도에서 마음껏 생명의 뿌리를 뻗어나가지 못하고 질식당하고 있는 소나무를 통해서 비인간화 되고 반문명적인 각박한 현실을 고발하고 있다. 그런 어린 소나무를 억압의 굴레에서 해방시키고 생명을 찾아주는 것은 "한 줄기 바람"이다. 그 "바람"은 어느 누구에게도, 어떤 인위적인 문명의 힘에도 구속되지 않고 꺾이지 않는 자연 그대로의 에너지이다. 오늘날 거대한 문명의 메커니즘 속에서 인간 본연의 생명성을 상실해 가고 있는 우리는, 바로 그러한 원초적인 에너지를 가슴에 품고 완전한 자유를 향한 날개 짓을 멈춰서는 안 된다고 시인은 말하고 있다. 그러나 완전하고 원초적인 생명의 자유와 의지를 억압당하기는 장명훈 시인도 마찬가지이다. 그래서 그러한 절규는 단지 "가로수"나 "어린 소나무"에게만이 아니고 자기 자신에게 하고 있는 지도 모른다.

어설픈 몸으로
의자에 앉아 생각 속에 생각을
거울에 담아 또 다른 나를 비치는
지독한 노총각 냄새

가득 쌓인 벽지 사이로 지나가는
불개미 한 마리가 나를 보고 말한다

병신 꼴값 떨지 말고 빨리 자

나는 아무 말 없이
거친 시로 표현하다가
어느 새벽이 붉게 올라오는
여명의 시를 불태우고 있다

—「불타는 시」, 전문

1연에서 "어설픈 몸"으로 상징되는 장애인인 자신의 육신의 부자유 속에서 시인은 자신의 정체성을 탐구하기 위해 골몰하고 있다. 그러한 자아탐구는 시각적 수단인 "거울"과 후각적 수단인 "노총각 냄새"를 통해서 입체적으로 진행되고 있다. 시인의 그러한 탐구행위는 2연의 "가득 쌓인 벽지"가 환기시키는 공간 이미지로 보아 상당 기간 지속되고 있는 것 같다. 그런데 시인의 이러한 자아탐구는 마지막 연 2행 "거친 시로 표현하다가"라는 시구가 말해주듯이 시쓰기를 통해서 이뤄지고 있음을 알 수 있다. 그러나 시인의 시 쓰기 솜씨는 "불개미" 조차도 "병신 꼴값 떨지 말고 빨리 자" 하는 정도로 보잘 것 없는 것 같다. 하지만 그는 마지막 연 3,4행이 암시하는 것처럼 끝까지 포기하지 않고 밤을 새워 시를 쓰고 있다. 한 편의 아름답고 감동적인 시를 쓰는 행위는 바로 어떠한 속박이나 핍박도 없는 완전한 해방의 자유와 생명탐구의 날개 짓이기 때문이다. 바로 앞의 인용 시의 "가로수"나 "어린 소나무"가 매연과 소음 등으로 찌든 도시의 황막한 환경 속에서도 자연과 자유에의 꿈을 버리지 않는 것과 하등 다를 바 없다. 어머니에게만 매달렸던 시인의 구원의 방편은 이제 시와 자연으로 확대되고 있다. 특히, 시인은 「불타는 시」에서 한 편의 시를 쓰기 위해서 생각에 생각을 거듭하며 고뇌하고 밤을 새우기도 하지만, 이러한 자신의 모습에 오히려 행복해 하고, 더 나아가 시를 하나님께서 자신에게 주신 선물이라고까지 생각하고 있다.

내게는 하나님 주신 선물이 있다면
자유로운 영혼 속에서
사람들에게 희망과 용기를 주는 시인으로
하얀 종이 위해 감사하는 마음 담아서
하루하루 살아온 이야기를 노래하고 있습니다.

— 「행복한 사람」, 마지막 연

위 인용 시에서 장명훈 시인은 자기가 시를 쓸 수 있다는 것에 얼마나 자부심을 가지고 감사해 하고 또 행복해 하고 있는가를 알 수 있다. 지금까지 살펴본 시편에서 마주쳐야만 했던 우울하고 어둡고 차가웠던 시인의 마음의 공허와 상처를 이 시에서는 찾아볼 수 없다. 오히려 그는 시를 단지 자신만의 자아탐구나 구원의 도구로만 생각하지 않고 "사람들에게 희망과 용기를" 줄 수 있는 수단으로, 하나님이 자기에게 주신 은사로까지 생각하고 있다. 이제 그는 시를 통해서 강퍅한 세상에서 절망과 고통 속에 살아가는 많은 사람들이 영혼의 자유 속에 더 큰 희망과 용기를 누리도록 하고자 한다.

4. 십자가를 통한 최종적 구원의 성취

앞에서 살펴보았듯이 시인은 자신이 매일 시를 쓸 수 있는 것을 하나님께서 주신 은사로 생각하고 있다. 그런데 그는 이 은사를 자신만의 행복이 아닌 다른 사람들과 사회의 행복을 위한 유익한 도구로 사용하길 원한다. 비록 장명훈 시인은 수족을 맘대로 쓰거나 말도 할 수 없는 중증 장애인이지만, 다른 사람과 사회에 대한 관심과 배려, 더 나아가서는 그들을 위해 무엇인가를 하고 싶어 하는 마음은 장애가 없는 어떤 사람들보다도 강하다. 그들은 비록 신체적인 장애는 없지만, 정신적 장애를 가지고 있는 사람들일 것이다. 물질 지상주의가 절정에 달한 이 시대에 그러한 정신적 장애인들이 너무도 많다.

하나님이여
나는 장애인의 몸으로
이 세상을 어떻게 살아가야 하는지 몰라서

〈2,3연 생략〉
하나님께서
내게 준 한 달란트 詩로
세상을 아름답게 노래하고 있습니다.

—「말 없는 천사」, 일부

로뎀나무 아래가 아닌
소나무 아래서
하나님을 붙잡고
눈물로 기도합니다

온유한 마음과 생각들이
시보따리에 담아 있던 이야기가
무겁고 힘든 삶에 지친 영혼들이
내 시를 보고 위로 받게 하소서

—「나의 기도」, 3연

「말 없는 천사」 1연에서의 고백과 같이 시인은 과거 한 때 장애인으로서 이 세상을 무엇을 어떻게 하며 살아갈지를 몰랐다. 자신이 장애인라는 사실 앞에서 그가 얼마나 절망하고 고통스러워했는가를 짐작할 수 있다. 때론 자신을 이렇게 낳아준 부모와 세상을 원망하기도 했다. 사실 우리 사회에서 장애인, 그것도 중증 장애인으로서 할 수 있는 일이란 거의 없다. 그런데 다행히 그는 3연과 같이 하나님께서 주신 시라는 달란트로 장애로 인한 절망과 고통을 극복하고 새로운 사람으로 태어나고 있다. 이러한 그의 시적 의지는 자신의 구원에만 머물지 않고 세상 사람들에게로 향하고 있다. 누구보다도 "무겁고 힘든 삶에 지친" 자들의 처지를 잘 알고 있는 시인은 이제, 그런 사람들을 위로하기 위해 "아름다운 노래"를 부르는 "말없는 천사"가 되고자 한다. 얼마나 다행스럽고 대견스럽기조차 한 일인가? 신체적으로 건강한 세상의 많은 사람들, 또 세상의 많은 시인들도 하지 못하는 일을 뇌성마비 장애 시인인 그가 하고 있는 것이다. 그가 그렇게 할 수 있는 시적 원동력은 무엇인가?

> 다만, 우리에게
> 십자가 같은 삶 안에
> 예수님의 흔적이 있다면 얼마나 좋을까.
>
> — 「십자가 같은 삶」, 3연

예수님은 인간의 원죄를 대속하시어서 우리를 죽음으로부터 구원하시기 위해서 십자가에 못 박혀 피 흘리시며 골고다 언덕을 오르셨다. 고통 속에서도 어느 누구도 원망치 않으시고 우리를 위해서 무거운 짐 혼자 지시고 묵묵히 죽음의 길을 가셨다. 하나님의 아들로서 하늘의 모든 영광을 버리시고 가장 낮은 이 땅으로 오셔서 가장 낮은 자와 병든 자와 과부와 고아를 섬기시며 사랑과 은혜를 베푸셨다. 자기를 버리시어 남을 살리시고, 자기를 낮추시어 남을 높이시는 온 인류의 영원한 스승이시다. 그것이 바로 십가의 길이며 십자가 같은 삶이다.

시인은 바로 그러하신 예수님의 제자도를 따라 "예수님의 흔적"을 자기의 삶속에, 시 작품 속에 남기기를 원한다. 그래서 시인은 기도하면서 시를 쓰고, 시를 쓰면서 기도하고 있다. 실제로 시집의 제4부에 실려 있는 시 작품들은 대부분 기도 같은 시, 시 같은 기도들이다. 이를 두고 시의 장르적 성격과 작품성을 따지는 사람은 이런 저런 얘기를 할 수도 있지만, 그는 이러한 십자가 흔적을 시속에 담아내기 위해 전력투구하고 있다. 그에게 그러한 작업은 단지 시만을 쓰기 위한 것이 아니고 궁극적인 구원을 위한 처절한 몸짓이다. 이미 앞서 살펴본 것처럼 인간적, 인본주의적 구원은 어머니의 모성적 사랑을 통해서, 자연의 광활한 자유와 무한한 생명을 통해서도 이뤄질 수 있었지만, 그것은 최종적인 구원의 방편이 될 수 없다. 그것들은 모두 창조주 하나님의 피조물이기 때문이다. 온갖 피조물들 중의 하나인 인간은 결국 그들을 창조하신 하나님께로만 구원을 받을 수 있는 것이다. 장명훈 시인은 그러한 이치를 알고 있으며, 그것을 시를 통해서 이루고자 시인이 되려고 그토록 소망하고 전력투구 해 오고 있는 것이다.

류시경론

에피소드와 서정의 변주를 통한 구원의 모색

류시경 시인의 첫 시집 『그 샛강에 가면 지금은』에 실려 있는 70편의 시 작품들은 내용과 방법적인 면에서 다양한 스펙트럼을 보여 주고 있다. 어느 시인이든지 시대 · 사회적 환경의 변화에 따라 작품의 편차를 가지고 있는 것이 사실이지만, 류시경 시인의 시 작품들은 그 제재적 표현적인 면에서 극과 극의 대조적인 모습을 보이고 있다. 그럼에도 불구하고 모든 시 작품들은 나름대로 일정수준 이상의 시적 성과를 거두고 있는 것으로 보여, 오히려 이러한 시적 다양성은 시 작품의 편협성을 극복하는 남다른 시인의 능력이 될 수도 있다. 그만큼 류시경 시인의 시적 안목은 폭과 깊이가 있다고 할 수 있다.

그러나 시인의 이러한 모습은 하루아침에 갑자기 이뤄진 것이 아니고 상당한 기간에 걸친 나름대로의 절차탁마의 결과로 보인다. 류시경 시인은 고등학교 시절부터 습작을 시작한 이후 이미 수년 전 모 일간지의 장편소설 현상공모에 소설작품이 당선되어 문단에 나온 소설가이다. 그 후 신문연재 소설을 쓰는가 하면, 소설집을 출간하는 등 소설가로서 왕성한 활동을 해 오던 중, 틈틈이 시를 써서 문학 전문지 계간 『문학사랑』 2002년 여름호에 신인작품상으로 다시 시인으로 등단하고, 그 동안 써 모아두었던 작품들을 한데 묶어 이번에 시집으로 출간하게 된 것이다. 그렇게 볼 때 류시경 시인은 시인으로서의 출발은 다른 시인들 보다 다소 늦었을지라도 그 시적 능력이나 잠재력은 어느 기성 시인들 못지않다. 이제 그의 이러한 모습을 작품을 통해서 구체적으로 확인해 보고자 한다.

1. 장시적(長詩的) 경향과 그 특징

이 시집 『그 샛강에 가면 지금은』에 묶여 있는 류시경 시인의 시 작품들을 대할 때 우선 눈에 띄는 두드러진 특징은 대부분의 시 작품들이 산문화되어 장시적 경향을 보이고 있다는 점이다. 물론 짤막한 단편 서정시가 있기도 하지만 몇 편 되지 않는다. 그의 시가 이렇게 장시화 경향을 띄게 된 것은 평소의 시관(詩觀)의 발로일 수도 있으나, 앞에서 언급한 바와 같이 그가 소설가로 이미 문단에 데뷔해서 소설창작을 해온 탓일 수도 있을 것이다. 소설 창작방법이나 태도, 관습, 가치관 등이 은연중에 시창작에 간섭을 하고 영향을 끼쳤을 것이기 때문일 것이다.

그러나 시인 자신의 이러한 소설 창작 체험에도 불구하고 헤르나드의 『장르론』을 보면, 현대문학은 이미 시, 소설, 희곡 등의 여러 장르가 아리스토텔레스의 전통적인 장르의 경계를 넘어 서로 영향을 주고받는 즉, 상호침투의 경향을 보이고 있다는 점을 상기할 필요가 있다. 시는 산문으로, 산문은 시로 서로 접근되는 장르적 통합이 이뤄지고 있는데, 시의 산문화 경향도 그러한 장르적 전이와 통합의 한 모습이랄 수 있다.

시가 산문화될 경우 작품은 무엇보다도 길이가 긴 장시가 될 수밖에 없고 특정한 시적 화자가 주인공으로 등장해서 자신의 목소리로 어떤 이야기를 진술하게 되는 경우가 대부분이다. 이는 일종의 짧은 서정시 양식의 확장으로, 사회적 급변기나 시대적 전환기 등 압도적인 서사를 서정시 속에 담아내기 위한 일종의 형태적 실험이라고 할 수 있다. 따라서 이러한 산문화된 장시에는 어떤 사건이나 상황 등이 내포된 에피소드나 스토리가 필수적으로 등장하게 된다. 우리 한국 시문학사상 1920~30년대 일제강점기의 서사 시대에 등장한 '서술시' 혹은 '단편서사시'류의 시들과, 산업화와 민주화 이데올로기가 첨예하게 대립했던 1970~80년대의 리얼리즘 계열의 민중시들이 여기에 속한다.

한마디로 서정시에 단편적인 서사성을 개입시켜 서정시의 단점과 한계점을 극복하고자 하는 것이 '서술시'의 등장배경이자 목적이다. 비록 지금이 거대 서사의 시기는 아니라 하더라도 류시경 시인이 이 시집에서 보여 주고 있는 일련의 장시들도 이러한 서술시적 특징과 방법을 차용하고 있음을 알 수 있다.

> 찬 서리 뽀얗게 내린 어느 겨울 밤
> 無名氏의 시체가 발견된 곳은 K시의
> 어느 후미진 배추밭이었단다
> 여기 저기 마르고 썩은 배추잎사귀와
> 배추단을 묶던 지푸라기만 너절한 밭고랑에
> 연고 없는 행려거지, 無名氏가 죽어
> 짚단처럼 꼬구라져 있더란다
>
> 〈2연 생략〉
>
> 결국 그는
> 기록에 남길 공식적인 사인도 밝힐 겸

의대생들의 흔치 않는 교육보충재료가 되어
눕힌 그 자리에서 해부 되었단다
톱질로 열린 두개골 안에서
넘치듯 흘러나온 연두부 같은 대소뇌
갈비뼈 뜯어낸 흉곽에서는
허파 염통 비장이 차례로 꺼내져
진열되었단다

〈4연 생략〉

최후로 열려진 직장에서 나타난 것은
털실처럼 엉켜 붙은 지푸라기 한 움큼이었단다
無名氏의 유일한 장내용물 지푸라기!
똥도 되지 못한 한 움큼의 최후 만찬은
근육 풀린 허술한 항문도 빠져나오지 못해
벽 뒷켠에 소복이 모여 기죽어 있더란다

— 「이야기 · 2」, 전문

"무명씨"라는 시적 주인공이 등장하고, 그 주인공에 얽힌 에피소드가 전지적 화자에 의해 객관적으로 서술되고 있다. 이 시의 서사적 줄거리는 "무명씨"라는 신분미상의 행려병자의 죽음과 그의 연고자가 나타나지 않아 의대생들의 실습용 도구로 기증되어, 시신이 갈갈이 찢기고 분해되는 처참한 과정과 마지막 순간 장에서 음식물 대신 발견된 한 움큼 지푸라기의 모습이 사실적으로 서술되고 있다. 그러니까 "무명씨"는 돌아갈 집이나 찾아 갈 가족도 없이 거리를 떠돌며 굶주림에 지친 나머지 "지푸라기"를 먹었던 것이다. 빵 한 조각 물 한 모금 얻어 마실 수 없어 소나 염소 같은 짐승들의 먹이인 "지푸라기"를 먹을 수밖에 없었던 "무명씨"의 비극적인 이야기는 참으로 안타깝고 때론 분노가 치밀기도 한다. 노숙자들이 굶주림에 지친 나머지 쓰레기통을 뒤져 음식물을 찾는 모습을 언젠가 TV에서 본적이 있지만 이렇게 지푸라기를 먹었다는 이야기는 들어본 적이 없다. 아파트 단지나 일반 주거지의 쓰레기통마다 먹다 남아 버려지는 음식물로 가득한데, "무명씨"는 차라리 그것이라도 먹었으면 생명은 부지할 수 있었으리라.

시인은 이러한 비극적 이야기의 극적 진술을 통해 물신화된 현대 대량소비사회의 비인간화된 사회와 사람들의 모습을 생생하게 보여주고 있다. 특히 시인은 3연에서 의대생들의 치밀한 과학적 해부과정을 구체적으로 묘사하는 '자연주의적' 방법을 통해 이러한 비극적 상황으로 치닫는 현대문명과 사회에 대해 실험적 · 과학적 진단을 하며 그 원인을 찾아내고자 하는 장면은 그나마 위로가 된다. 일단 원인이 밝혀지면 그 문제에 대한 어떤 해결책이 모색될 수 있기 때문이다.

이러한 서술시적 특징은 이 시집에 실려 있는 여타의 시 작품에도 어느 정도 반영되어 나타나는데, 일련의 연시(戀詩)와 개인사적 추억에 얽힌 시편들이 그러하다. 이들 작품에서는 앞에서 살펴본 "무명씨"와 같은 완벽한 서술시적 특징을 온전히 구사하고 있지는 못하지만, 부분적으로는 충분히 반영되어 있다. 시적 주인공으로 "나", "너", "그대", "아버지" 등이 등장하고, 시적 주인공 자신이나 전지적 화자를 통해 감정이나 생각, 에피소드를 산문적으로 진술하고 있는 점에서 그러하다. 이들 시는 대개 청자의 감정에 직접 호소하기 때문에 정서적 감염이 빠르고 감상과 이해가 쉬워 시의 대중성 확보에도 많은 장점을 가지고 있으며, 무엇보다도 시인이 의도하는 메시지를 작품을 통해 분명히 전달할 수 있다는 점이 특징이다.

2. 미학적 형식과 서정

바로 앞에서 우리는 류시경 시인의 시 작품 가운데 비교적 장시 형태의 이야기시를 살펴보았는데, 이 시집에는 그런 경향의 시와 대조적인 짤막한 순수서정시도 다수 포함되어 있다. 이미 이 글의 시작 부분에서 류시경 시인의 시적 다양성에 언급한 것처럼, 이들 순수서정시는 작품의 길이, 제재, 표현방법이나 구조, 정서, 미학적 가치, 시적 태도 등에서 이야기시와는 서로 대조적인 위치에 있다. 그러한 모습을 실제 작품을 통해 어렵지 않게 확인할 수 있다.

> 인고의 한 평생
> 흘러간 벼랑에서
> 뒤돌아본
> 지평선 가물거리는 곳까지
> 촛불 밝히고
> 회상의 먼 길 떠난
> 어느 여인
> 벗어 놓은
> 외짝 고무신
>
> —「초생달」, 전문

가장 먼저 눈에 띄는 것은 시의 길이가 앞의「이야기 · 2」와는 비교가 되지 않을 정도로 짤막하며, 어떤 시적 배경이나 등장인물을 중심으로 전개되는 이야기도 존재하지 않는다는 사실이다. 다만 특정화 되지 않은 "어느 여인"과 "인고의 한평생"이라는 보편적인 등장인물과 추상적인 시간적 배경이 있을 뿐이다. 그리고 스토리를 대신해서 "지평선" "촛불" "외짝 고무신" 등과 같은 사물들이 시적 이미지로 등장해서 우리의 정서를 자극하고 또 환기시키고 있다.「이야기 · 2」

와 같이 디테일을 통한 자세한 이야기로 시적 주제를 의도적으로 설명하려고 하는 것이 아니라, 비유적인 의미의 고리로 이어지는 사물들의 제시를 통해서 시인의 시적 의도를 간접적이며 암시적으로 전달하고 있다. 그러니까 시인은 "인고의 한 평생"을 살아온 후 "먼 길 떠난"이라는 시구가 암시하듯, 이제 죽음의 길로 떠나는 "어느 여인"의 '고통'과 '한'을 "초생달"로 은유화 해서 시적 정서를 환기시키고 있는 것이다. 류시경 시인은 고통과 슬픔의 한 평생을 살다 가는 한 여인의 '한'을 긴 산문으로 설명하지 않고, 이렇게 짤막하게 압축된 서정을 통해 환기적으로 보여주고 있다. "외짝 고무신"과 "초생달"의 형태적 유사성은 "어느 여인"의 한많은 이야기를 묘사적으로 보여주어 슬픔의 정서를 환기시킨다.

손금이
까맣게 지워졌다
그래서 싸워야 하는
불같은 시간이
서늘하게
흘러 내린다

— 「밤」, 전문

불과 6행의 짤막한 시 작품 속에 류시경 시인만의 개성적인 "밤"의 이미지와 정서를 만들어 내고 있다. 우선 시는 1연과같이 "손금"으로 상징되는, 시인 자신이 지금까지 의지해 왔던 인생의 지도가 "까맣게 지워지는" 절망과 좌절로부터 시작된다. 그것은 마치 빛을 상실해서 방향과 좌표를 가늠할 수 없는 어두운 "밤"과 같은 상황이다. 그러나 시인은 이러한 상황 속에서도 가던 길을 멈출 수 없다는 것을 알고 있기 때문에 새로운 길이나 빛을 찾기 위해 "싸워야" 한다. 그래서 그는 대결과 탐색의 시간과 마주 하는데, 시인은 그것을 "불같은 시간"으로 표현하고 있다. "불같은 시간"의 직유에서 원관념 "시간"을 "불"이라는 보조관념으로 비유한 것이나, 또 그 시간을 "서늘하게/ 흘러 내린다"와 같이 청각적 이미지로 서술한 것은 독특하다. 원관념 "시간"은 정적(靜的)이고 불가시적인 물리적 언어이지만, 동적이고 붉은 색채 이미지의 "불"이라는 보조관념과 결합함으로써 "시간"은 뜨겁고 강렬한 제3의 새로운 이미지로 변화되고 있다. 단지 공간과 더불어 존재의 한 축을 이루는 객체적 시간은 이제, 어떤 에너지로 충만한 살아있는 존재가 된다. 어떤 가시적인 형태의 생명이 태어날듯 한 존재의 치열한 인내와 절정의 순간으로 존재한다. 그러나 시인은 오랜 동안 소망하고 기다리던 어떤 유의미한 결과에 도달하지 못하고 밤을 하얗게 지샌다. 그러한 밤은 길고 피곤하고 두렵기조차 하다. 시인은 그것을 "서늘하게/흘러 내린다"라고 청각적, 촉각적 이미지를 통해 선명하게 표현하고 있다. 잠재적인 시적 화자가 처한 삶의 상황이 길고 상세한 이야기로 진술되지 않았지만, 우리는 상상력을 통한 몇 개의 이미지와 시적 무드를 통해 화자가 처한 상황을 직감적으로 파악할 수 있다.

> 한 미숙한 사격수
> 매일의 연습사격 후
> 쌓여가는 싸늘한
> 탄피 무덤
>
> 한 줄기 탄연
> 허탈하게 사라진 지평에
> 내일의 표적 환하게
> 솟아오른다

— 「일력」, 전문

이 작품 역시 앞의 시 「밤」과 마찬가지로 생략과 압축으로 가벼워질 대로 가벼워진, 그러나 묵직한 함축적 언어의 몸통으로 참신한 예술의 향기를 발산하고 있다. 과녁을 정조준하고 발사하는 사격장의 "탄피"와 "탄연"을 매개로 해서 목적을 상실한 채 무의미하게 하루하루를 살아가는 시적 주인공의 모습을 긴장감 속에 예리하게 포착하고 있다. 시인은 "쌓여가는 싸늘한/탄피 무덤"에서 알 수 있듯이 삶의 '목표'에 대한 적중(的中)에 실패하더라도 정조준을 멈추지 않는다. 그러나 과녁을 향한 사격은 일상적으로 이뤄지지만 단번에 과녁을 명중시키지는 못하고 있다. 2연의 "한 줄기 탄연/허탈하게 사라진 지평"은 바로 그것을 말해 준다. 그럼에도 불구하고 그러한 수많은 시도를 통해 시인은 마침내 "내일의 표적"으로 은유화 된 삶의 목적과 희망을 새롭게 획득하고 있다. 수많은 실패와 좌절에도 삶의 타겟에 대한 정조준을 멈추지 않는 시인의 나날의 모습에서 생(生)에의 인내와 집념을 볼 수 있다.

언젠가
먼 바다 향해
내 청춘, 백합꽃 나날
쓸고 간 세월
사금 같은 애증의
잔상, 되돌아와
내미는 빈 손
창백한 아우성
으깨어져
내 그늘진 눈에
밟히고 있다

— 「포말」, 전문

시적 주인공은 지금 해변에서 먼 바다를 바라보면서 "백합꽃 나날"처럼 향기롭고 아름답고 희망적이었던 젊은 시절의 추억을 회상하고 있다. 하지만 수많은 시간이 흘러간 지금, 젊음의 열정과 패기가 사라진 주인공의 눈앞에 바다는 숱한 회한의 파도로 밀려오고 있을 뿐이다. "으깨어져" "내 그늘진 눈" 등의 시구에서 우리는 주인공의 꿈이 아프게 좌절되어 파도처럼 부서지고 있음을 볼 수 있다. "내미는 빈 손/창백한 아우성"은 바로 젊은 시절 꿈꾸었던 "먼 바다"로부터 해변으로 밀려와 흰 거품으로 산산이 부서지는 파도의 시각적 · 청각적 이미지이다.

지금까지의 앞의 인용 시편들을 통해서 살펴본 것처럼 류시경 시인은 산문적 장시와 압축과 생략을 통한 단편적 서정시, 모두에서 범상치 않은 시적 능력을 보여 주고 있다. 어떤 때는 장시화 된 이야기시로 또 어떤 때는 단편서정시로 자신의 생각이나 감정을 미학적으로 승화시켜 표현해 내고 있다. 하지만 아무 기준도 없이 이 두 가지 대조적인 표현방법을 자의적으로 사용하는 것은 아니다. 사용되는 제재나 정서의 특질에 그에 적합한 시의 형태와 방법을 사용하고 있다.

3. 시적 정서의 특질과 이원대립적(二元對立的) 구조

정서는 문학, 특히 시의 본질적인 구성요소들 중의 하나이다. 류시경 시인의 경우 이러한 정서의 중요성은 당연히 시의 문맥상 그의 일련의 서정시에 해당되는 얘기가 될 것이다. 물론 이야기시에서의 기초 정서도 어떤 식으로든지 이러한 정서의 자장권 내에 속해 있지만, 그 자장의 강도는 단편적 서정시에 비에 미미한 수준에 불과하다. 그의 그러한 정서의 본질을 파악하기 위해 우선 그의 시 작품을 살펴보자.

타는 해에
붉게 울던 꽃망울 바치고
작은 주머니 얻어
쌓아온 세월의
눈물

꾹 누른
흐느낌조차 새지 않던
흑막 속 열망
그 누가 눈치챌까
애끓이던 아픔

산란하듯
파열하는 인고의
감미로움, 내려보며
입맛 다시는
빈 하늘

—「석류」, 전문

"석류"의 자연적인 생장과정을 통해 인생의 상실감을 비롯해서 고통과 아픔, 더 나아가 生의 원초적 비극성을 표현하고 있는 작품이다. 언뜻 보기에 석류꽃은 그 화려한 빛깔이나 자태로 보는 사람들의 주목을 받는 꽃이지만, 이 시에 나타나는 석류꽃에 대한 정서는 그러한 꽃의 이면에 숨겨져 있는 아픔과 슬픔의 엘레지로 나타난다. 꽃의 이러한 모습은 물론 주인공의 그러한 감정상태가 반영되어 있기 때문이다. 시인은 1연에서 "붉게 울던 꽃망울"로 은유화된 자신의 가장 소중한 것을 바쳐 "타는 해"로 상징되는 꿈을 이루고자 했으나 끝내 이루지 못한다. 오히려 지금은 그 꿈을 위해 바친 자신의 모든 노력은 상실과 회한의 "눈물"이 되어 석류꽃 주머니의 씨앗처럼 쌓이게 된다. 석류꽃 "작은 주머니"의 씨처럼 시인이 지나온 "세월" 속에 "눈물"이 되어 쌓이고 있다. "작은 주머니"는 "세월"에, "씨"는 "눈물"에 각각 대응하는 비유관계를 형성해서 시인의 경험적 "세월"과 "눈물"을 감각적으로 생생하게 표현하고 있다. 그런데 그러한 "눈물"은 어느 누구도 눈치조차 챌 수 없는 시인 혼자만의 아픔이고 슬픔이다. 그러나 화자는 그러한 고통 속에서도 "타는 해"로 상징되는 꿈의 실현을 위해 전력투구한다. 2연의 "흑막 속 열망"은 바로 그것을 말한다. 그러나 결국 시인은 3연의 "빈 하늘"이 암시하듯이 자신의 꿈을 끝내 이루지 못한다. 하지만 시인은 결코 이에 좌절하지 않고, "파열하는 인고"와 같이 자신이 감내해 온 극한의 고통을 오히려 "감미롭다"고 까지 말하고 있다. 석류꽃이 "꽃망울"을 바쳐 꽃 주머니를 씨앗으로 채우듯, 오히려 인생의 고통과 슬픔이 시인의 내면에서 증류되어 아름다운 "눈물"로 승화되고 있다.

어둔 세상 밝히는 너는
세파 가운데 알몸으로
뜨거운 태양에 부스러지고
쏟아지는 눈비로 녹으며
살을 파고드는 아픔은 다
견뎌내고 있구나
숱한 세월 외로움에
검게 탄 네 속은 접어 묻고
빛을 위하여
빛을 받쳐 주는 기쁨으로
원망 모르고 사위어 가는 너
이 밤 저 환한 기름불이
밝혀 주고 있구나

— 「석등」, 전문

이 작품에서도 앞의 「석류」에서처럼 시인의 진한 "아픔"이 배어나고 있다. "부스러지고" "녹으며" "파고드는 아픔" "외로움" "사위어 가는" 등의 시어에서 느낄 수 있는 것처럼 시의 전체적인 분위기는 어둡고 아프고 소멸되어 가는 퇴행조이다. 하지만 시의 마지막행이 보여주듯이 시적 분위기는 극적으로 반전되고 있다. 먼저 시의 첫 행에서 "너"로 의인화 된 「석등」은 "뜨거운 태양"이나 "쏟아지는 눈비" 등 자연의 장애나 고난에도 불구하고 어둔 밤을 환하게 밝히는 이정표로써의 역할을 다 하고 있다. 이러한 석등의 운명은 바로 "세파 가운데 알몸으로" "빛을 위하여" "살을 파고드는 아픔"을 "원망 모르고 사위어 가는" 시인 자신의 운명과 일치하고 있다. 그러니까 석등은 바로 시인을 표현하는 매개물로, 석등이 자연 환경 속에서 부딪치는 역경이, 시인이 세상 속에서 겪는 고난으로 비유되고 있다. 시인은 이러한 사명감으로 "알몸"으로 부스러지고 녹아내릴지라도 어떤 원망도 없이 오히려 "기쁨"을 느낀다. 여기서 우리는 그의 정서적 특질이 어떠한 절망이나 아픔, 어둠과 역경 속에서도 결코 기쁨과 희망, 그리고 빛을 상실하지 않는 것을 볼 수 있다. 시인은 자신의 이원대립적인 '正 · 反'의 정서 속에서 '合'의 변증법적 과정을 겪으면서 어둠과 아픔과 절망은 빛과 희망과 기쁨 쪽으로 상승 · 발전되어 가고 있다. 이러한 정서적 특질과 구조는 다음 인용 시에서도 다시 확인할 수 있다.

> 사랑도 지나고 나면
> 덧없는 많은 것 중
> 하나일 뿐이라며
> 인연의 끝에 선
> 두 아픈 마음 사이로
> 빗소리 지나가고

내일은
내 생애 가장 새로운 해가
뜨리라고 속삭이며
사랑이 다쳐 돌아오는 길목에
젖은 눈매로 날 만나는
예쁜 달개비꽃

— 「달개비꽃 · 3」, 전문

1연에는 사랑의 실패에서 비롯되는 아픔도 무상한 세월의 흐름 속에 묻혀 잊혀지는 수많은 인생사처럼 아무 일도 없었던 것처럼 사라지게 된다고 담담한 어조로 진술되고 있다. 사랑을 끝내면서 사랑 때문에 만났던 두 사람의 마음은 쏟아져 내리는 "빗소리"처럼이나 서러움과 외로움을 느끼지만 시인은 "덧없는 많은 것 중/하나일 뿐"이라며 자신을 위로하고 있다. 이러한 시인의 모습은 2연에 오면 "젖은 눈매로 날 만나는/ 예쁜 달개비꽃"에서처럼 어떤 희망적인 모습으로 전환되고 있다. "예쁜 달개비꽃"의 모습은 사랑의 상처를 안고 돌아오는 시인에게 "내일은" "가장 새로운 해가" 뜰 것이라고 속삭여 준다. 사랑의 실패로 상처받은 시인에게 이보다 더 큰 위로가 되고 희망이 되는 말이 있을까?

그렇다면 앞서의 시 작품들에서 살펴본 바와 같이 어둠:빛, 아픔:기쁨, 절망:희망, 눈물:희열 등과 같이 이원대립적으로 직조된 시인의 정서적 특질을 형성하는 정체는 도대체 무엇이며, 또 그것은 언제 어디로부터 연유하는 것일까?

4. 사랑의 아픔을 통한 실존적 자각과 구원에의 의지

이 시집에 실려 있는 류시경 시인의 시 작품들에서 드러나는 전반적인 특징 가운데 하나는 시적 주인공이 분명하게 등장하고 있다는 점이다. 물론 작품의 이면에 숨어서 모습을 보이지 않는 경우도 있지만 몇몇 작품에 불과하고, 대부분의 작품에서는 '나', '너', '그대' 등 주로 1, 2, 3인칭의 인물이 시적 주인공으로 등장하고 있다. 이러한 인칭 대명사는 모두 '사람'을 의미하고, 그렇기 때문에 이들 작품들은 그만큼 인간화되어 있다는 결론에 다다른다. 시적 대상을 사물이든 사건이든 상황이든 간에 류시인은 객체적인 사물 그대로 보기보다는 인간화 시켜 바라보고 있다. 인간화는 우선 표현에 있어 의인법의 사용과 주인공과 화자의 일치나 미적 거리의 소멸로 나타나고 있다. 특히 '나'가 시적 주인공으로 등장할 경우 모든 작품에서 '나'가 자연히 시적 화자가 되고 있다. 이는 곧 시 작품의 내용, 즉 제재나 감정이 시인 자신의 자전적인 이야기의 고백이 된다는 말이다. 그렇기 때문에 우리는 그런 경향의 작품을 통해 류시경 시인의 '아픔'의 정체를 보다 확실하게 파악할 수 있을 것이다.

바람 센 대포항을 걷는다
바다의 문이 열리면 애인과 나는
대자연 속을 걸어서 입장하려 한다
오는 마음 오게 하고
가는 마음 가게 하고
포말로 부서질 가슴에다 숙명이라는
이름표를 달 것이다
내일 밤의 어둠이 물러가면
둘에게 이별이 찾아오는데
동해를 바라보며
지금 우리는 대포항을 걷고 있다
태양의 문이 열리면 애인과 나는
운명의 생리에 좀 더 익숙해질 것이다

— 「대포항에서」, 일부

이 시의 핵심 시어는 “숙명”, “이별”, “애인과 나”, “운명의 생리” 등인데, 이들 시어들을 통해서 우리는 지금 시인이 처한 정서심리를 어느 정도 파악할 수 있다. 그리고 이러한 상황이 진실로 류시경 시인 자신이 처한 것이라는 사실로 추정하는 것은, 이 시의 시적 주인공과 화자가 동일한 바로 ‘나’라는 사실 때문이다. 그러니까 여기서의 “애인”도 “이별”도 시인 자신의 경험적 사실일 것이라는 점이다. 이렇게 볼 때 류시경 시인의 가장 대표적인 정서적 특질인 ‘아픔’은 1차적으로는 사랑하는 사람과의 이별에서 비롯된 것이라 할 수 있다. 특히 이 시집의 제2부 「애벌레의 연가」 편에는 사랑하는 사람에 대한 그리움의 감정과 이별의 아픔이 안쓰러울 정도로 직설적으로 그려지고 있는데서 더욱 그러한 추측을 하게 한다.

다시
망각의 강에 서서
네가 남겨 준
고치되어 맺힌 아픔
물에 풀어 보내고
말라 뒤틀린
껍데기는 뜯어
흐름에 띄워 보냈더니
피도 살도
뼈도 없는 텅 빈
손 하나
허전하고 찬 허공을
더듬고 있네

— 「겨울 덩굴손」, 전문

때로 ‘너’에 대한 그리움을 잊어버리고자 하는 시인의 의지적인 모습이 너로 인해 발생된 "아픔"과 그 아픔을 가두고 있던 형해(形骸) 마저 철저히 해체시켜 흐르는 물결에 흘려보내는 행동으로 나타난다. 하지만, 오히려 "아픔"의 흔적은 차가운 겨울 담벼락을 기어오르는 "피도 살도/뼈도 없는" "겨울 덩굴손"처럼 마음을 휘감고 있다. 이토록 너에 대한 그리움과 아픔은 시인의 마음속 깊이 트라우마처럼 남아있다. 그러나 시인은 그에 대한 극복 의지를 포기하지 않고 차분히 추억 속의 과거를 회상하며, 과거와 현재, 그리고 미래에 이르는 자아점검을 하기도 한다. 일련의 개인사적 시편과 자아정체성 탐구의 시들이 바로 여기에 속한다.

> 수풀 불어터지는 비파산에서
> 날마다 나는
> 나의 이름을 잃어버린다
> 그리고 히죽거리며
> 산을 온통 그리운 이름으로
> 텅텅 울리며 날아다닌다
>
> 할머니
> 어머니 어머니
> 할머니
> 나는 어디에 있으며
> 내 이름은 어디에 있나요
> 나의 나이는
> 이 아침의 진실된 나의
> 나이는 얼마일까요

— 「비파산」, 일부

이 작품에 오면 앞에서 살펴본 작품에서 살펴본 바와 같이 류시경 시인이 현재 처하고 있는 마음의 '아픔'은, 지금까지의 너에 대한 단순한 사랑의 실패에서 비롯된 아픔에서 존재론적인 차원으로 전이, 확대되고 있음을 볼 수 있다. 그것은 우선 1연에서 "나의 이름을 잃어 버린" 상황으로부터 시작된다. 시인은 날마다 "비파산"에서 자신의 이름을 잃어 버리고 "히죽거리며" 산을 헤매고 있다. 시인은 "이름"으로 상징되는 자신의 온전한 정신과 인격을 상실한 채 본연의 "나"가 아닌 실없이 "히죽"이는 낯선 "나"가 되어 있는 것이다. 그런 상태에서 시인은 산이 "텅텅" 울릴 정도로 "그리운 이름"을 부르며 온 "비파산" 속을 방황하고 있다. 여기서 이렇게 시인이 산속을 방황하게 된 이유일 수도 있는 "그리운 이름"은, 단지 아픈 마음의 상처를 남기고 헤어진 사랑하는 사람만을 의미하지 않는다는 것을 2연에서 바로 확인할 수 있다.

2연에서 시인의 그리움의 대상이 분명하게 제시되고 있는데 "할머니/어머니 어머니"가 바로 그것이다. 시인은 이들을 반복적으로 부르면서 자신의 나이와 자신이 서 있는 곳이 어디인지를 묻고 있다. 2연 4행에서 시인은 자신이 "어디"에 있는지를, 곧이어 5행에서 "내 이름이 어디에" 있는지를 묻고 있다. 장소 부사 "어디"가 공간을 뜻하는 이미지로 시대 · 사회적인 의미라면, 그 공간 속 어딘가에 존재하는 시인 자신의 정체성을 "내 이름이 어디에"라고 표현하고 있다. 이러한 모습은 이어지는 2연 6~8행에서도 볼 수 있다. 6행에서 시인은 자신의 "나이"를 묻고 7행에서는 "진실된 나의 나이"를 다시 묻고 있다. 즉, 6행의 "나이"가 육체적 · 산술적 나이라면, 7~8행에서의 "진실된 나의 나이"는 정신적 · 인격적 나이이다.

이러한 시적 문맥에서 류시경 시인은 자신이 처해 있는 삶의 환경과 그 속에서의 자기 본연의 정체성에 대해 매일 탐구하고 있으며, 더 나아가 자기 자신의 존재성에 대한 근원적인 의문과 진정한 자아

확립에 대해 "할머니" "어머니"로 상징되는 선현들에게 묻고 또 묻고 있음을 알 수 있다. 그래서 시인은 '아픔'이 없는, 즉 어떠한 모순과 갈등도 내재하지 않는 완전한 아이덴티티를 향한 자아탐구를 치열하게 모색하고 있다. 때론 현실 속에서, 때론 현실을 초월하는 존재의 근원 탐색을 추구하면서 말이다. 시인은 그러한 시 · 공간의 존재론적 근원추구 과정에서 자신의 의문에 대한 해답으로 자신의 신을 필연적으로 만나게 된다.

이제
내 것이 아닌 이 껍질은
벗어버릴 겁니다
내게 어울리지 않는 이 몸놀림도
그만 두겠습니다
신은
내 마음속에 살아 있으며
어머니
어서 저 북소리
장고소리
멈추게 해주세요

— 「탈춤」, 일부

비로소 시인은 "내 것이 아닌 이 껍질"이나 "내게 어울리지 않는 이 몸놀림"으로 은유화 된 사이비 자아로부터 깨어 나와 "신"으로 상징되는 본래의 자아로 다시 돌아가고 있다. "벗어버릴 겁니다" "그만 두겠습니다" "멈추게 해주세요" 등의 선언적이고 청원형의 시구에서 그러한 시인의 결연한 의지와 행동을 읽을 수 있다. 세상 속에서 그토록 찾아 헤매며 아픔과 슬픔과 절망 속에 눈물을 흘렸던 시인은, 긴 탐색의 여정 끝에 지금에서야 비로소 진실한 자신의 나이를 알게 되고 자신이 존재하는 위치를 가늠할 수 있게 된 것이다. 이는 시인의 "마음속에 살아 있는" "신"을 스스로 만났기 때문이다. 이는 밤에서 낮으로, 어둠에서 빛으로의 자연스런 변화처럼, 어느 누구의 충고나 간섭에 의해 이뤄진 것이 아니라 시인 자신의 내면적인 깨달음과 성찰에 의해서 이뤄진 것이기에 더욱 위대하고 아름답다. 이제 자신의 본성에 어울리지 않은 '퍼소나'를 벗어 버리고 진정한 자아의 모습으로 새로이 태어나고자 한다. 그래서 시인은 이러한 자아의 원형인 "어머니"에게 헛된 꿈과 욕망을 부추겨서 수많은 사이비 자아를 파생시키는 "북소리"와 "장고소리"를 멈추게 해 달라고 요청하고 있다.

종달새 나는 창공으로
성 요셉 성당의
하늘가는 성가가 잔잔히 울리고
햇살에 빛나는 십자가 첨탑과
원추형 지붕에서 미끄러지는
미풍 한 줄기
선한 향기를 날린다

간곡한 기도 머무는 곳에
열리는 천국의 휘장
가슴에 묻고 내 그리워한 이들
빛으로 천사로 나타나 주니
느낌조차 사라지는
마음 깊은 곳 묵은 상처

죽으면 시작되는 영생을
나비의 삶에 비유했던가
태어나서 죽기까지 우리는
고치 속의 애벌레라 하였던가

아, 깜깜하기만 하여라
사랑에 목마르고 외로움에 숨막히는
이승 한 시절이여

— 「나비애벌레」, 전문

바로 앞의 「탈춤」에서 진정한 자신의 "신"을 만난 류시경 시인은 이제, 자신만의 "신"이 아닌 온 세상 사람들과 우주만물의 태초의 신을 만난다. "성 요셉 성당의" "햇살에 빛나는 십자가"가 바로 그것을 상징적으로 보여준다. 그 십자가가 서있는 "하늘가는 성가가 잔잔히 울리고" "원추형 지붕에서 미끄러지는" 바람은 "선한 향기"를 날린다. 성당의 십자가 주변을 감싸고 있는 하늘과 바람은 평화스럽고 아름답다. 거기에는 그동안 시인이 겪어왔던 어떠한 인간적 갈등이나 모순도 없는 완전하고 영원한 생명의 공간이다. 2연에서 그러한 공간은 "간곡한 기도 머무는 곳"이기도 하다. 그래서 시인은 기도를 통해 하나님과 직접 소통하고자 한다. 이제 시인은 기도를 통해 "천국의 휘장"이 열리고, 마음의 상처로 남아있는 '아픔'의 출발점이었던 사랑하고 그리운 사람들과의 이별이나 갈등이 오히려 "빛으로 천사로" 변화되어 나타나는 은혜를 체험하고 있다. "사랑에 목마르고 외로움에 숨막히는/이승 한 시절"을 아픔과 슬픔 속에 살아왔던 시인은, 이제 "천국의 휘장" 속에서 삶의 어떠한 고통과 좌절도 없이 구원의 영생을 살아가게 된다. 마치 "고치속의 애벌레"가 옛 모습을 죽이고 세상에 나올 때 온전한 삶을 살 수 있는 것처럼….

한성우 문학평론집

발 행 일 | 2017년 9월 5일
지 은 이 | 한성우
발 행 인 | 李憲錫
발 행 처 | 오늘의문학사
출판등록 | 제55호(1993년 6월 23일)
주 소 | 대전광역시 동구 대전로 867번길 52(한밭오피스텔 401호)
전화번호 | (042)624-2980
팩시밀리 | (042)628-2983
전자우편 | hs2980@hanmail.net
카 페 | cafe.daum.net/gljang(문학사랑 글짱들)
| cafe.daum.net/art-i-ma(아트매거진)

공 급 처 | 한국출판협동조합
주문전화 | (070)7119-1752
팩시밀리 | (031)944-8234~6

ISBN 978-89-5669-845-8
값 20,000원

* 이 책은 교보문고에서 E-Book(전자책)으로 제작하여 판매합니다.
* 잘못 제작된 책은 바꾸어 드립니다.
* 이 책은 충남문화재단과 충청남도에서 사업비 일부를 지원받아 발간되었습니다.